Le 1er guide pratique sur le trail qui se lit comme un roman d'aventures !

Bertrand Lellouche

TRAILS & ULTRAS MYTHIQUES

Guide et récits

amphora

Crédits photographiques

Toutes les photos et illustrations sont de l'auteur sauf mentions contraires ci-dessous.
(g = gauche, d = droite, h = haut, b = bas, m = milieu, v = vignette).

Cartes : création Amphora, avec ©Google Earth & ©Openrunner.

Sommaire : ©UTMB-Franck Oddoux (p. 3), ©Grand Raid Réunion-Jean-Pierre Vidot (p. 3v1), ©Eco-Trail Paris-A.Chaumontel (p. 3v2)

Préface : ©ATMB (p. 4), Flash-Sport (p. 5).

Fondamentaux : ©UTMB-Pascal Tournaire (p. 10v1), ©Salomon-Droz Photo (p. 10), ©Salomon-Jordi Saragossa (p. 11), ©MDS-Cimbaly/V. Campagnie (p. 10v3), Pierre Lapègue (p. 22), Flash-Sport (p. 24).

Trails Classiques : Olaf Maxant (p. 28v1), Jean-Pierre Sageot (p. 28v2), Organisation Festival des Templiers (p. 29).

Transbaie : Jean-Pierre Sageot (pp. 30-31, 33, 34h, 38b, 39, 40, 43), Marie Damoy (pp. 36b, 37v, 38h, 41).

Eco-Trail Paris : ©EcoTrail Paris-C.Guiard (pp.44-45, 59h) ©EcoTrail Paris-A.Chaumontel (pp. 47, 53, 56b), Stany Minckwitz (p. 50), Guillaume Damoy (pp. 51, 54), Jean-Luc Vernois (p. 52).

SaintéLyon : Gilles Reboisson (p. 60-61), Archives CTL (p. 60v), Flash-Sport (pp. 69, 71).

Templiers : Organisation Festival des Templiers (pp. 76-77, 85b, 90h, 93).

Trails Montagne : Agence Zoom-David Boudin (p. 94v1), Loïc Colonna (p. 94v2), ©UTMB-Franck Oddoux (p. 95).

Montagn'Hard : Orga (pp. 99, 102g), DBDB-Matthieu Forichon (p. 102d), L'Bagnard (p. 109), Samuel Rauline (p. 113).

Restonica : Loïc Colonna (pp. 117, 120g, 122m, 124m, 133), Gilles Nin (pp. 124b, 125h, 126, 127d&b, 128b).

TGV : Agence Zoom-David Boudin (pp. 134-135, 140, 147-2), Marie-Laure Dauchy (pp. 145b, 148h), Fabien Parmentier (p. 149d).

Ultras avec Nuit : Vincent Krieger (p. 152v1), Alexandre Lamoureux (pp. 152v2, 153), ©UTMB-Pascal Tournaire (p. 152v3).

TDS : ©UTMB-Franck Oddoux (pp. 154-155, 157, 169, 173), ©UTMB-Pascal Tournaire (p. 173v1&2), Flash-Sport (pp. 166, 180h), Arnaud Schabanel (p. 178), Clément Dupont (pp. 162h, 168, 172b), Marie Damoy (pp. 160, 180b, 183).

Raid 28 : Vincent Krieger (pp. 187, 190, 191, 193, 194b, 200h, 207), ©IGN (pp. 195, 199), L'Bagnard (p. 197b), Sabine Schabanel (pp. 192, 202h), Michel Laurent (p. 204).

Ultra-Marin : Alexandre Lamoureux (pp. 208-209, 211, 216b, 217d&b, 222b, 233), Orga (p. 214), Flash-Sport (pp. 219m, 230)

Ultras Mythiques : ©Grand Raid Réunion-Jean-Pierre Vidot (pp. 234v2, 235) ©UTMB-Pascal Tournaire (pp. 234v3), ©MDS-Cimbaly/V. Campagnie (pp. 234v1).

Réunion : ©Grand Raid Réunion-Jean-Pierre Vidot (pp. 243g/h, 248b, 255g, 256d, 259), Olivier Ollagnier (p. 246b), Yves Moreau (p. 254b/g), Patrick Gaudicheau (pp. 255d, 256h).

UTMB : ©UTMB-Alexandre Girbal (pp. 260-261, 280), ©UTMB-Pascal Tournaire (p. 263), ©UTMB-Cyril Bussat (p. 267d), ©UTMB-Franck Oddoux (p. 282b), Flash-Sport (pp. 268b, 278h, 283, 284h), Tristan Miller (pp. 271g, 285h).

MDS : ©MDS-Cimbaly/V.Campagnie (pp. 289-289, 294, 307, 308h, 311b, 317, 319h), ©MDS-Cimbaly/E.Sampers (pp. 297m, 298b/g), Pascal Martin (p. 296v).

Kilian's Quest : ©Salomon-Stephan Gripmaster (pp. 318, 319, 320-321, 323, 327, 329, 330b, 331h&b/g, 332, 335, 339b), ©Douzaleur (t-shirt p. 322).

Annexes : ©Grand Raid Réunion-Jean-Pierre Vidot (p. 342v1), SaintéLyon (p. 342v2&3), ©UTMB-Pascal Tournaire (p. 343), ©UTMB-Franck Oddoux (pp. 344, 352), ©Eco-Trail Paris-A. Chaumontel (p. 346).

Fotolia : p. 31, 64582267©guitou60, 80347346©Ariane Citron, 39415920©JPchret, 81688538©PUNTO STUDIO FOTO AG — p. 75, 320494©raoulgalop — p. 123, 16078170©Dean Moriarty — p. 127, 9173481©Sylvain Cordier — p. 131, 55567849©aylerein, 39714658©lightpoet — p. 141, 6188306©Jonr67 — p. 142, 54967279©Sébastien Closs — p. 215 80345651©koenig foto — p. 229, 137110638©Mick — p. 230, 96422980©Boris Stroujko — p. 269, 69746832©anrymos — p. 270, 122291963©kellington — p. 271, 46397045©Laurent Cornée — p. 272, 69979633©Nando Machado — p. 274, 61681859©Luca Venturelli — p. 336, 13087191©Yvann K.

Couverture : Amphora

Crédits photos couverture Fotolia : Coureur ©Aurora Photos - Arrière-plan ©Sanderstock.

Création - Maquette : Patrick Lesieur

Imprimé en Europe par EPEL - (Hendaye)

ISBN : 978-285180-973-5

SOMMAIRE

LORSQUE je me suis lancée dans mes premiers trails en 2012, j'ignorais tout sur cette discipline.

J'ai alors découvert Kikouroù, un site qui m'a permis de m'imprégner de l'expérience des autres coureurs, d'avoir des réponses à mes questions... et aussi tout simplement de rêver, d'oser me lancer et d'avoir le sentiment de faire partie d'une communauté de passionnés.

Lorsque Bertrand, Kikoureur lui-même, m'a contactée pour me présenter son livre, avec l'objectif de représenter le trail dans toute sa diversité, de faire rêver le lecteur, tout en lui offrant un retour d'expérience et une boîte à outils ... j'ai accepté avec enthousiasme !

À travers les nombreux récits que Bertrand nous offre - qui reflètent toute sa passion et son expérience - les lecteurs vont pouvoir apprendre, se projeter, s'enthousiasmer... un peu comme je l'ai fait à mes débuts et comme je continue de le faire en parcourant les récits d'épreuves.

C'est ce que j'aime dans le trail, finalement : une communauté de coureurs hétéroclites, aux niveaux et aux motivations très variés. Un sport ouvert à tous, sans barrière entre les élites et les débutants, entre les pratiquants occasionnels et les compétiteurs acharnés.

Mais aussi le fait que ce sport reste très difficile à catégoriser : du Kilomètre Vertical au Tor des Géants, de la Hardrock 100 au trail presque plat de 10 km, du « scrambling » aux trails urbains, de la course réunissant 50 copains dans un village à l'UTMB... tout est du trail, mais chacun le pratique à sa façon, selon ses envies et ses capacités. C'est en cela que notre sport est unique et fabuleux.

Si, en plus, il peut nous aider à devenir un peu meilleurs, en véhiculant de saines valeurs comme le respect, l'entraide, l'amour de la nature et apprécier cette chance de pouvoir vivre de telles expériences... alors c'est merveilleux.

Je vous souhaite maintenant une bonne lecture, en espérant que vous aussi aurez envie de vous lancer ou de persévérer dans de belles aventures !

Caroline Chaverot

N°1 Mondial de Trail 2016. Championne du Monde (IAAF). Vainqueur de l'Ultra-Trail World Tour et des mondiaux de Sky Running (ISF).

APRÈS des débuts sur route et triathlon, j'ai découvert le trail et n'imaginais pas alors que ce chemin m'emmènerait vers de tels horizons… Des moments de joie, de rencontres, d'efforts et une vie en harmonie avec la nature.

Un soir de fin août à Chamonix, un ami commun m'a présenté Bertrand, tout juste finisher de la TDS, son premier grand Ultra. Mais c'est surtout deux ans plus tard, lors d'un de mes stages de préparation à l'UTMB que nous nous sommes véritablement rencontrés. Bertrand était alors en plein doute face à son défi. Mais très à l'écoute, motivé, passionné et désireux de partager, ce stage va finalement l'aider à réussir son rêve un mois plus tard.

Depuis lors, nos échanges se sont régulièrement poursuivis, et pouvoir dire ici que ce livre est un incontournable est un véritable plaisir. Nul n'est professeur en matière de trail et nous sommes chaque jour apprentis. Pour autant le guide que je suis ne peut hésiter à faire cordée commune avec Bertrand avec qui je partage idées et valeurs.

En parcourant le livre, vous n'aurez d'abord pas de mal à découvrir avec joie et en détail toutes ces courses que j'ai pu disputer, dont plusieurs en même temps que lui. J'y ai retrouvé les lieux, les sensations et beaucoup d'autres choses vécues. Car quel que soit le niveau, nous vivons et partageons tous de grandes similitudes dans nos courses.

De même, tant à travers les conseils que les exemples distillés dans l'ouvrage, vous retrouverez de façon claire et limpide nombre de messages que je m'efforce de délivrer aux sportifs que j'accompagne moi-même.

Ce guide est particulièrement complet, riche et vivant. C'est aussi un livre très utile et agréable à lire, idéal pour découvrir, vivre et préparer vos projets. D'avance, savourez et prenez du plaisir, comme si vous y étiez !

Vincent Delebarre

Vainqueur de l'UTMB,
de la Diagonale des Fous et des Templiers
Guide de Haute Montagne

INTRODUCTION

Au départ, tout a commencé par la prise de quelques notes à propos de mes courses, afin de garder une trace des lieux, sensations, statistiques et... tout ce qui fait le charme de ces petites aventures ! La **mémoire** étant étonnamment volatile et sélective, l'idée était de conserver également des souvenirs et données objectives pour les fois prochaines...

Si, pour beaucoup, le Trail est un jeu où domine la notion de plaisir, il m'est apparu utile de relater mes **expériences concrètes**, échecs comme réussites, passages difficiles comme heureux, pour mieux **analyser** et **comprendre** les défis à venir...

En parallèle, l'idée de partager ces moments avec les autres, dans un cercle qui n'a cessé de s'élargir au fil des ans, s'est aussi imposée comme une évidence : une forme de transmission et de remerciements pour tous ceux qui suivent de près ou de loin ces épisodes.

C'est ainsi que la somme de plusieurs années d'expérience, de progression et de conseils a pris la forme que vous avez entre les mains.

Au-delà de cet aspect pratique, les courses nature et d'endurance sont vastes et sans limites. Et, à l'image du mot « trail », ce « chemin » ouvre la perspective d'un étonnant apprentissage sur soi-même. J'ai d'ailleurs tendance à souligner le lien avec notre propre existence :

Le Trail c'est la vie, et notre vie est une forme d'Ultra-Trail !

Celle-ci est faite de hauts et de bas, de sensations multiples, avec le simple souhait de vivre une majorité de plaisirs et moments heureux. Les difficultés sont aussi là pour façonner l'appréciation du reste. Le Trail, et encore plus l'Ultra, nous ramène simplement à ces bases, de façon ludique.

En course, vous passez vite par toutes les émotions. Au milieu de la nature, c'est même parfois étonnant de retrouver l'animal qui sommeille en vous, avec cet instinct de (sur)vie face aux éléments les plus divers, adverses comme positifs. Car, si le plaisir vous guide l'essentiel du temps, apprendre à surmonter vos doutes et difficultés fait aussi partie du jeu. La vie en quelque sorte...

Finalement, ces expériences sont si riches, que je vous souhaite de vivre pleinement les vôtres, que vous vous lanciez sur 15 ou plus de 250 kilomètres. Et n'oubliez pas que, quel que soit votre niveau, chacun peut repousser ses limites.

Si cet ouvrage peut vous permettre de trouver votre voie, tout en développant vos recettes personnelles, le but aura donc été largement atteint !

À vous maintenant d'écrire et vivre votre histoire, vos histoires !

PANORAMA

Le Trail est dans une phase durable d'expansion **et la France s'est très vite affirmée comme la tête de pont de cette discipline**.

Les courses qui figurent dans cet ouvrage sont emblématiques de cette richesse. Elles couvrent l'ensemble du territoire français et vont même loin au-delà de l'Hexagone.

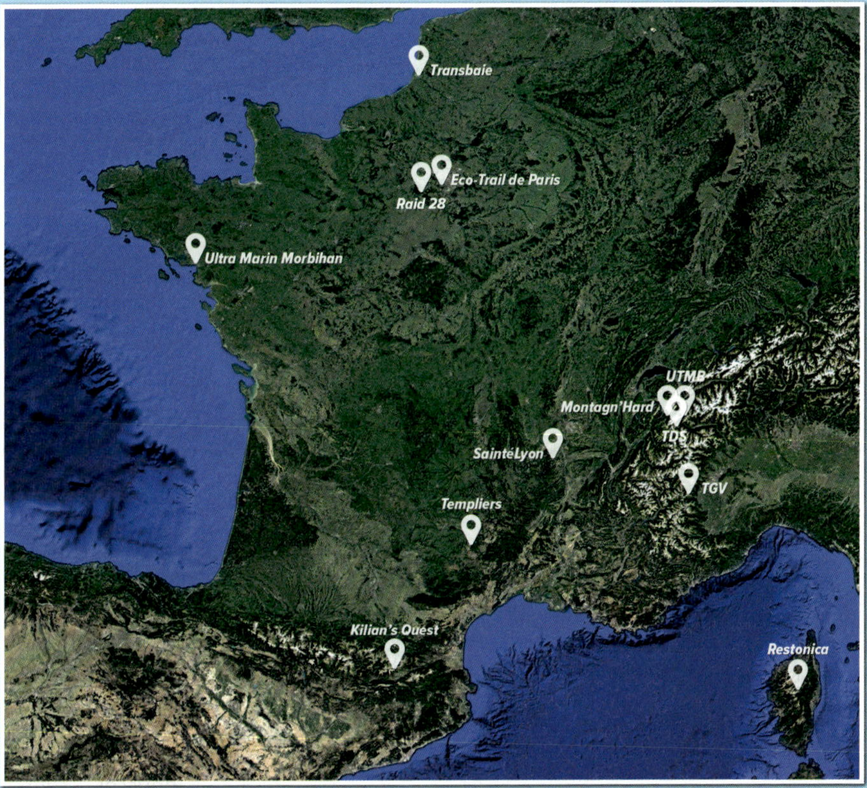

MODE D'EMPLOI

Comment aborder ce livre ?

Cet ouvrage se décompose en plusieurs grands chapitres, en partant des **bases** jusqu'aux différents types de courses, en gardant en tête une idée de **progression**. Enfin différentes analyses et **mises en perspective**, tant des épreuves que des acteurs, complètent le panorama.

- **Les Bases**

Au-delà de la découverte spécifique des courses, il n'est pas inutile de passer en revue rapidement les **fondamentaux du trail**, depuis l'entraînement jusqu'à la préparation mentale. Il ne s'agit pas de se substituer à des guides plus spécifiques à chaque sujet, mais de vous fournir ici un ensemble **d'approches et analyses issues d'expériences pratiques et d'approfondissements multiples**.

L'objectif est donc simplement de pointer combien la **combinaison** de ces six éléments - **Entraînement**, **Gestion de Course**, **Matériel**, **Alimentation**, **Soin du corps et Mental** - est importante en trail, et de surcroît lors d'un Ultra. J'ai coutume de souligner combien un « grain de sable » dans ces paramètres, même excellents par ailleurs, peut transformer l'issue de votre défi. Tel un navigateur solitaire à l'assaut de son tour du monde, il vous faudra comprendre et apprivoiser au mieux ces bases.

En tout cas, plus vous voudrez approfondir la discipline, plus la « technique » sera nécessaire et c'est ce qui fait une partie de son charme.

Enfin, au-delà de ces analyses, vous retrouverez également de nombreux conseils à travers des situations réelles décrites dans les récits. En effet, parfois, rien ne vaut des cas concrets pour mieux aborder la façon de gérer des situations auxquelles vous serez peut-être confrontés.

- **Les Courses**

Les courses décrites sont toutes **emblématiques**, voire **mythiques**. Elles couvrent les quatre coins de la France, un des grands berceaux du Trail. Elles vont même au-delà, à plusieurs milliers de kilomètres de l'Hexagone.

« L'épreuve reine » est généralement au cœur de chaque récit. Vous noterez cependant que quasiment toutes les organisations ouvrent leur accès au rêve à travers des versions plus courtes et plus accessibles.

Les courses sont regroupées dans **cinq grands chapitres consacrés aux différents types de trails**.

Dans chacun d'eux, les histoires sont racontées dans un **ordre chronologique** de réalisation (cf. la progression générale en fin d'ouvrage, page 348, « Bio Express »). Chaque épreuve comprend une **présentation**, un **récit de course** agrémenté de photos et illustrations ainsi qu'une **analyse** et des **évaluations** en guise de conclusion. Le nombre d'étoiles varie sur une échelle allant de 1 à 5. Elles sont à considérer en valeur relative et sont subjectives par nature !

Quoi qu'il en soit, l'objectif est de vous approprier le mieux possible chaque épreuve, avant de vivre votre propre aventure.

❖ Les grandes classiques de Trail

Ces courses, très établies et populaires, sont des portes d'entrée idéales pour débuter et se perfectionner. Les distances vont de 15 à 80 km avec une durée moyenne (pour un coureur de milieu de peloton) ne dépassant pas une douzaine d'heures environ.

❖ Les Trails sauvages de montagne

Plus intimistes, ces épreuves font la part belle à une nature et des panoramas inhabituels. Les distances vont de 60 à 75 km avec 4 à 5000 m de dénivelé. Leur réalisation nécessite un peu plus d'expérience et plus de douze heures en moyenne.

❖ Les Ultras avec nuit entière

Comme leur nom l'indique, ces Ultras nécessitent de passer une nuit complète en pleine nature, cumulant également un minimum de 18 heures de course et plus de 90-100 km.

❖ Les Ultras les plus mythiques

Ce sont les grandes courses les plus légendaires, parmi les plus difficiles qui existent, et avec une majorité de participants venant des quatre coins du globe.

❖ En Hors-série

Quand une réalisation de rêve, particulière complète le panorama des possibles.

❖ Les Compléments

Ces annexes vous donneront d'autres informations afin de mettre en perspective les chapitres précédents : de l'**Histoire** aux **acteurs** en passant par le **panorama des courses**, vous aurez une vue complète du sujet.

LES FONDAMENTAUX

ENTRAÎNEMENT

GESTION DE COURSE

ALIMENTATION

SANTÉ ET SOINS DU CORPS

MATÉRIEL

MENTAL

DONNER DU SENS : Si je devais résumer face à un sujet aussi vaste et complexe que le mental, j'insisterais sur l'idée de donner un sens à vos défis.

1. L'ENTRAÎNEMENT

L'ENTRAÎNEMENT c'est simplement la base de tout. Un point évident, incontournable, mais pas simple pour autant. Les **« techniques »** ne sont pas innées, et un peu de connaissances, même sommaires, vous seront plus qu'utiles.

Si certains s'en sortent en se préparant plus ou moins à l'instinct, ils appliquent quand même, a minima, quelques bonnes règles... tout en risquant de manquer leur meilleur **potentiel**.

In fine, en progressant, l'entraînement tend souvent à se résumer à une question de **volume**, avec la tentation d'entrainements quotidiens... Cette quantité d'entraînement n'est pourtant pas anodine ni sans conséquences. En effet, si le corps a souvent plus de potentiel qu'on ne le croit, nous ne sommes pas tous programmés pour être des athlètes de haut niveau. Certains finissent parfois dans le mur.

Le but ici n'est pas d'échafauder des plans mais d'avoir juste quelques principes en tête. Certains vous sembleront familiers et d'autres ouvriront peut-être des pistes de réflexions qui vous aideront à définir VOTRE mode d'entraînement. Oubliez l'idée d'une norme, mais définissez celui qui est **adapté à votre situation et à vos motivations**.

POTENTIEL ET CONNAISSANCE DE SOI

Pendant des années, je me suis entraîné sans plan, mais j'ai vite perçu différentes **limites**. Et puis un jour, lassé de ne jamais atteindre mon plein **potentiel** au marathon, je m'y suis mis

et j'ai progressé d'un coup, gagnant subitement 20 minutes sur mon meilleur chrono (10 % de temps en moins)... à ma sixième tentative.
Sur les 80 kilomètres de l'Eco-Trail de Paris, j'ai aussi progressé d'une heure trente (-15 %) « subitement » ! Se préparer correctement vous aidera simplement à vous améliorer, à maîtriser un peu plus vos courses, et mieux, à moins les subir.

À l'inverse, si vous ne vous entraînez pas suffisamment, les longues distances auront vite fait de ne plus passer, même avec la meilleure expérience qui soit...
Se plonger dans des plans d'entraînement, c'est aussi et d'abord **apprendre à se connaître**. Nous avons tous des **capacités très différentes**. Et en trail, plus l'épreuve est longue, plus les surprises arrivent.

À titre personnel, des tests m'avaient montré que j'étais plutôt un coureur de 800-1500 m et doté d'un « indice d'endurance » médiocre. De quoi faire sourire les proches après mes Ultras. Pourtant, ma « vitesse » ne me sert pas beaucoup sur les longues distances.
Un peu comme si, toutes proportions gardées, Usain Bolt faisait un marathon en 3 h 15 : le chrono serait honorable, mais sans commune mesure avec son immense talent de sprinter.

Dans la même veine, je cite souvent le cas d'une amie qui butait régulièrement sur les barrières horaires de l'Eco-Trail de Paris 80 km... tout en finissant « allègrement » et à plusieurs reprises la Diagonale des Fous.
Tout ceci pour souligner qu'à travers un **travail spécifique**, vous apprendrez non seulement à **vous connaître**, mais aussi à améliorer, voire gommer ce qu'il vous manque.

LE CONTENU

Personnellement, j'ai limité le travail de vitesse et mis l'accent, petit à petit, sur les **sorties longues** afin d'améliorer mon endurance. J'ai aussi fortement insisté sur le travail du **dénivelé** afin d'être plus résistant en montagne. Moi qui ne supportais pas les grimpettes, j'ai fini par y prendre goût et transformé ce point faible jusqu'à atteindre un niveau « correct ».

A minima, il faut travailler **régulièrement et qualitativement**. Une base hebdomadaire classique comportant 3 séances - en mode « normal », « fractionné » et « sortie longue » - est déjà simple et forte. Un de mes amis (Top 10 au Grand Raid du Morbihan et Top 20 à la TDS) fonctionne admirablement avec ces fondamentaux... et ne se blesse pas ! Bien sûr, en faire un peu plus n'est pas rédhibitoire, surtout ponctuellement face à un objectif important.

Il faut juste avoir trois quatre choses en tête :
• Garder des **temps de repos** suffisants entre les séances (surtout les plus difficiles).
• Toujours **alterner** séances difficiles et faciles.
• Fonctionner par **cycles** de plusieurs semaines (de 2 mois typiquement) et planifier des **périodes moins intenses** dans la saison.

Parfois, les courses sont aussi l'occasion de s'entraîner en conditions réelles. C'est une bonne façon de limiter la routine et se faire plaisir dans une belle ambiance. Il n'est cependant pas toujours facile de s'autolimiter le jour J en mettant la pédale douce.
Savoir hiérarchiser **ses objectifs** est un exercice important. Le mieux étant de préparer un calendrier annuel équilibré, sans multiplier à l'excès les objectifs majeurs.

Même dans les toutes meilleures équipes, ceux-ci sont souvent limités à trois courses clés dans la saison.

LE VOLUME

Jusqu'à tout récemment, on ne jurait que par le volume. Il est indéniable que la quantité influe sur la forme et performance générale, mais des intensités et durées variables sont clés aussi.

Le volume va aussi dépendre de chaque individu. Certains ont besoin de plus que d'autres, leurs motivations et objectifs de performance étant différents. À titre indicatif, depuis que je pratique le trail, ma moyenne d'heures effectives de sport (courses comprises) est passée progressivement de 3-4 heures à 5-6 heures hebdomadaires.
Lors de la préparation de gros objectifs, ces chiffres peuvent être vite multipliés par deux.

En tout cas, il faut simplement rester vigilant face à deux écueils :

La **saturation** : à la longue, il devient difficile mentalement de s'entraîner beaucoup, de faire autant de sacrifices... tout le temps. Le plaisir tend à s'amenuiser, et le corps ou la tête finissent par vous faire savoir leur ras le bol tôt ou tard. Même les tout meilleurs le vivent. Vient alors le temps du dosage...

Les **blessures** : les progrès en Trail aidant, il est très tentant de s'entraîner de plus en plus. Et, au bout de 4 à 5 ans, subitement, le corps commence à se manifester, à travers une ou plusieurs petites blessures dont il devient même parfois difficile de sortir. C'est d'autant plus fréquent et délicat à gérer que celles-ci se produisent au moment où les projets n'ont jamais été aussi multiples qu'essentiels...

LA FORME

Les connaissances évoluent régulièrement et on commence tout juste à percevoir l'intérêt des entraînements croisés.

Pendant longtemps, pratiquer plusieurs disciplines était perçu comme une dispersion sans intérêt et inefficace car impliquant des groupes musculaires différents.

Et puis, aujourd'hui, on se rend compte des multiples intérêts de ce mode d'entraînement :
• Travailler le **cardio** sous différentes formes est une des bases clés du Trail.
• Multiplier les disciplines permet de soulager les **articulations** particulièrement exposées par la course à pied et les chocs du trail, mais aussi de pouvoir **enchaîner les efforts** en laissant de meilleurs temps de repos aux différentes parties du corps, cerveau compris !

De mon côté, c'est une blessure au genou (ménisque), sans autre perspective que l'aggravation à plus ou moins brève échéance, qui m'a forcé à m'adapter. C'est ainsi que, du jour au lendemain, j'ai intégré vélo et rameur d'appartement, vélo de route, marche nordique et natation. Certains feront aussi du ski-alpinisme ou de fond.

Étonnamment j'ai progressé en Ultra, tout en soulageant la tête d'entraînements tendant à devenir trop répétitifs. C'est peut-être aussi ce qui m'a évité saturation et lassitude.

2. LA GESTION DE COURSE

BIEN GÉRER SA COURSE est un exercice qui paraît d'autant plus périlleux que le Trail, et a fortiori l'Ultra, est par nature difficile à appréhender du fait de sa longueur et de ses conditions générales irrégulières. Pourtant, il y a largement matière à anticiper ce qui vous attend et, ensuite, prévoir la gestion de votre effort.

Bien sûr, comme la majorité des coureurs, votre objectif sera peut-être simplement de finir au mieux de vos possibilités. Mais établir un plan de course, c'est se donner des atouts supplémentaires. Cela permet de **se rassurer** dans les moments de doutes, en particulier quand votre lucidité n'est plus totale à cause de la fatigue.

Un plan, c'est aussi l'occasion de **rester alerte** et de **moins subir** son défi, en l'anticipant. Même les **meilleurs mondiaux** essayent d'établir des prévisions et stratégies...

LA PRÉPARATION EN AMONT

Pour faire simple, voici déjà quelques notions pour vous aider à préparer un **plan** ou **roadbook** qui accompagnera votre course, en estimant vos différents temps de passage.

À la base, on a coutume d'évaluer une course en convertissant le dénivelé (D+/D-) en « équivalent-kilomètre » : un trail de 100 km et 4000 m de D+ équivaut ainsi à plus ou moins 140 km sur du plat (100 + 4000/100).

En réalité, deux autres facteurs importants sont aussi à prendre en compte :

• La **technicité du terrain** : celui-ci va être plus ou moins « roulant » (lisse) et donc impliquer des changements d'appuis qui auront un impact potentiellement élevé sur l'effort à produire et donc la vitesse.

• La **nature du sol** : il va également entraîner une difficulté à géométrie variable (sol dur, rochers, pierriers, racines, boue, sable...).
Le dénivelé sur les chemins de l'Eco-Trail de Paris n'a, par exemple, strictement rien à voir avec celui de la Réunion. Le premier calcul, plus ou moins pondéré, vous permettra d'appréhender la difficulté des tronçons.

Ensuite, rien ne vaut l'utilisation des **statistiques** d'éditions précédentes pour estimer vos **temps de passage** probables : ceux-ci seront alors autant de **micro-objectifs** et repères.
Par rapport à l'évaluation de votre niveau, vos capacités et votre objectif global, il suffit de faire la moyenne des temps de passage historiques de cinq coureurs différents. Il faudra évidemment se baser sur une « épreuve normale », sans grande particularité **météo**.

En pratique, on constate également toujours une forme de « **cœfficient de fatigue** » qui vous verra ralentir petit à petit au cours de l'épreuve.

Tout va aussi dépendre de la durée et donc de la complexité de la course. Vous adapterez vos indicateurs en fonction de ces paramètres. Sur un grand Ultra, il sera vraiment préférable de bien détailler le sujet, contrairement à une course de quelques heures où une poignée d'informations suffira.

UTMB - 2	Refuge Bonhomme	Chapieux	Col Seigne	Lac Combal	Arête Mont-Favre	Checrouit	Courmayeur	Bertone
POINT N°	9	10	11	12	13	14	15	16
ALTITUDE (m)	*2 439*	*1 554*	*2 502*	*1 970*	*1 417*	*1 919*	*1 195*	*1 979*
Horaires - Objectif	01:00	01:45	04:10	04:45	06:00	06:40	07:30	09:50
Horaires - Maxi		4 h 00		7 h 45			11 h 00	
KM partiel	2,0	5,2	10,3	4,4	4,3	4,9	3,8	4,9
D +	+ 165	+ 0	+ 958	+ 0	+ 457	+ 11	+ 0	+ 816
Pente (D +)	8 %	0 %	9 %	0 %	11 %	0 %	0 %	17 %
D + (minimum)	- 51	- 885	- 10	- 532	- 10	- 509	- 724	- 32
KM cumulé	44,2	49,4	59,7	64,1	68,4	73,3	77,1	82,0
D + cumulé	+ 2 823	+ 2 823	+ 3 781	+ 3 781	+ 4 238	+ 4 249	+ 4 249	+ 5 065
Distance compensée	*72*	*78*	*98*	*102*	*111*	*116*	*120*	*133*
Progression	27 %	29 %	37 %	39 %	42 %	44 %	45 %	50 %
Ravitaillement		Eau	Eau (source)	Eau		Eau	Eau	Eau
Soins		X		X			1 h pause ?	

Voici, par exemple, ci-dessus, un extrait de mon roadbook UTMB, divisé en 4 fiches plastifiées.

Enfin, un mot sur la visualisation : photos et récits sont souvent bien utiles pour mieux appréhender et gérer l'épreuve. J'en ai fait l'expérience à la Réunion où j'avais insuffisamment anticipé certains points. A contrario, l'UTMB s'est d'autant mieux passé que la gestion de course avait été fortement travaillée. La reconnaissance préalable du parcours, en stage, m'avait même permis de très bien imaginer le déroulé de chaque portion.

Maintenant, une fois votre plan établi, **comment gérer votre défi** ?

PENDANT LA COURSE

Idéalement, vous aurez très **bien évalué** tous les paramètres : ainsi, votre capacité à bien réussir votre course, sa maîtrise, va vous procurer encore plus de satisfactions et de plaisir pendant l'effort. Ce sera le signe que vous avez très bien préparé les choses.

Idéalement, vous aurez très **bien évalué** tous les paramètres : ainsi, votre capacité à bien réussir et maîtriser votre course va vous procurer encore plus de satisfactions et de plaisir pendant l'effort.

À l'inverse, en cas d'imprévu, les repères horaires pourront changer et risquer de vous décourager. Pourtant, même en cas de dérives, rien ne sera perdu car vous continuerez d'avoir des **éléments précieux** quant aux tronçons restants à venir. Par exemple cela m'a beaucoup aidé le deuxième jour de l'UTMB pour m'assurer du bon rythme et, par la suite, adapter et gérer chaque portion du parcours.

Enfin, le roadbook est un précieux **aide-mémoire** pour anticiper ce que vous pourrez faire au prochain ravitaillement, vous rappeler les **barrières horaires**... tout comme vous aider à **progresser** à la prochaine course !
À côté de cela, en trail et encore plus en ultra, votre **capacité d'adaptation** sera un allié précieux. Comme tout se passe rarement exactement comme prévu, votre capacité à gérer l'imprévu sera essentielle pour ne pas vous décourager.

Anticiper dans votre tête ce que vous allez faire au prochain ravitaillement vous évitera par exemple d'y perdre trop de temps. Le roadbook va servir régulièrement de **repère**.

Enfin, face aux impondérables, appréhender la gestion de votre course vous permettra de surmonter d'autant mieux les obstacles et, ensuite, d'**adapter votre effort** pour, in fine, avoir une **stratégie de course gagnante** !

3. L'ALIMENTATION

EN TRAIL et en particulier sur les Ultras, le sujet apparaît essentiel. La durée de l'épreuve va rendre indispensable d'avoir une bonne capacité à gérer votre alimentation.

Une des erreurs classiques consiste à se focaliser sur l'épreuve seule. **Bien s'alimenter au quotidien est tout aussi important**. Encore une fois, si nous sommes assez inégaux face au sujet, l'immense majorité d'entre nous est concernée par ce qui relève de la **simple hygiène.**

L'ALIMENTATION AU QUOTIDIEN

Plutôt que parler de régime, il convient d'évoquer les **habitudes alimentaires**. En effet, cela s'avère la base pour vivre pleinement sa passion, mais aussi pour être simplement en bonne forme et santé. Cette prise de conscience tend à se développer régulièrement.

On a pourtant tendance à se croire déjà attentif, sans se rendre compte de petites « erreurs » facilement corrigeables. En tout cas, l'idée n'est surtout **pas de se priver** ou vivre de façon ascétique, mais simplement de procéder à diverses **petites adaptations** qui feront grandement la **différence**, pendant vos épreuves comme au quotidien. J'ai pu m'en rendre compte à l'occasion d'un bilan avec une nutritionniste spécialisée.

Si rien ne vaut la consultation d'un professionnel et la prise active d'informations, vous pouvez déjà retenir quelques premières choses issues de conseils et expériences.

Vous avez d'abord intérêt à limiter les **sucres rapides** (pain blanc, pâtes, gâteaux, sodas...) sources de **ballonnements et d'hypoglycémie**. Il faut savoir que le corps compte vite sur ce sucre immédiatement disponible et... perd l'habitude d'aller piocher au cœur des cellules sources d'énergie plus complexe, comme les graisses.

Il s'agit d'un des principaux « dangers » actuels, car les sucres raffinés (à distinguer des sucres naturels, présents dans les fruits par exemple) sont partout. Cela engendre une surconsommation sans que l'on ne s'en rende bien compte.

Ces sucres rapides ont beaucoup de défauts, et notamment de favoriser le développement d'une flore intestinale particulièrement acide, et contributrice de bien des maux. Les ballonnements et hypoglycémies que nous rencontrons trop facilement en course sont une conséquence directe de ces excès.

Par exemple, les pâtes « blanches » ne sont pas votre allié idéal, car peu dotées en sucres lents. Seules les pâtes complètes seront vraiment bénéfiques. Le riz sera préférable aussi. Le pain blanc est également à surveiller car très riche en sucres rapides.

Manger suffisamment de légumes et ne pas abuser de **glucides** est basique, mais essentiel. Les **charcuteries** et graisses cuites sont aussi à contrôler.

Enfin, les **laitages** sont aussi à limiter car réputés « pro-inflammatoires» et peu digestes. Beaucoup considèrent qu'ils ne facilitent pas la régénération des cartilages, tendons et ligaments.

S'hydrater correctement au quotidien est également un « art ». Ne pas boire suffisamment défavorise un bon transit intestinal. Mais, a contrario, trop boire n'est pas mieux car sollicitant trop les reins. Café et thé sont des diurétiques dont il faudra veiller à ne pas abuser.
Personnellement, une écoute plus fine de mon corps et des **petits ajustements** se sont traduits par de bien meilleures sensations au quotidien comme en course, sans compter une forte baisse des hypoglycémies.

L'ALIMENTATION EN COURSE

Ce point est clé car source d'innombrables échecs : maux de ventre, vomissements, nausées, épuisement... Les symptômes possibles sont nombreux ! Pourquoi ?

Tout dépend d'abord de la **durée de l'épreuve**. Avec l'effort physique, s'alimenter devient d'autant plus compliqué que le sang va aller prioritairement soutenir votre effort sportif et secondairement votre digestion.

Comme le disait avec humour Christopher Mc Dougall dans son livre Born to Run : « l'Ultra se résume à une épreuve de nutrition entrecoupée d'exercices sportifs » !

La recommandation classique en course est de s'alimenter par **petites quantités** et **régulièrement**. Mais l'expérience montre combien le dosage d'en-cas est parfois difficile à trouver : suivant les individus, la bonne formule pourra varier de trois quarts d'heure à une heure trente. De mon côté, la suralimentation comme la sous-alimentation m'ont souvent joué des tours.

La façon de **s'hydrater** va aussi être très importante. Avec la chaleur et l'humidité, vos besoins peuvent facilement varier dans un rapport de 1 à 5 ! Lors de mon premier Grand Raid du Morbihan et de la Montagn'Hard, ma sous-hydratation m'a causé des difficultés insoupçonnées. La sensation de soif n'était pas tant présente que cela, mais avec la mauvaise habitude de boire peu, le déséquilibre hydrique aura été réel et très pénalisant.

Quant au **contenu**, il faudra rester prudent face aux innombrables produits spécialisés disponibles. Là encore, à chacun de tester et de se faire son opinion, mais des produits simples comme des **fruits secs**, bio (noix de cajou, raisins secs, noisettes…) sont souvent bien « meilleurs » que des barres sophistiquées. Une compote vous rafraîchira et se digère bien.
Avec l'effort, la simplicité de déglutition et digestion va compter. Le froid ou la chaleur influent aussi, car la consistance des aliments varie étonnamment vite.

Avec l'expérience, j'ai pu découvrir que **l'alternance** des saveurs et textures était très positive. Outre l'absence de lassitude, la variété amène le choix suivant les circonstances de courses. En fonction de l'intensité cardiaque du passage ou du moment de la journée, tout ne passe pas de la même façon.

Aux ravitaillements, chacun ses préférences ! Souvent, le corps vous amène **intuitivement** vers du salé ou du sucré. Laissez-vous porter. Les **soupes** ont de grands avantages : faciles à digérer, elles vous hydratent et apportent tout le sel dont vous avez besoin. Les boissons au coca pourront très bien vous convenir… comme engendrer d'abominables maux de ventre !

En résumé, il faut apprendre et tester régulièrement le sujet, jusqu'à **connaître votre corps** le mieux possible. Trouver ce qui convient parfaitement est un cheminement qui peut parfois prendre plusieurs années. Quatre ans pour ma part.

4. LE MATÉRIEL

EN QUELQUES ANNÉES, avec l'essor du trail, l'offre d'équipements n'a jamais été aussi vaste ! Les choix peuvent vite devenir cornéliens, même pour arbitrer la couleur qui vous conviendra le mieux !

Avec le développement d'internet, la tentation est grande de commander spécifiquement par ce canal. Les prix sont forcément imbattables, mais le service est nécessairement différent. Les **conseils** en magasin, l'**essayage**, la **visualisation réelle** ont leur importance. Et au bout de 10 heures de course, mieux vaut ne pas s'être trompé.

LES CHAUSSURES

Entre le confort du chaussant, l'amorti, le maintien, le dynamisme, l'accroche, le poids, la solidité et... le prix, tout est question de compromis. La tendance est d'avoir plusieurs paires « **spécialisées** » en fonctions des besoins... au point de rendre bien des conjoints jaloux de voir tant de paires dans les placards !

En pratique, plus la **distance** sera longue, plus votre **confort** sera clé et le **niveau d'amorti** pourra être primordial, en particulier sur des terrains très accidentés.

LA TENUE

La pléthore de choix finit vite par conduire sur le terrain de la mode. La seule chose sur laquelle j'aurais tendance à insister concerne le **rapport qualité/poids**. À être obsédé par le deuxième point, on en vient à prendre des tenues qui pourraient être facilement insuffisantes en cas de conditions difficiles.

Il ne faut pas perdre de vue que la moyenne montagne comme une mauvaise météo peuvent vite être dangereux. Jouer sa (sur)vie sur quelques grammes n'est pas toujours le meilleur calcul. À moins de viser les tout premiers rôles, ne cherchez pas à copier les champions et concentrez-vous sur l'expérience et le bon sens.

À l'inverse, par grande chaleur, voici juste un petit exemple de recette maison pour rester frais : glissez un carré éponge humide sous votre casquette. Succès étonnant et assuré !

LE SAC À DOS

Toutes les écoles existent sur les meilleurs produits. Déjà, rien qu'entre bidons, poches à eau, flasques souples, chacun a sa vérité... Pour avoir testé plein de choses, l'**ergonomie** d'accès à votre alimentation et autres accessoires sans devoir s'arrêter pourra vous aider à choisir.

LA MONTRE (et outils de mesure)

Il y en a aussi pour tous les goûts et besoins. Connaître sa vitesse, son rythme cardiaque, le dénivelé... sont autant d'informations qui aident à adapter l'effort, l'entraînement et le rythme de course. Pendant longtemps, cela m'a aidé à mieux me connaître et gérer mes courses.

Maintenant, avec l'expérience, j'évalue surtout mon niveau à travers ma préparation. J'ai aussi appris à mieux écouter mes sensations, surtout en Ultra. Sur une longue grimpette, je me contente d'un simple altimètre pour connaître mes progression et rythme. Mon roadbook va aussi m'aider à mieux adapter mon effort.

À l'entraînement, une application de smartphone me donne suffisamment d'informations pour faire le point sur les principales données, à savoir les « 3 D » : **Durée**, **distance** et **dénivelé**. En tout cas, si une bonne montre est très utile, savoir se contenter de quelques repères et se connaître est parfois encore mieux.

LA FRONTALE

Outil incontournable sur bien des courses, la lampe frontale est à choisir soigneusement. Visez de préférence une puissance minimum de 150 lumens. En course, privilégiez des **piles alcalines** pour une meilleure capacité.

LES BÂTONS

Superflus pour les uns, indispensables pour les autres... Même chez les meilleurs, les avis divergent ! Kilian Jornet s'en passe allègrement tandis que François d'Haene, Xavier Thévenard ou Ludovic Pommeret, tous récents vainqueurs de l'UTMB, s'en servent efficacement.

Plus la distance ou le dénivelé seront importants, plus les bâtons seront recommandés, voire indispensables. En effet, il deviendra difficile de courir autant que vous le souhaitez. Que ce soit pour garder le rythme, faciliter les montées ou encore économiser vos articulations, savoir bien pratiquer la marche nordique, avec une bonne technique de poussée, vous sera souvent d'un précieux secours.

Enfin, au-delà de vos achats, n'oubliez jamais de **tout tester** un minimum avant !

5. LA SANTÉ ET LES SOINS DU CORPS

UN CORPS EN BONNE SANTÉ, cela semble couler de source pour qui veut accomplir des défis pouvant atteindre plusieurs dizaines d'heures. Et pourtant… le Trail est une activité complexe qui engendre facilement divers traumatismes ou blessures, qu'il faudra arriver à **éviter, gérer et contrôler**.

En effet, même si vous êtes solidement constitué, il vous faudra d'autant mieux gérer votre capital santé avec le volume de pratique et l'âge. Sans s'inquiéter excessivement, la course à pied et le trail sont des activités à impacts, traumatisantes pour le corps. En même temps, la pratique apporte aussi beaucoup de bienfaits avec souvent **une solidité et tonicité générales renforcées**.

Quelle que soit votre situation, **être bien entouré et conseillé** médicalement est essentiel. Médecines douce, traditionnelle comme moderne se complètent. Bien sûr, vous pourrez trouver toutes sortes d'exemples positifs comme négatifs autour de vous.

Comme pour beaucoup de sujets, il m'est toujours apparu clé **d'apprendre un minimum par moi-même**. En effet, comprendre un peu ce que l'on vous propose, c'est déjà être actif dans votre démarche. Les exemples de situations et avis contradictoires pullulent ? À vous aussi de **développer de bonnes « intuitions » avec les professionnels**. Dans mon cas, face à de sérieux problèmes de ménisque, plusieurs options se sont présentées, tant en termes de soins que de gestion au quotidien. J'ai pris le temps de comprendre et d'analyser avant de m'engager.

Ne vous précipitez pas dans des décisions importantes, car si une opération peut être salutaire, elle n'est jamais anodine, ni sans risques ou conséquences. En tout état de cause, **votre corps est votre allié** : il se soigne aussi par lui-même admirablement. Sachez évidemment déjà en prendre un minimum soin par votre hygiène de vie et votre alimentation. La réalité montre souvent trop de décalages par rapport aux objectifs.

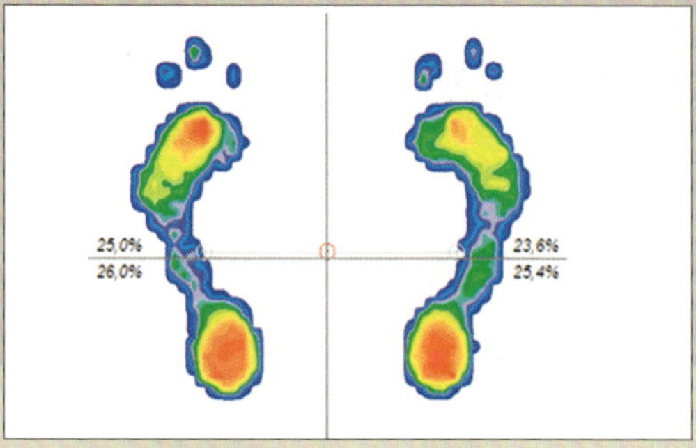

Sachez aussi écouter les signaux de votre corps : forcer malgré la douleur, c'est comme vouloir continuer à rouler avec votre voiture malgré une fuite d'huile affichée au tableau de bord. N'attendez pas pour lever le pied, comprendre et vous soigner. La première étape qui doit vous guider n'est pas toujours la plus simple, mais **identifiez d'abord la cause** ! Ce n'est pas toujours évident, mais ce n'est souvent qu'à partir de là que vous pourrez **mener les bonnes stratégies**.

De même, face à une petite blessure, votre corps va avoir tendance à compenser et les bobos pourront se propager ailleurs...
Le corps humain est une machine très complexe et sophistiquée. Elle est capable de vous alerter, s'auto-réparer, s'améliorer... mais si vous la maltraitez, la négligez, elle pourra aussi vous en faire payer le prix. Ce n'est pas toujours simple à décoder et les bons traitements ne coulent pas forcément de source ou prennent parfois du temps.

D'où l'importance d'écouter des professionnels et de se former a minima. Trouvez les bons « garagistes » et ne prenez pas les signaux à la légère.

S'il fallait retenir quelques idées simples, voici les leçons tirées de ma propre expérience :

Restez souples : prenez quelques instants par jour pour vous « étirer » et maintenir votre souplesse. Avec l'âge, le corps perd en élasticité et tend à se raidir. Imaginez maintenir vos tendons comme des élastiques de haute qualité plutôt que comme des cordes de violons.
Une routine de 2 minutes par jour change considérablement la donne.

Gardez (vraiment) des temps de repos : le corps se reconstruit largement et en permanence. Laissez-lui le temps de le faire et n'abusez pas des enchaînements. En ayant le reflexe d'alterner les difficultés des séances, de vous reposer proportionnellement aux sollicitations demandées à votre organisme, vos risques de dommages seront sensiblement amenuisés.
Cela semble une évidence mais, à tous niveaux, je le constate régulièrement : il est facile de tomber dans le piège d'en faire trop. On a parfois l'impression de pouvoir enchaîner sans fin...

N'attendez pas et soignez-vous : le temps n'est pas votre allié si vous traînez trop pour agir. Une blessure peut parfois vite se corriger et inversement devenir chronique par négligence. Une entorse à la cheville peut se répéter souvent si vous n'y prenez pas garde.

Deux mois seulement avant l'UTMB, j'ai fait une grosse chute à vélo, où mes quadriceps ont été « détruits » par un choc violent à 40 km/h.

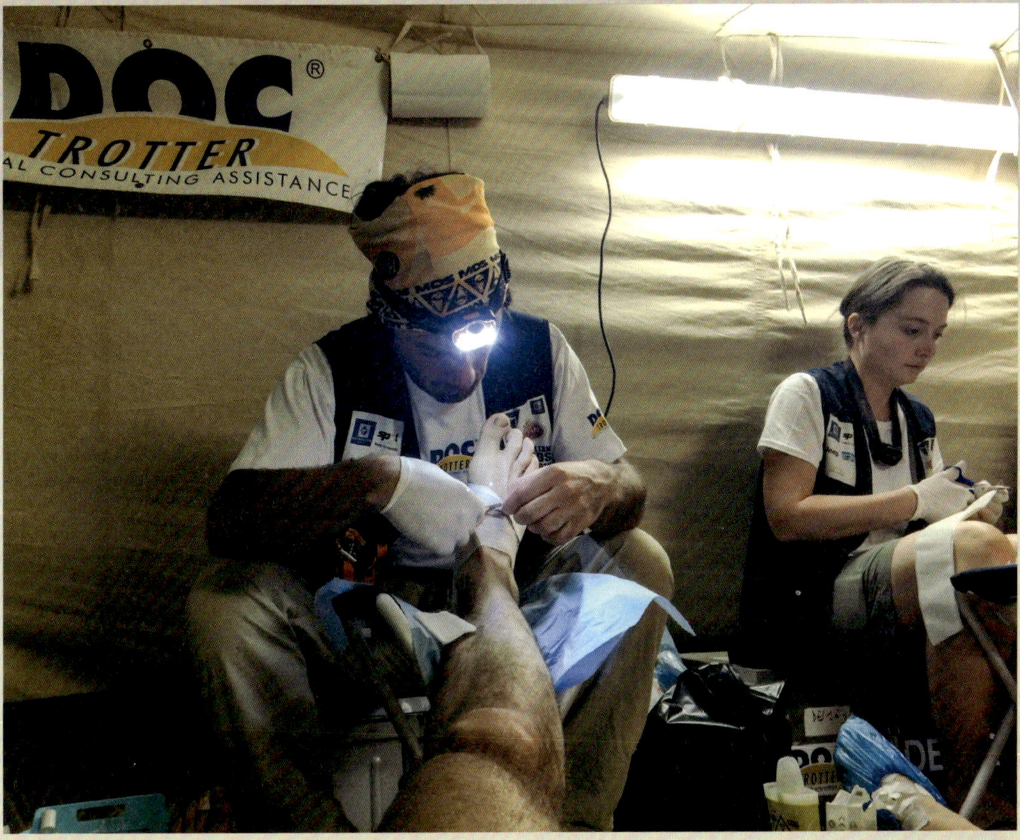

Par chance, mon acupuncteur a pu me piquer le jour même et le lendemain : cela a permis de faire circuler le sang et limiter les hématomes. Trois jours après, afin de faciliter ce drainage, j'ai commencé une reprise très douce et progressive avec le vélo d'appartement. Sans cette grande réactivité et ces soins réguliers, je n'aurais jamais pu revenir et me préparer à temps.

Toutes les méthodes de soin ont leurs avantages et inconvénients. Les médecines douces ont beaucoup de succès et leur donner priorité autant que possible semble aller dans le bon sens. Ce n'est pas une raison pour négliger la médecine moderne qui est tout aussi indispensable et efficace suivant les cas. Mais quels que soient vos choix, **soyez actifs et attentifs**.

6.LE MENTAL

EN SPORT, le mental est un point essentiel que tout le monde comprend, sans être pour autant simple à saisir. Combien de fois, j'ai entendu autour de moi des réflexions comme :

« Bravo, tu dois avoir un sacré mental »
« Les ultras sont trop durs sans mental »
« Je ne sais comment vous faites, car je serais incapable de faire ça »

À croire qu'il y a des gens qui ont du mental et d'autres pas. Presque comme si c'était inné. Une **croyance limitative** d'autant plus surprenante que le cerveau se façonne manifestement plus ouvertement que le corps... En effet, les limites sont beaucoup plus surprenantes qu'on ne veut bien le croire.
Votre physiologie personnelle pourra s'améliorer, mais, même si vos limites sont lointaines, elles finiront par plafonner inévitablement. Vous pourrez aussi améliorer votre technique et gestion de course et tendre à vous rapprocher des professionnels. Mais le mental ?

À mes débuts, courir 10 kilomètres me paraissait déjà un chalenge bien difficile. Alors pensez donc, au-delà ! Non seulement je ne m'en croyais guère capable, mais j'étais, en plus, persuadé qu'il faudrait faire preuve d'un courage et d'un effort mental surhumain pour affronter de telles difficultés.

Et même après quelques marathons sur route, l'idée d'un nouveau trail de 80 km à côté de chez moi m'est apparue comme... un truc réservé aux fous ! Jusqu'à ce que je m'y inscrive la semaine d'après, histoire de voir si ce défi n'était pas jouable quand même. Depuis, je suis le premier à rire de ces anciennes convictions...

En fait, dans un sport où le physique et la technique sont déjà à développer, **le mental se travaille** tout autant. Oui mais comment ? La question revient souvent, avec la croyance qu'on est limité par notre propre histoire... Pourtant un cerveau, ça s'entraîne aussi !

La gêne provient le plus souvent d'un manque de **technique**. Je résumerais juste ma perception à travers de multiples **réflexions et expériences**.

COORDONNEZ ÉQUITABLEMENT PHYSIQUE, TECHNIQUE et MENTAL

Il apparaît toujours dangereux qu'un point soit trop « supérieur » aux autres. Les cas de figure sont multiples, mais voici quelques situations rencontrées et à peine caricaturales :

Cas n°1 : vous vous entraînez comme un fou, « pétez la forme », mais votre objectif est très ou trop élevé, voire obstrué par un ou plusieurs « gros » obstacles pendant l'épreuve. Au pire, l'abandon vous guette. Au mieux la frustration du résultat va vous entraîner dans une mauvaise spirale, de déception et d'échec.

Cas n°2 : votre êtes un peu juste physiquement mais voulez absolument relever votre défi. Vous vous surpassez malgré les douleurs et passez la ligne d'arrivée à l'agonie. Derrière, votre corps ne s'en remet pas et vous impose un long arrêt, voire pire, vous oblige à changer de sport.

Ces cas sont fréquents, je l'ai constaté, y compris à un haut niveau. L'adéquation et la préparation de l'objectif n'auront pas été suffisamment coordonnées. Le mental aura été trop peu ou excessivement poussé. Trop peu appréhendé, voire ignoré : on y songe juste avant l'épreuve, au lieu d'une approche en continu.

MENTAL ET PHYSIQUE SE NOURRISSENT MUTUELLEMENT

Chaque sujet alimente singulièrement l'autre. La clé sera de créer une harmonie positive entre les deux :

« Se sentir très bien physiquement donne confiance et nourrit le mental ».

Idéalement, les deux composantes s'alimenteront dans une bonne spirale. Par exemple, avant mon meilleur chrono sur marathon, je m'étais tellement bien préparé, que le stress de rater une énième fois mon objectif de 3 h 30, était gommé par les sensations de se sentir en forme comme jamais. Les nouveaux repères à l'entraînement m'ont convaincu que 3 h 20 était possible et donné confiance. À ma sixième tentative, j'ai réussi à abaisser mon record de 20 minutes (3 h 19), soit une amélioration de 10 % de mon meilleur résultat.

« J'ai très envie, confiance et prends du plaisir à faire ce que je fais ».

Le physique suit sans s'en rendre compte. Combien de fois, en discutant, observant le paysage, appréciant l'épreuve longuement attendue... n'ai-je pas vu le temps passer dans un moment critique où la fatigue aurait dû prendre le dessus. Lors de mon UTMB et sa difficile deuxième nuit, les échanges avec les autres m'ont permis de ne pas m'enfermer dans des pensées négatives et d'oublier momentanément les douleurs !

En résumé, savoir écouter Mental et Physique est très utile. Un peu comme le Yin et le Yang,

ces deux forces s'équilibrent et permettent de mieux gérer et vivre l'événement.

Quels que soient les objectifs, du champion au dernier, c'est une **harmonie** entre le Mental et le Physique qui vous permettra de prendre majoritairement du plaisir, à l'entraînement comme en course.

Cela ne veut pas dire qu'il ne faut pas **se faire violence** par moment. Au contraire ! Mais à dose mesurée... Pousser ponctuellement, l'un comme l'autre, permet de progresser et affronter ensuite toutes les difficultés. Ce n'est pas opposable à l'esprit de compétition, mais une « pression » excessive et trop permanente finira par vite user les plus résistants.

TRAVAILLEZ VOTRE MENTAL À TRAVERS PLUSIEURS AXES

POURQUOI (JE COURS) ? Probablement la question la plus récurrente et avec un nombre incroyable de réponses... Et bien, y réfléchir, c'est déjà aborder le travail mental ! Tous les **éléments positifs** en réponse à cette question sont les bases, les clés essentielles de votre motivation. C'est ce qui vous poussera à vous entrainer toute l'année, même quand l'envie est moindre, et qui vous accompagnera le jour J.

Ce sujet doit aussi se nourrir et **se réinventer régulièrement** sous peine de s'user. Renouveler ses motivations n'a rien de choquant, bien au contraire. C'est la garantie de joies et performances durables.

VISUALISER : Commencez par imaginer votre course, les lieux, l'atmosphère, les points de plaisir comme de difficultés. Tout va servir à préparer votre mental. C'est un des buts de cet ouvrage : vous aider à tout appréhender, et ainsi être plus à même de faire face, d'apprécier et de mieux gérer le jour de votre épreuve.

CAPITALISER et PRENDRE CONFIANCE : La confiance naît grandement de l'**expérience**. Aujourd'hui, plus les courses avancent, plus je deviens zen. Non pas que les défis soient plus faciles, mais les cumuls d'expériences, de défis relevés, de maîtrise d'obstacles... permettent petit à petit de croire encore plus fort dans les chances de réussite. Mieux et bien se connaître, c'est avoir déjà fait l'essentiel du chemin.

C'est aussi pour cela « qu'on n'apprend jamais autant que de **ses échecs** ». Aussi douloureuse soit l'expérience, c'est l'occasion « idéale » de progresser sur tous les plans. Bien sûr le moral et la confiance pourront être momentanément, voire durablement, atteints. Mais c'est en surmontant ces caps que l'**on s'améliore le plus**. Combien de fois après de « semi-échecs », ai-je pensé que les grands Ultras n'étaient décidemment pas faits pour moi ? Et pourtant, ils continuent de s'enchaîner. Ce n'est pas pour autant que tout va marcher à chaque fois. Mais j'ai appris de mes erreurs et œuvre juste pour qu'elles ne se reproduisent plus.

DOUTER : Aussi paradoxal que cela puisse paraître, le doute fait partie du travail mental. C'est l'assurance de **rester alerte** et **d'éviter un excès de confiance** qui pourrait se retourner contre vous en cas d'obstacle. À mon niveau, celui de nombreux coureurs, cette part de doutes est essentielle, et fait parfois la différence entre « être finisher » ou non. Qui plus est, les surmonter le jour J vous donnera une force supérieure pour accomplir votre défi.

POSITIVER : Se nourrir de chaque chose positive permet de savourer l'effort. Associer des images, des souvenirs, ou tout autre chose aux étapes de votre course sera utile.

Il faut apprendre à ne pas céder au découragement, tant le trail est fait de haut et de bas. Pendant mes tours du Mont-Blanc, je me suis servi de nombreux points d'accroche qui, le jour J, m'ont d'abord permis d'éviter de sombrer face à l'obstacle, puis de mieux rebondir ensuite. La course prend alors une autre dimension.

CONSTRUIRE : On veut parfois brûler les **étapes**. J'en ai fait aussi l'expérience. Faire un pas en arrière, réussir des défis plus faciles pour se refaçonner le moral, avant de repartir à l'assaut. La démarche peut paraître compliquée, mais mentalement, c'est très efficace pour rester dans une bonne spirale et dynamique.

DONNER DU SENS : Si je devais résumer face à un sujet aussi vaste et complexe que le mental, j'insisterais sur l'idée de donner **un sens à vos défis**.

Voyez votre course comme un concentré de vie, où les cycles ont juste des durées différentes : vous vivrez joies comme adversités, mais si vous apprenez à croire en vous, l'essentiel sera là. Le plaisir doit dominer, mais la difficulté vous permet aussi d'apprendre à mieux révéler et savourer toutes les petites satisfactions que vous auriez peut-être tendance à ignorer. Partager a minima son défi avec ses proches, c'est aussi l'assurance de le vivre pleinement.

APPRENDRE ET ÉVOLUER : Le sujet de « donner du sens » n'a rien à voir avec une question d'ambition, car même à un haut niveau, l'équation n'est pas forcément très différente.

Quel que soit l'échelon, devoir se surpasser reste un défi, surtout la première fois. C'est bien pour cela que « l'échec » doit être vécu comme un **apprentissage** qui n'a rien de déshonorant. Évitez juste de répéter vos erreurs ! Ainsi, la fois suivante ne pourra que mieux se dérouler. Parfois, il faudra quand même réessayer et insister face à « l'obstacle », jusqu'au jour où vous finirez par **franchir un nouveau cap** !

Dans le cas des compétiteurs, les leçons restent assez proches. Pour l'être dans l'âme, et bien que d'un niveau modeste, je ne fais pas beaucoup de différences dans l'approche mentale au moment d'aborder une épreuve de marche nordique où je joue la victoire. Il y a un peu plus de pression et il faut surtout apprendre à **maîtriser ses émotions**. On finit simplement par se « tranquilliser » en **relativisant** (ce ne sont pas les arènes du cirque, ni même les Jeux Olympiques) et en **répétant les expériences**.

UN TOUT : Le « chemin » est une bonne façon d'appréhender le défi. Depuis le premier entraînement de l'année jusqu'à la course, vous vivez un ensemble. L'appréhender dans sa **globalité** permet de mieux apprécier et savourer le jour J de la course, comme une récompense de vos efforts, et non pas comme un mur à franchir.

En tout cas, **prenez le temps** de réfléchir à tous ces aspects et de vous construire. C'est aussi une des composantes très exaltantes du Trail que de **se développer personnellement**.

LES GRANDES CLASSIQUES

France (Eco-Trail de Paris)

France (La Transbaie)

Entre les aspirations à se retrouver et vivre en harmonie avec la nature, le Trail a explosé dans les années 2000.

France (Les Templiers)

LES COMPÉTITIONS de course à pied se déroulant en pleine nature existent depuis plusieurs décennies déjà. Mais elles ont commencé à véritablement se codifier et se développer au milieu des années 1990. L'appellation Trail est ainsi apparue afin de distinguer les épreuves se déroulant sur piste ou route, de celles empruntant majoritairement chemins et sentiers.

Les formes de ces dernières sont multiples. Elles sont parfois au croisement des raids en autonomie complète et/ou par étapes, de l'orientation et du cross. Une distance de plus de 12 km est généralement le seuil minimal retenu pour qualifier une épreuve de Trail.

Au-delà du contenu, c'est aussi un état d'esprit assez libertaire qui caractérise les bases de la discipline : la pratique avec des règles limitées, l'entraide entre coureurs…

Entre les aspirations à se retrouver et vivre en harmonie avec la nature, le Trail a explosé dans les années 2000.

Aujourd'hui, avec 10 à 60 ans d'existence, les « grandes classiques » font preuve d'un certain savoir-faire : courses très **populaires** avec 5000 à 15 000 participants et accessibles à travers de **multiples formats**, du plus court jusqu'aux portes de l'Ultra pour certaines. Bref, **tout pour découvrir, apprendre et progresser dans l'univers du Trail**.

Voici donc un premier aperçu de ces grandes classiques :

- La **Transbaie** : une initiation au trail, courte, ludique et très populaire
- L'**Eco-Trail de Paris** et la **SaintéLyon** : des épreuves très disputées, dans des lieux particulièrement emblématiques.
- Les **Templiers** : aux portes de l'Ultra et de la montagne.

TRANSBAIE
Transbaie
EN PICARDIE

PRÉSENTATION

RÉSUMÉ

▶ La Transbaie est une course nature, traversant la baie de Somme à marée montante. Le parcours consiste en un aller-retour entre Saint-Valéry-sur-Somme et Le Crotoy, dans un mélange de trail et... de parcours du combattant !

▶ 17 km et 80 m D+ environ.

▶ Un ravitaillement à mi-parcours, au Crotoy.

QUAND ?

▶ Un dimanche entre avril et juin, avec un départ en milieu de matinée, vers 10 heures.

▶ Date et horaires varient chaque année : ils sont conditionnés par la nécessité d'une marée basse et l'évitement des « grands week-ends » de printemps.

PARTICIPANTS

▶ 6500 coureurs maximum (pour des raisons de sécurité)

UN PEU D'HISTOIRE

En 1989, Denis Courtois imagine cette course originale tandis qu'il décide d'arrêter de fumer : le défi va constituer à être capable de traverser la baie de Somme sans se faire rattraper par la marée ! Le concept est d'autant plus innovant que les courses nature, dites « hors stade », sont encore très rares.

Présentée très vite comme le « Paris-Dakar » de la course à pied, la Transbaie est unique en son genre : à la fois sportive, festive, conviviale et avec un parcours extrêmement original (encore sans égal aujourd'hui). Malgré une toute première édition avec son petit lot « d'égarements » et de stress, la richesse de l'épreuve va conduire à un grand succès, jamais démenti depuis.

La course est d'autant plus populaire qu'elle se veut très libre et incertaine. Du coup, l'aventure devient collective et la solidarité entre coureurs apporte une autre dimension. On est à l'aube d'une évolution des courses traditionnelles. Outre un bel esprit, tout devient festif avec le rire et la bonne humeur. La boue est même perçue comme un des grands charmes de l'épreuve.

La baie de Somme est aujourd'hui classée au patrimoine de l'Unesco et offre un cadre aussi superbe qu'étonnant. Il y est même courant d'apercevoir des phoques en bordure de côtes.

Transbaie en Picardie

Transbaie en Picardie

Transbaie en Picardie

POINTS CLÉS À APPRÉHENDER

▶ Le parcours comporte un peu de dénivelé, avec de nombreuses bosses de quelques mètres seulement, mais souvent aussi abruptes que glissantes.

▶ L'aller est d'autant plus technique qu'il passe par des mollières, ces prés salés naturels, situés en plein milieu de la baie, et dont l'inondation est provoquée à marée haute.

▶ Le chemin du retour est plus plat, mais empruntant des sols souvent très mous, au ras de la mer.

▶ À plusieurs reprises, il faut franchir des passages d'eau, sur une distance allant de quelques mètres à plusieurs dizaines ! Vous aurez ainsi de l'eau jusqu'aux mollets, voire beaucoup plus, notamment lorsque vous traversez l'embouchure de la rivière Dien, à proximité du Crotoy.

▶ Bien lacer ses chaussures n'est pas inutile, sous peine de finir pieds nus !

▶ De très nombreux coureurs disputent l'épreuve déguisés.

▶ **Le site de la course : www.transbaie.com**

Transbaie

Les chiffres clés

Distance totale : 17 Km

Dénivelé positif : 80 m

Dénivelé négatif : 80 m

Altitude minimale : 0 m

Altitude maximale : 35 m

Profil altimétrique

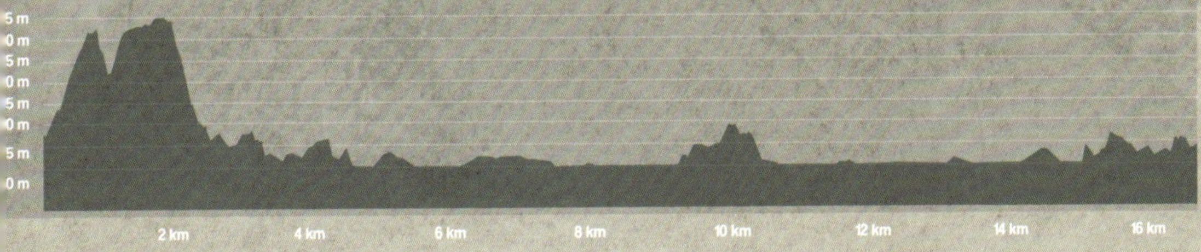

La course (17 km, 80 m D+)

LE CONTEXTE

Après diverses courses sur route et cinq marathons de Paris consécutifs, l'idée de passer à autre chose est apparue comme une évidence. Et si on se mettait à disputer un trail avec l'arrivée du printemps ?

Comme souvent, l'idée vient d'une discussion entre amis… et avec Hervé et Guillaume, nous jetons notre dévolu sur la Transbaie.
Voilà un projet familial sympa : passer le week-end en bord de mer, à découvrir une course nature originale, qui a déjà largement fait ses preuves et dont la réputation s'étend régulièrement.

Pensez-donc ! Traverser la mer en pataugeant dans le sable, la boue et l'eau s'annonce aussi excitant que redoutable… Une vidéo sur le Web, avec en toile de fond la musique « Y va y avoir du sport… et moi je suis tranquille ! », permet de saisir « l'horreur » qui nous attend !

http://goo.gl/k7cA5E

La distance, idéalement abordable, ne nécessite pas de trop de préparation. C'est parfait pour moi car en dehors d'un semi-marathon en tant qu'accompagnant, un mois plus tôt, je ne me suis guère entraîné pendant tout l'hiver.

Qu'importe, l'essentiel ne va pas être la performance, mais de découvrir quelque chose de très nouveau, dans une belle ambiance.

JOUR J

Avant de rejoindre le départ, un immense parking est organisé en amont de Saint-Valery et la liaison avec la zone de départ se fait par le biais d'un petit train à vapeur qui fait habituellement le tour de la baie ! C'est rapide, champêtre et bien pratique. Puis nous nous préparons tandis que les enfants s'amusent.

Nous essayons de nous placer le mieux possible sur la ligne de départ. Comme souvent, il vaut mieux partir dans les premiers pour éviter tout risque de bouchons.

Le groupe est vite immense et les coureurs redoublent d'originalité dans leurs déguisements.

SAINT-VALERY – LE CROTOY

Un coup de sifflet du train lance le départ ! Toute le monde tente de foncer mais ce n'est pas si simple de se frayer un chemin à l'allure souhaitée. Très vite, une légère côte fait monter le cardio au plus haut. En fait, la course démarre par une boucle autour de Saint-Valéry qui permet d'étirer au mieux le peloton. Peu après nous longeons le quai de la ville et traversons l'écluse qui rejoint la langue nord. J'ai réussi à m'extirper au mieux pour éviter les bouchons et salue Marie, Titouan et Léo qui lève les bras en me voyant passer.

Après quelques centaines de mètres, au bout de la langue nord, nous rentrons totalement dans la baie et le vif du sujet ! La petite descente est sablonneuse et glissante à souhait, avec déjà un passage d'eau à franchir.

Mais ce n'est que le premier. Car derrière on enchaîne sur tous les terrains possibles : du sable dur, mou, des montées et descentes de « mollières » (prés salés).

Allez Papa !

Par endroits, cela me fait penser à la guerre de 14-18 avec des tranchées boueuses, humides et verticales à traverser.

Mes chaussures de route adhèrent très moyennement et beaucoup d'énergie est vite perdue. Mais je ne faiblis pas et suis en permanence

avec un cardio proche du « seuil ». En fait, c'est assez ludique de courir tout en pataugeant. Pour autant, et contrairement à certains, je ne vais pas jusqu'à me vautrer exprès pour profiter des bains de boue !

Après l'incursion dans les « mollières », au milieu de la baie, nous revenons sur le sable dont la densité reste variable. C'est à ce moment-là que je vois surgir en sens inverse le futur vainqueur qui s'envole déjà vers l'arrivée.

Les passages de sable sont régulièrement coupés par de petits courants de mer qu'il faut traverser. Le dernier, avant d'approcher du Crotoy, est plus profond et saisit clairement par sa fraîcheur ! Heureusement, avec l'effort, on n'a guère le temps de tergiverser ni d'avoir froid.

Nous remontons maintenant la plage du Crotoy et, après encore quelques centaines de mètres,

le ravitaillement d'eau s'offre enfin à nous. Cela fait du bien, même si j'évite de m'y attarder pour optimiser le chrono.

LE CROTOY - SAINT-VALERY

C'est déjà reparti pour une nouvelle petite baignade. La fatigue se fait sentir, tout comme le vent avec cette journée relativement fraîche. Mais le terrain est plutôt facile car plus ferme.

Peu avant la sortie de la baie, il reste quand même un passage particulièrement mou et glissant. La vitesse s'en ressent sensiblement et, à défaut de crampons aux pieds, je tente d'avancer comme si je marchais sur des œufs.

Dernier passage d'eau et il faut remonter la pente qui va nous ramener vers la digue et la terre ferme ! Il reste encore de longues lignes droites et il faut s'accrocher pour rester et finir à fond. Heureusement, la fin se déroule dans une ambiance de tour de France, avec de nombreux spectateurs massés sur les bords pour nous encourager.

Vittel
5326
5895
ATHLETICS
3925
4379

Finalement, dans un ultime sprint, je passe la ligne : 1 h 15 mn 30 s ! Moi qui, à vue de nez, visais 1 h 20, suis assez satisfait de m'en être plutôt bien sorti. Je finis aussi 551e sur quelque 4500 arrivants. Des statistiques un peu similaires à mes Paris-Versailles.

Et, à part la petite gêne sur le premier kilomètre, c'est surtout le manque d'entraînement qui m'a empêché d'aller plus vite. Des chaussures de trail n'auraient pas été superflues, il va aussi falloir que j'investisse...

À côté de cela, je ne suis pas aussi sale que je l'imaginais, sans doute parce que j'étais devant. Les bains d'eau de mer nettoient aussi un peu au fur et à mesure, tandis que j'ai évité toute grosse glissade ou chute. Partir dans les premiers change un peu la donne.

CONCLUSION

En tout cas, la Transbaie est bien une épreuve aussi sportive qu'amusante ! La course est quelque peu difficile pour celui qui veut se donner à fond, mais rien d'insurmontable.

Mais bien plus que le chrono, l'ambiance est extrêmement détendue, avec un état d'esprit quelque peu différent de la route. Ici tout le monde vient avant tout pour prendre du plaisir et communier dans un même effort.

Bref, le Trail, cela change et c'est très sympa...

ANALYSE

SYNTHÈSE

▶ Une course pleine d'émotions aussi ludique que sportive ! L'épreuve est forte en intensité et comporte une variété de terrains totalement unique.

RECOMMANDATIONS

▶ La Transbaie est un trail court qu'il faut appréhender comme une course un peu spéciale, à la croisée d'un Paris-Versailles et d'un cross du Figaro, voire d'un Mud Day... Bref, une aventure un peu folle !

▶ Une excellente condition physique sera prépondérante pour réaliser un résultat.

▶ Palmes, masque, tuba et maillot de bain ne sont pas nécessaires...

ÉVALUATIONS

Mythe ★★★★★

▶ Avec une si longue existence, la Transbaie fait aujourd'hui partie du patrimoine des grandes courses françaises.

▶ Son parcours « redoutable », alors que vous pataugez dans la boue et le sable tandis que la marée monte... a vite fait d'en faire une légende !

Difficulté ★★★★★

▶ Bien que technique et parsemée d'embuches, l'épreuve reste courte et donc accessible au plus grand nombre. L'absence de limites horaires permet aux plus lents de terminer leur course en 3 heures environ.

▶ Pour les plus sportifs, il s'agit avant tout d'une épreuve de vitesse.

Organisation et soins des coureurs ★★★★★

▶ L'organisation est bien maîtrisée malgré les aléas de la nature. Le balisage doit être notamment installé à la dernière minute.

▶ Tout est optimisé pour rester simple et populaire.

Paysages ★★★★★

▶ La baie de Somme est déjà naturellement très belle, elle a su garder son côté sauvage. C'est une zone protégée où vivent de nombreuses espèces rares (oiseaux, phoques...).

▶ Le concept de passer d'un port à un autre, en traversant le fond de la mer à marée basse, est aussi spectaculaire qu'original. Les sensations sont uniques, notamment en plein milieu de la baie.

Technicité ★★★★★

▶ Entre les différents sables, la vase, la boue, les prés salés, les étendues d'eau ou encore les passages sur bitume, il faut vraiment être « tout terrain » pour disputer la Transbaie !

Ambiance ★★★★★

▶ Avec des milliers de spectateurs, l'ambiance est très festive sur tout le parcours, même au milieu de la baie.

▶ Les nombreux coureurs déguisés contribuent aussi fortement à la fête.

ecoTRAIL
de Paris Ile-de-France

ECO-TRAIL DE PARIS

PRÉSENTATION

RÉSUMÉ

▶ L'Eco-Trail de Paris est une course partant de l'ouest de l'Île de France et menant au premier étage de la Tour Eiffel.
▶ Elle réussit le tour de force de comporter plus de 90 % de sentiers et forêts et d'offrir une porte d'entrée aux plus grands trails, avec de multiples possibilités pour progresser.
▶ 80 km.
▶ 1500 m D+.
▶ 12 h 45 maximum.
▶ 5 barrières horaires.
▶ 3 ravitaillements et 1 point d'eau.

QUAND ?

▶ Troisième week-end de mars, l'Eco-Trail de Paris débute le samedi et se termine le dimanche, à 1 heure du matin, avec la fermeture de la Tour Eiffel.

PARTICIPANTS

▶ Plus de 10 000 inscrits sur l'ensemble des courses, dont plus de 2000 sur le 80 km.
▶ 85 % de finishers environ (90 à 95 % sur les autres versions).
▶ Nombre d'étrangers en croissance régulière avec plus de 15 nationalités représentées.

UN PEU D'HISTOIRE

L'Eco-Trail de Paris a été créé en 2008 par deux sportifs accomplis, Antoine Furno (fondateur de la chaîne de magasins Endurance Shop) et Jean-Charles Perrin. Le premier a imaginé le concept, et le second, fort de son expérience auprès de l'UTMB, l'a développé.

Malgré quelques sceptiques, la première édition a rassemblé plus de 800 participants et connu un gros succès avec son parcours original, une organisation soignée et un souci écologique très innovant. Dès lors, l'épreuve a eu une croissance continue, en multipliant les épreuves aussi.

Depuis l'origine, les tout meilleurs Français sont venus disputer la course. Parmi les vainqueurs de la distance reine, on retrouve : Emmanuel Gault (4), Erik Clavery, Thierry Breuil et Laurence Klein (2).

ALTERNATIVES (autres versions)

- Eco-Trail 45 km — 50 km, 1000 m D+, départ de Versailles.
- Eco-Trail 30 km — 30 km, 600 m D+, départ de Meudon.
- Eco-Trail 18 km — 18 km, 400 m D+, départ de Meudon.
- La Verticale — Montée au sommet de la Tour Eiffel (300 m D+).
- Marches nordiques & Randonnées.

POINTS CLÉS À APPRÉHENDER

▶ Les parcours ne sont pas techniques et donc assez « roulants ». Cependant, du 20e au 65e kilomètre, il faut savoir gérer face à l'enchaînement de très nombreuses « bosses » avec 30 à 75 m de dénivelé. Celles-ci pourront être usantes à la longue et il faut donc savoir s'économiser sur les 20 premiers kilomètres, très faciles.

▶ Le 80 km sera d'autant mieux abordé avec une expérience de course dépassant les 4 à 5 heures. Une compréhension minimale de la gestion de l'effort et de l'alimentation en course est nécessaire.

▶ À la frontière entre l'hiver et le printemps, le climat peut être extrêmement variable d'une année sur l'autre : aller de zéro à quelque 25 degrés, comporter neige, pluie comme soleil de plomb. À l'approche de l'épreuve, un changement brutal de saison est souvent constaté, auquel les organismes n'ont pas toujours eu le temps de s'habituer.

▶ La dernière difficulté, la montée de la Tour Eiffel, est le point fort final de l'épreuve et se savoure toujours malgré la fatigue.

▶ **Le site de la course : www.traildeparis.com**

Eco-Trail de Paris

Les chiffres clés

Distance totale : 80 Km
Dénivelé positif : 1 500 m
Dénivelé négatif : 1 600 m
Altitude minimale : 25 m
Altitude maximale : 200 m

Profil altimétrique

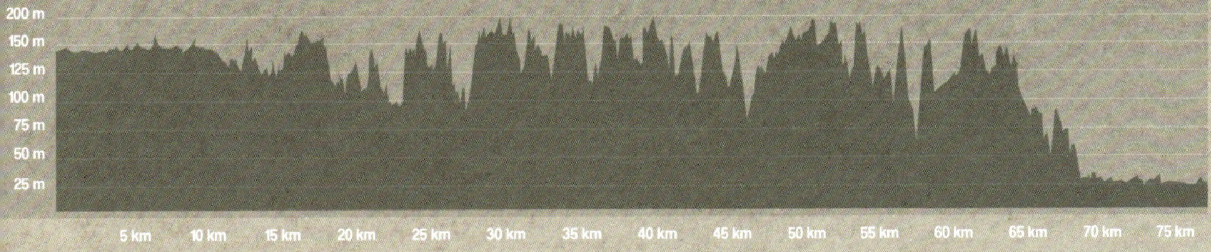

LE CONTEXTE

APRÈS LA FORMIDABLE EXPÉRIENCE de la première édition, j'ai hâte de remettre ça cette année… tout en visant de faire beaucoup mieux cette fois. Autant la première était une découverte, un nouveau défi avec l'envie de profiter de chaque instant, autant cette année, je suis beaucoup mieux préparé et vise la performance…

Au début de la semaine de l'épreuve, ma préparation se termine par une petit sortie nocturne, les « montagnes russes de Clamart », avec d'autres Kikoureurs. Pour mon premier « Off » avec la communauté, je découvre une ambiance particulièrement sympa et une équipe de très « haut vol » (Stany, Franck, Alex, Vincent et Caro). J'adore ! C'est l'idéal pour une dernière sortie (malgré une cheville légèrement tordue dans une descente !).

Globalement, le repos physique me permet de me débarrasser de mes derniers bobos et surtout me concentrer sur tous les détails matériels pour le Jour J. L'emploi du temps surchargé m'empêche de me reposer comme espéré et j'ai des tout petits yeux le vendredi…

JOUR J

J'ai bien dormi et, outre le bazar apparent de dernière minute, le seul souci est de décider entre corsaire et cuissard. Avec le net changement climatique et sa forte instabilité annoncée, le dilemme reste entier jusqu'au dernier quart d'heure avant le départ… Finalement, je me rechange et opte pour le premier.

Quelques photos, derniers détails et ça y est, je suis enfin prêt : 12 h 26, il était temps !
12 h 28 : petit appel téléphonique et encouragements d'Hervé, mon coéquipier de la Transbaie.

Départ imminent !

Dernier calin avec Papa !

SAINT-QUENTIN-EN-YVELINES

Samedi 12 h 32.

12 h 32 : c'est parti pour de bon ! Ça file à un bon train et je remarque un coureur que je surnomme aussitôt « Tortue Ninja ». Cela me vient à l'esprit car il est trapu, avec une tenue longue intégrale qui paraît bien chaude et un sac à dos énorme et bizarre, telle une carapace de tortue. Tout sauf le « look » du trailer. Je suis persuadé (à tort…) que c'est un coureur qui part trop vite et ne va pas aller loin.

Tour de l'étang, photo, tout va bien. Je « fonce » à 11,6 km/h sans aucun effort ! et passe le 10e km en 52 mn. Les quelques petits dénivelés sont avalés tranquille et je me sens très bien. Je mange (pain et fromage) et bois régulièrement. 10 km de plus (54 mn) et déjà le 20e km : ça va vraiment vite ! Trop facile pour être « honnête », surtout après tant d'erreurs par le passé. Je repense au marathon de New-York et m'interroge sur le moment où il faudra le payer ?...

Semi en 1 h 50 soit 20 mn plus vite que prévu : folie ? J'ai pourtant vraiment l'impression d'y aller tout doux. En tout cas, c'est trop rapide pour mes supporters qui doivent renoncer à venir m'encourager. Ravitaillement avalé en moins d'une minute (un verre + plein d'eau) et c'est reparti.

BUC

(21 km, 280 m D+, 1h50) Samedi 14 h 22.

Surprise au bout d'une grosse côte, vers le 23e : Jean-Luc, alias « Tonton Trailer », me reconnaît et réciproquement. Il fait une bonne photo qui résume ma forme de l'instant. Cette rencontre me fait très plaisir. Sur les hauteurs de Buc, un coureur rote au moment où je le double et nous échangeons quelques blagues.

Dans la longue rue étroite et raide qui descend vers la grande route reliant Versailles, je donne des news sur Facebook à mes « supporters ». En bas, le bénévole me fait signe de ne pas rater le virage et, d'excellente humeur, j'imite le bruit du dérapage contrôlé...

Enchaînement sans souci jusqu'à Versailles où je sens quand même un premier léger signe de fatigue. Retour dans la forêt à Viroflay où la côte permet de récupérer un peu. Et c'est reparti... à « fond ». Le terrain est parfois bien boueux mais globalement très facile. Je suis beaucoup plus ennuyé par la chaleur, par ce temps lourd, et m'inquiète au niveau eau : plus de 30 km entre les ravitaillements et je ne dois avoir qu'un 1,2 litre en tout...

Dans la zone du cimetière de Viroflay, je double toujours régulièrement. Passage du gros rond-point et nous voilà rentrés dans la forêt de Vélizy. On rejoint vite une grande clairière que tout le monde coupe, grattant 50 m. Je trouve ça ridicule et suis le chemin normal. Arrive alors une formidable et longue descente : j'adore ça et cours comme un fou, allant pratiquement deux fois plus vite que les autres. En même temps je sens un coureur qui me suit à la trace (et me doublerait bien ?). Ça dure plusieurs dizaines de secondes et, en bas, on rigole de la bonne bourre ! On discute un peu et « Tintinmar » (Kikoureur aussi) m'avoue que malgré d'innombrables trails, il n'a jamais vu quelqu'un lui tenir tête en descente, même une célèbre Française parmi les meilleures. J'apprécie le compliment de la part d'un « pro » qui a fini 56e l'an dernier, en moins de 8 heures ! On continue un peu mais au bout d'un moment je le laisse filer car, malgré félicitations et encouragements, ce n'est pas mon niveau (il finira 36e en 7 h 47). Il ne faut surtout pas se griller.

J'ai l'impression de connaître le parcours par cœur tant les lieux me sont familiers. La confiance est d'autant plus grande et les difficultés du parcours sont appréhendées sans soucis. Je double beaucoup, avant qu'une jeune femme (Florence), qui a l'air particulièrement forte, me passe dans la dernière côte au fond de Clamart. C'est déjà le « passage du Marathon » (en 4 heures) et j'ai un quart d'heure d'avance sur le programme.

CLAMART

(42 km, 900 m D+, 4 h 01) Samedi 16 h 33.

Dans la descente, avec ma technique, je double Florence puis elle repasse devant. Scénario identique peu après, à l'approche des étangs, puis de nouveau près du cimetière de Trivaux. Elle semble bien meilleure que moi et je me demande si se faire doubler trois fois ne doit pas finir par l'agacer ? À l'Observatoire de Meudon, elle me lâche pour de bon... (elle finira 72e en 8 h 14 et 5e féminine).

J'ai chaud et soif, ne peux plus rien manger depuis longtemps. La fatigue commence à se faire sentir. Je laisse encore un message sur Facebook tandis que des jeunes rigolent de me voir sur mon smartphone. Il pleut enfin trois gouttes qui sont les bienvenues.

Dans le Parc de l'Observatoire, nous dominons Paris avec un panorama splendide. La Tour Eiffel est sous un halo de soleil, mais je ne suis pas d'humeur à faire du tourisme. Via un long escalier métallique d'un autre siècle, on rentre alors dans un domaine habituellement inaccessible et « mystérieux ».

Le temps de passer le tapis du 46e km, le parcours s'enfonce dans le domaine puis longe la muraille de clôture, du côté intérieur, une fois n'est pas coutume. Les chemins ne sont pas vraiment marqués, assez sauvages et j'en ai vite un peu marre de ce mur interminable ! Je marche un peu alors que c'est plat... Tout un signe... Heureusement, le ravitaillement du 50e ne doit plus être loin...

Erreur, il est en fait au 53e ! Slalom du côté de la Tour de Télévision. Sous un soleil déclinant, les couleurs sont très belles sur ce terrain idéalement souple, entouré de mousses et bouleaux.

Pas le temps de flâner quand même, je gambade dans les descentes tout en étant impatient de pouvoir boire. J'ai tout le temps soif, rêve de bière et économise au mieux ce qui me reste. Comme toujours, on ne va pas au plus court.

Je reconnais bien le chemin, fait récemment en sens inverse, et c'est toujours très appréciable de se sentir en terrain connu et maîtrisé. Paradoxalement, je trouve que la course passe vite (!) et, avec la fatigue, quelques bouffées d'émotion me remontent aussi.
Il nous faut descendre très bas et je comprends qu'il nous faudra remonter sérieusement plus tard. Bientôt un gros virage et plein de spectateurs nous encouragent. Ça réchauffe bien le cœur avant une montée de plusieurs centaines de mètres.

Vers le sommet, les encouragements sont énormes et donnent beaucoup d'énergie... au point de courir en côte et arriver enfin au ravitaillement.

CHAVILLE

(53 km, 1100 m D+, 5 h 13) Samedi 17 h 55.
Je reconnais tout de suite mes « supporters », Guillaume, Léo, Titouan et Danaké (le fox), prêts pour l'assistance : changement de t-shirt, de montre GPS (faute d'autonomie suffisante), plein de boisson énergétique et... choix de bière fraîche, comme à la première édition ! Génial : j'avale avec bonheur une Corona...
Bien en nage, je trempe aussi un t-shirt de secours pour m'éponger. Le temps passe vite (8/10 mn) et il est plus que temps de repartir. 10 km d'enfer nous attendent : montées et descentes incessantes en perspective...

Je retrouve une énième fois... « Tortue Ninja »... toujours devant moi, mais rapidement me retrouve étrangement seul : personne à moins de 100 m devant et absolument personne derrière.

Il n'y a pas un bruit et j'ai tout sauf l'impression d'être en course. Je profite au maximum de ce moment de calme et solitude, avec l'impression que le « terrain de jeu » n'est plus qu'à moi !
Arrive un raidillon étroit que je surnomme la « côte de la mort ». Montée de nuit, il y a deux ans, je ne suis pas prêt de l'oublier. J'avais fini par la retrouver récemment à l'entraînement... mais en descente. Cette fois, c'est horrible. La montée se fait à deux à l'heure maxi et je n'ai qu'une envie : m'arrêter ! S'il y avait un banc, je serais capable d'y poser mes fesses... Heureusement, il n'y a aucun endroit pour s'asseoir, même pas une souche !

Tout devient dur mais comme expliqué à Marie par téléphone, peu après le ravitaillement, les 27 km à venir se feront au mental. Je me force donc à courir toujours plus que mon cerveau ne le souhaiterait. Je fixe toujours un point plus loin que prévu avant de marcher. « Allez, quelques mètres de plus avant de souffler un peu... ».

Tant bien que mal, la dernière côte avant le Haras de Jardy se profile. Ce ravitaillement est pour moi un symbole de « délivrance » après plus de 40 km « casse-pattes ». Mais une fois entré dans la zone, j'ai du mal à le localiser. Décidemment le parcours a sacrément changé en deux ans. Il faut encore courir et prendre la direction de la sortie du Haras... Comme la nuit vient juste de tomber, je crains sérieusement de manquer le point de contrôle ! En fait, il faut encore retraverser un immense terrain et nous y voilà !

Un peu d'eau, le plein de mes bidons, du coca, deux bouts de banane et assis sur une chaise, je sors la frontale. À peine franchi le seuil de la tente, un gros déluge tombe subitement. Demi-tour, je sors de mon sac coupe-vent et casquette pour être fin prêt. La pluie cesse aussitôt... et ça devient vite l'étuve !

Je retrouve mes jambes et fonce pratiquement comme à l'entraînement. Juste avant d'entrer dans Marne-la-Coquette, passage devant l'immense villa de Johnny Halliday, fermée depuis des mois... Plus loin, les bénévoles assurent toujours et je ne manque pas une occasion de les remercier. Que ferait-on sans eux ?

Entrée dans le Parc de St Cloud. Absolument seul, je dévale une descente et rien ne peut m'arrêter... pas avant la toute petite remontée après le Stade Français, où je récupère sur quelques mètres. Un coureur me rattrape et nous continuons ensemble jusqu'au ravitaillement tandis que des éclairs d'orage apparaissent au sud de Paris. Nous craignons le pire tout en concluant qu'il ne faut pas traîner si nous voulons arriver entier !

SAINT-CLOUD

(69 km, 1380 m D+, 7 h 36) Samedi 20 h 08.

Nous sommes désormais au 69e kilomètres et je m'arrête avaler un bouillon aux vermicelles. Après quelque 30 secondes seulement je repars déjà. La route descend et les organisateurs se sont évertués à nous faire faire toutes sortes de détours. Pour m'économiser, sur terrain dur, je ferme les yeux plusieurs secondes et tente de déconnecter le cerveau : une sorte de test du « dormir en courant ». Quand j'ouvre les yeux, ma frontale me donne une étrange impression de flash photo !

Je sors du Parc sous des encouragements bienfaiteurs, puis retrouve un chemin parcouru des dizaines et dizaines de fois. Ce n'est pas maintenant que je vais marcher ! À hauteur de l'île St-Germain, je ralentis quand même un peu.
Un coureur très sympa (un autre Bertrand, dossard 2340 tandis que je porte le 2341) m'en-

traîne et on discute un peu. Je lui explique que mon comité d'accueil m'attend à l'entrée du prochain Parc. Les retrouvailles avec toute la famille s'avèrent courtes mais intenses. Les autres concurrents sont contents pour moi !

La traversée de l'île démarre bien quand quelques gouttes commencent à tomber. Sur l'ultime passage en terre du parcours, damned ! Je marche dans une grande flaque et ai la chaussure pleine d'eau. En quittant l'île, la pluie s'accélère et va désormais devenir constante et intense... Je n'en peux plus et, même si je garde le moral avec une avance qui devrait m'assurer les moins de 9 heures, il faut les faire ces 4 à 5 kilomètres restant ! Il y a deux ans, cette ultime portion avait été interminable...

Sous la pluie, l'affichage sensitif de ma montre GPS s'affole et il devient impossible d'afficher le chrono. C'est bête mais il faut absolument que je sache où j'en suis. À force de m'acharner plusieurs dizaines de fois, tenter d'essuyer ma montre avec mon T-shirt mouillé, le miracle finit par se produire.
« Tortue Ninja », encore lui, me double une dernière fois et il sera, de toute évidence, définitivement devant. Tout en souriant, je me demande qui peut bien être ce coureur qui n'avait pas l'air... mais assure sacrément !

La route se poursuit, tandis que les bénévoles tentent de se protéger tant bien que mal. Les pauvres manquent de protection et doivent être transis. Toujours des petits détours sans fin et nous approchons. J'alterne course et marche, mais en ai vraiment plein les bottes. Il faut absolument que je ne lâche rien car j'ai l'impression de décrocher. « Plus jamais ça ». « Pas question de faire des courses encore plus longues »... Bref, le moral n'y est vraiment pas ! Je stresse même à l'idée de ne pas passer sous les 9 heures. Si près du but, j'en serais malade...

Vers le dernier kilomètre, deux coureurs me doublent dont une jeune femme, Corinne, l'air très décidé. Je redémarre et décide de les suivre. Ne plus marcher ! Ne pas céder ! Sous aucun prétexte !

Pont de Bir-Hakeim : ça sent bon l'arrivée !

564 marches pour finir...

Tout semble interminable mais on finit par remonter les escaliers des quais, traverser la rue devant la Tour et passer le chapiteau de course. Manqué à grand regret il y a deux ans, je rêve de ce moment rare où les gens vous portent littéralement !
Le chemin vers le pilier sud est aussi un vrai bonheur : la foule nous hurle ses encouragements. Il faut en profiter car c'est très court. L'esprit est tellement embrouillé que les images sont furtivement retenues.

Le ticket de la montée en poche et c'est parti. Mais dieu que c'est dur ! Je m'agrippe à la rampe et la tire du bras à chaque pas. Corinne « la Savoyarde » est devant moi et semble aussi souffrir. Derrière, des touristes allemands bavardent, et leur facilité comparée à la nôtre est presque agaçante. La montée est interminable mais je m'efforce de ne pas penser.

TOUR EIFFEL

(80 km, 1500 m D+, 8 h 53) Samedi 21 h 25.
Bientôt la fin et les derniers bénévoles nous hurlent de foncer. Je lâche ma compagne d'ascension, finis la dernière rangée de marches en trombe et passe la ligne ! Bras levés, je savoure. Une nouvelle bière et j'appelle Marie pour lui donner fièrement la nouvelle. Puis je discute avec Bertrand et Corinne que je remercie bien. Sixième Féminine, elle m'annonce que nous sommes bien sous les 9 heures : cool !

Trempés jusqu'aux os, l'atterrissage revient vite. Je suis d'autant plus vite transi que c'est un cirque interminable pour redescendre en ascenseur et qu'il pleut encore. De retour au chapiteau, je suis tremblant et tente de me réchauffer en mettant mon polo de finisher. J'ai faim et envie de rentrer au chaud. Marie me récupère, elle a fait chauffer les sièges de la voiture !
C'est de nouveau le déluge et, sur le chemin du retour, au niveau d'Issy, j'admire le courage de ceux qui en bavent encore. Une douche longue et bien chaude me ramène enfin à la vie...

ÉPILOGUE

Le lendemain, je découvre avoir mis 8h53mn25s avec une autre très bonne surprise, mon classement : 127e sur 1560. Non, je ne rêve pas malgré cette « perf » surprise !

Maintenant, un peu de repos, avec, comme prochain rendez-vous : le Marathon d'Athènes qui célébrera les 2500 ans de cette légende, source de tant de défis... Et, pourquoi pas, une course de l'UTMB l'an prochain ?

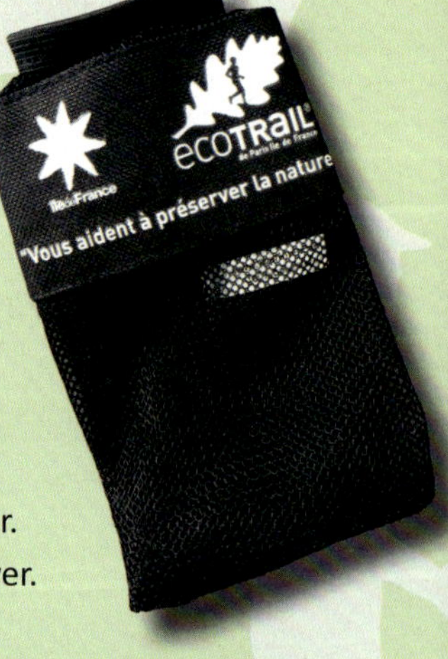

ANALYSE

SYNTHÈSE

▶ Un trail idéal pour s'initier aux courses nature ou pour se perfectionner.

▶ Une épreuve de début de saison qui pousse à s'entraîner pendant l'hiver.

RECOMMANDATIONS

▶ L'Eco-Trail est une course pour débutants comme coureurs confirmés. Il faut juste bien appréhender ses capacités, avec une préparation orientée a minima au trail.

▶ Le travail doit se concentrer sur l'enchaînement de bosses et une capacité à s'alimenter en course.

ÉVALUATIONS

Mythe ★★★★★

▶ La course est devenue très rapidement une des Grandes Classiques de la saison.

▶ C'est une course populaire, très disputée.

Difficulté ★★★★★

▶ L'épreuve est très accessible, qui plus est avec tous ses formats proposés.

▶ Il faut quand même se méfier des multiples relances nécessaires du 20e au 65e km.

Organisation et soins des coureurs ★★★★★

▶ L'organisation est bien rodée malgré la complexité liée à la multiplicité des lieux de départ et les contraintes de balisage par endroits.

▶ Le soin des coureurs est très correct malgré un dimensionnement rendant la personnalisation difficile.

▶ Bénévoles et ravitaillements sont toujours agréables.

Tickets pour la Tour Eiffel et rejoindre le départ.

Paysages

- Le parcours permet de découvrir la richesse et variété de l'ouest parisien.
- Il offre quelques « exclusivités » comme les traversées du parc des Apprentis Orphelins d'Auteuil et de l'Observatoire de Meudon.
- Les vues dominantes sur Paris depuis Meudon ou le parc de St Cloud sont remarquables.
- La Tour Eiffel attire agréablement l'œil tout le long des quais de Seine.

Technicité

- Le parcours n'est pas technique, avec très peu de chemins rocailleux ou difficiles.

Ambiance

- L'ambiance est surtout perceptible à proximité des ravitaillements.
- L'arrivée à la Tour Eiffel est toujours très nourrie en spectateurs.

Année 1952.

Arrivée rue de la République, Lyon, 1976.

SAINTÉLYON

RUNNING RAID NOCTURNE

PRÉSENTATION

RÉSUMÉ

- La SaintéLyon est un raid nocturne disputé aux portes de l'hiver.
- C'est la doyenne des courses d'endurance françaises, avec une première édition remontant à 1952.
- Le parcours relie Saint-Etienne à Lyon, en passant par Sainte-Catherine.
- 72 à 75 km.
- 1500 m à 2000 m D+ (et un dénivelé négatif sensiblement supérieur).
- 15 heures maximum.
- 6 barrières horaires.
- 5 ravitaillements.

QUAND ?

- Premier week-end de décembre, la SaintéLyon débute le samedi à minuit et se termine le dimanche, à 15 heures au plus tard.

PARTICIPANTS

- 17 000 inscrits sur l'ensemble des courses, dont quelque 50 % sur l'épreuve reine.
- 88 à 90 % de finishers environ (95 à 98 % sur les autres versions).
- Environ 2 % d'étrangers, couvrant les 5 continents, sont présents.

UN PEU D'HISTOIRE

La SaintéLyon, c'est une bien longue histoire !

Tout a commencé quand deux cyclotouristes, Stéphanois et Lyonnais, ont imaginé s'entraîner un hiver, en faisant une longue marche reliant leurs deux villes par la route. Ce samedi 26 Janvier 1952, pour la première édition, le parcours est prévu en deux étapes, avec une pause dans une auberge de Sainte-Catherine. Il fait froid, il y a de la neige, et ce sont 15 courageux qui se lancent dans l'aventure.

Pendant 20 ans, cette randonnée au choix en une ou deux étapes, rassemble chaque année quelques dizaines de participants. Le départ alterne alors entre les deux villes.

Puis, l'édition de 1971 prend un premier virage, en devenant une compétition de marche et en se concentrant sur une version avec une seule étape. À partir de 1977, devant l'engouement croissant pour le jogging et la difficulté de bien contrôler l'épreuve, la course à pied est désormais autorisée. Qu'à cela ne tienne, Michel Delore, le tout premier vainqueur, continue de gagner et va porter le record à 8 victoires consécutives, finissant par un joli 5 h 20 en 1978 !

Pendant cette période le parcours 100 % routier du début intègre petit à petit des tronçons du GR7 afin de le rendre plus direct et cross-country aussi. La distance se réduit et se stabilise à 70 km environ.
Le succès est croissant pour atteindre 4000 participants en 1980. Mais l'engouement retombe progressivement quand nombre d'amateurs découvrent la difficulté d'une telle épreuve ! Ils sont même

moins de 1000 en 1990, quand un excès de neige interrompt la course. Quelques téméraires insistent pourtant et terminent en héros. Du coup, l'année suivante, la course se repense : elle devient la « SaintéLyon », fixe le sens, l'horaire de départ (minuit), la durée maxi (15 h) et propose des formules en relais. Le succès reprend petit à petit, mais certaines éditions n'ont pas lieu face à un manque de moyens.

En 2001, un nouveau cap est franchi avec l'arrivée d'une organisation professionnelle, conduite par Michel Sorine, en soutien du CT Lyon, le club originel. Le parcours évolue régulièrement avec une part de chemins croissante, passant petit à petit de 35 à 55 %. La distance oscille maintenant entre 65 et 70 km. Les grands points classiques de la course restent cependant toujours inchangés.

En 2010, neige et verglas font leur grand retour pour une édition marquante, tandis qu'une nouvelle épreuve apparaît, la SaintExpress (45 km), qui part de Sainte Catherine. En 2013, La SaintéSprint (22 km) est aussi créée. En 2016, la SaintéTic (12 km) complète le programme.

Le succès se poursuit avec l'essor du trail, rassemblant ainsi 15 000 personnes en 2015 dont les tout meilleurs Français. Avec 4 victoires, Maud Gaubert, Ginette Baudrand et Anne-Marie Chapelle sont les plus titrées chez les femmes.

Depuis 2003, une version non officielle, la « 180 », rassemble aussi des coureurs désireux de faire l'aller-retour. Elle démarre le samedi matin de Lyon et se poursuit avec les participants de la SaintéLyon.

ALTERNATIVES (autres versions)

❖ SaintéLyon en relais	en équipe de 2, 3 ou 4.		
❖ SaintExpress	44 km,	1000 m D+,	départ de Sainte Catherine.
❖ SaintéSprint	22 km,	380 m D+,	départ de Soucieu-en-Jarrest.
❖ SaintéTic	12 km,	200 m D+,	départ de Chaponost.
❖ La 180 (non officielle)	environ 145 km,		aller-retour Lyon-Saint-Etienne-Lyon.

Aller « libre » et retour avec un dossard de la SaintéLyon.

POINTS CLÉS À APPRÉHENDER

▶ L'orientation Trail est désormais confortée par une majorité de chemins, avec près de 60 % du total.

▶ Sauf conditions météo particulières, le parcours n'est pas technique et donc assez « roulant ». Cela n'en reste pas moins une distance supérieure au marathon, avec un profil assez changeant. L'expérience du Trail est donc vivement recommandée. Ce n'est pas non plus un hasard si la majorité des participants a plus de 5 ans d'expérience de la course à pied.

▶ Les 20 premiers kilomètres sont majoritairement en faux plat montant et devront être abordés prudemment. Après Sainte-Catherine et la mi-parcours, l'essentiel se fait en descente. Celle-ci est plus ou moins douce. Mais comme souvent expliqué par les plus chevronnés, la course commence véritablement à partir du 50e kilomètre.

▶ **Le site de la course : www.saintelyon.com**

SaintéLyon

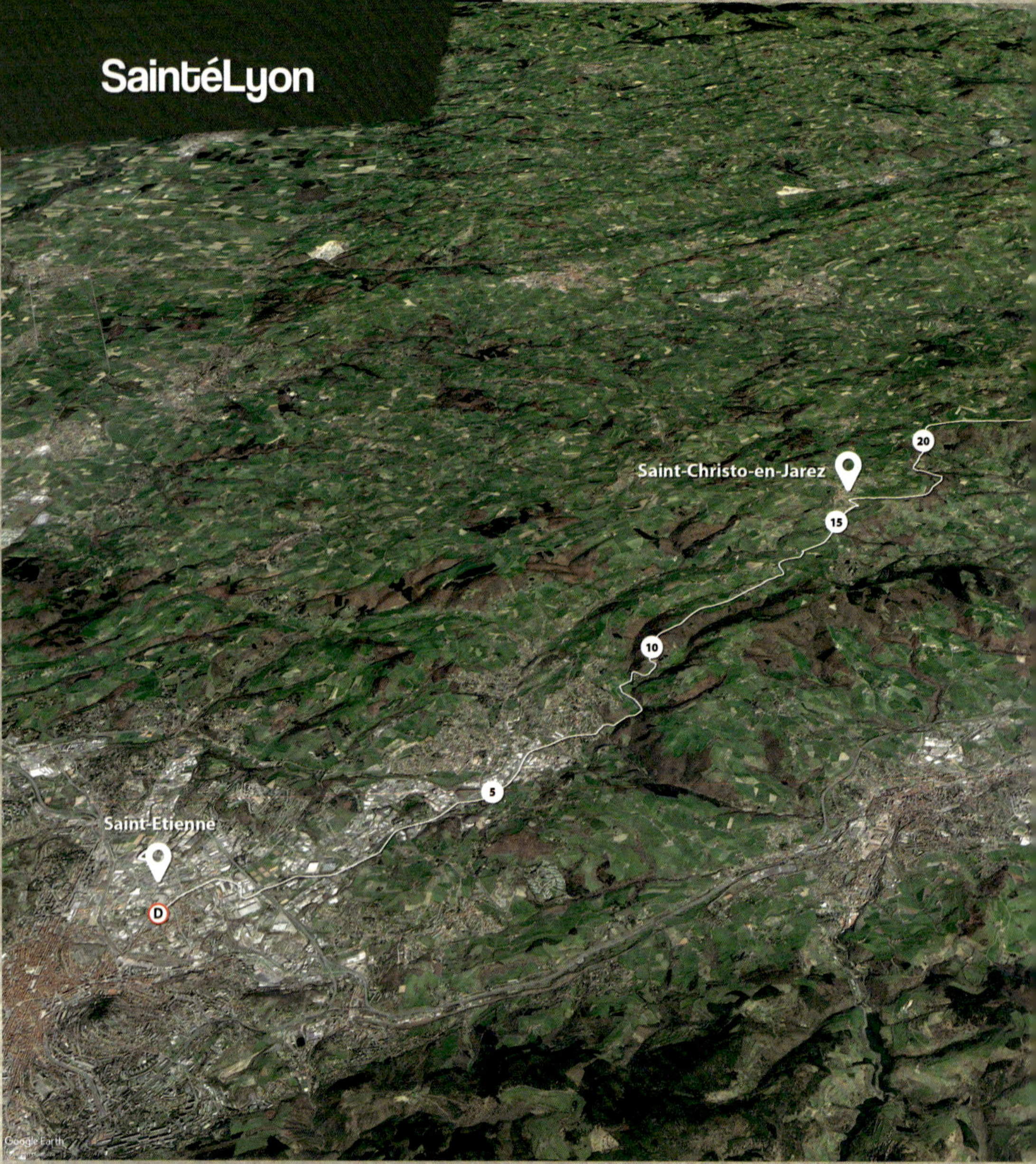

Les chiffres clés

Distance totale : 72 Km
Dénivelé positif : 1 700 m
Dénivelé négatif : 2 000 m
Altitude minimale : 150 m
Altitude maximale : 900 m

Profil altimétrique

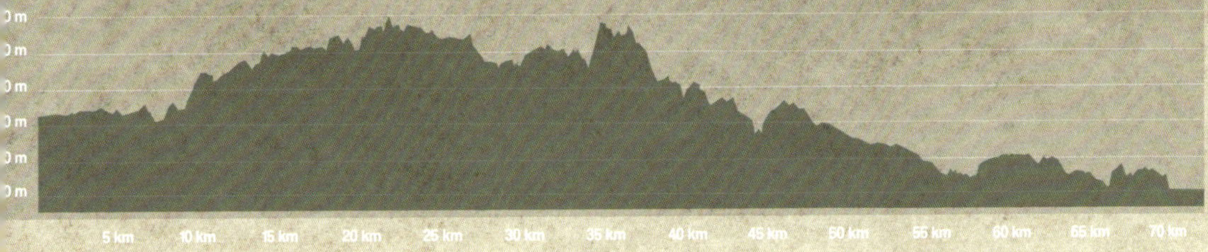

La course (45 km, 1000 m D+)

LE CONTEXTE

LUNDI 4 OCTOBRE, 9 H. Je laisse un petit message sur Facebook à Daniel dont le moral semble en berne. Sans le savoir, je suis en train de mettre le pied à l'étrier, de ce qui sera mon 5e « Marathon » de l'année.

Daniel me propose de courir en relais la SaintéLyon, la « mythique » course de nuit, un trail de 70 km entre St Etienne et Lyon, et qui rassemble quelque 10 000 coureurs. Rapidement je me laisse tenter, croyant suppléer un ami forfait de dernière minute.
Huit jours plus tard, je découvre que tout reste à organiser... mais il n'est pas trop tard. Nous jetons vite notre dévolu sur la SaintExpress, nouvelle version qui représente plus de chemin à parcourir chacun, mais qui aura le grand avantage de nous permettre de vivre la course ensemble.

Sachant que nous ne nous sommes pas vus depuis notre improbable périple pyrénéen avec Kilian Jornet, je suis heureux de cette triple opportunité : retrouver un pote, faire une course « tranquille » (sans pression de performance) et découvrir la fameuse SaintéLyon.

Le calendrier est idéal : la course arrive un mois après mon marathon d'Athènes. Du coup, pas besoin de préparation spécifique et il me restera encore largement les acquis de ma course grecque. Je me réserve un aller-retour en TGV à prix doux et le tour est joué !

JOUR J

Train de midi à 14 h. Tout roule. La météo de la semaine a été particulière : grosses chutes de neige entre le lundi et mercredi puis températures stationnaires et glaciales. La neige s'annonce au rendez-vous et devrait avoir eu le temps de durcir. Le parcours sera donc tout blanc et sans neige profonde : ce charme de course supplémentaire me ravit, même si on va geler ! Seul souci, j'ai bossé comme un fou, n'ai pas beaucoup dormi avant la course, ce qui n'est vraiment pas des plus conseillé.

À Lyon, après quelques tâtonnements, je trouve un resto où Daniel doit me rejoindre. Le temps d'avaler des lasagnes... aux truffes, c'est vite le moment des retrouvailles. On se raconte notre

Kilian's Quest (le temps avait été trop court à Font-Romeu pour échanger nos impressions !), quelques expériences et notre perception de la course à venir.
Nous sommes sur la même longueur d'onde (on court ensemble, sans se tirer la bourre ni se prendre la tête avec le chrono) et normalement de forme comparable. Sur le papier Daniel est plus fort que moi mais je compense par l'expérience de l'âge (42 contre 23).

La nuit approche déjà et nous nous dirigeons vers le Palais des Sports de Lyon, ce lieu magique où la France a reconquis la Coupe Davis il y a près de 20 ans. Après quelques détours, nous y voilà à 18 h... trop tôt pour retirer les dossards !
Le temps d'attente est mis à profit pour trouver un resto italien et un plat de pâtes pour le dîner.

Mais après une petite heure, nos recherches sont vaines. Heureusement, un resto traditionnel finit par nous accueillir et accepte de nous préparer spécialement notre repas espéré.

Déjà presque 20h quand nous retournons à la salle des sports pour nous préparer, parmi les 1600 inscrits à la course. Pas de souci particulier. Nous avons le temps de nous mettre en tenue, préparer nos sacs et nous reposer un peu. Le départ en bus est annoncé entre 21 h 30 et 22 h. Cela permettra de rejoindre le village de Sainte-Catherine pour un départ à minuit.

Le bus est bondé et je remarque que le parcours s'annonce bien vallonné... Tout est blanc quand nous débarquons vers 23 h 15. Nous rejoignons vite une grande tente pour nous changer. À l'intérieur, l'ambiance est absolument incroyable. Un orchestre joue une musique endiablée qui

Chaude ambiance avant le départ !

met une pèche terrible. L'espace est bien organisé, il fait chaud et nous finissons tranquillement nos derniers préparatifs.

http://goo.gl/UUySFp

En sortant, nous passons à la phase échauffement qui tourne... au réchauffement. Il fait quand même -8° C ! Le temps de poser nos sacs et nous nous installons dans la file d'attente. Grace à la densité du groupe, on se gèle moins.
L'ambiance est excellente avec un organisateur qui nous donne diverses consignes comme encouragements et sur une musique qui mobilise bien tout le monde. Je fais encore quelques vidéos et interviews d'avant-course, alors que nous sommes seulement à une quinzaine de mètres de la ligne de départ.

http://goo.gl/MwYMcq

SAINTE CATHERINE

Dimanche 0 h 00.

Minuit : les loups sont lâchés et « la balade nocturne commence ! » L'épreuve attaque directement par une côte de plus de 2 kilomètres. En fait, une petite boucle qui permet au peloton de s'étirer. En effet, au sommet de la route, on enchaîne avec un chemin étroit et bien poudreux où il est quasi impossible de doubler.
On s'enfonce alors dans 10 cm de neige mais ça reste facile et ponctuel. Finalement, nous voilà de retour sur la ligne de départ en sens inverse, avec la traversée de Sainte-Catherine sous les encouragements. Sans forcer, nous avons déjà doublé pas mal de monde alors que nous sommes pourtant partis parmi les premiers.

Le terrain s'avère assez vallonné mais tout va bien. Il y a 60 % de chemins et 40 % de routes et tout est bien balisé. Notre objectif est simple : partir sur un rythme de 10 km/h environ, tout en n'hésitant pas à se lâcher dans les descentes. Daniel, en bon Chamoniard, est fort sur les montées contrairement à moi, le Parisien. Mais il n'y a aucun souci pour l'instant.
Le cœur est à 145, ce qui est raisonnable en apparence. Il y a 3 ravitaillements annoncés et parfaitement répartis : un au 13e km, un autre au 22e et un troisième au 34e.

Nous carburons bien et discutons régulièrement. La vue de la longue file de frontales qui nous suit est aussi à l'image de la légende. Avec la neige, la luminosité permet de percevoir aisément l'ensemble du relief. C'est un peu une ambiance alpine avec ses petits villages, l'altitude en moins.

Au loin, en hauteur, le premier ravitaillement s'annonce déjà... et me donne l'impression d'une grande étable éclairée dans la montagne !

SAINT-GENOU

(13 km, 380 m D+) Dimanche 01 h 20.
Nous avons progressé à bon rythme et, l'apprendrons plus tard, sommes 63e. Tout roule mais il fait quand même bien froid : j'avale un peu de thé et quelques pâtes de fruits qui donnent un coup de fouet appréciable.

Mais il est de courte durée car le parcours enchaîne vite avec un col frisquet, balayé par le vent. Malgré un bonnet serré, j'ai un peu froid à la tête, alors que je ne supporte guère d'avoir le crâne couvert d'habitude. Il n'est pas loin de 2h du mat' et il doit bien faire -10° C.

Par endroit, on domine et aperçoit une vaste plaine et ses éclairages laissant deviner une agglomération lyonnaise pas si lointaine. Entre le 15 km et le 25e km, la course se fait beaucoup en « descente, avec 450 m de dénivelé négatif. Je me sens en pleine forme, tandis que Daniel tend à ralentir. Sa forme s'avère moyenne, son ventre lui cause déjà quelques soucis et les passages sur bitume l'agacent, lui le montagnard ! De mon côté j'ai l'impression de me « freiner » un peu et que les kilomètres s'enchaînent toujours sans efforts...

J'ai quand même des sensations étranges aux avant-bras, comme des décharges électriques. Même mes mains ressentent ces drôles d'impulsions. Malgré deux bonnes couches et un effort qui monte le corps en température, je comprends que c'est dû au froid ! Des manchons en plus n'auraient pas été superflus.

SOUCIEU-EN-JARREST

(22 km, 650 m D+) Dimanche 02 h 10.

2 h 10 du matin. Thé et pâtes de fruit font du bien car l'eau glaciale de la poche à eau n'est pas top ! Malgré sa protection, le tuyau est d'ailleurs raide gelé ! Nous avons légèrement dépassé la mi-parcours et, toujours sans s'en rendre compte, nous sommes maintenant classés 42e !

Mais le rythme baisse un peu car Daniel n'est manifestement pas à son aise. À un moment, nous continuons tout droit notre chemin avant que des coureurs nous crient de loin, à plus de 100 m, notre erreur. Ouf, rien de grave, même si je peste légèrement sur le moment.

Je jongle toujours sur la glace et la neige et ne suis jamais en difficulté, à peine quelques micro-glissades. En fait je m'amuse comme un fou. Lors de la traversée de la zone résidentielle de Chaponost, des jeunes en voiture, manifestement éméchés, nous klaxonnent d'encouragements à tout-va. Le quartier doit apprécier le boucan en pleine nuit !

Déjà le 30e kilomètre et mon ventre manifeste un léger mécontentement. C'était trop beau que la course soit aussi facile. Peu après le 31e kilomètre, je sens un coup de mou venir. Entre le froid, la fatigue de la nuit et de la course, je me sens un peu moins fort. Mais comme Daniel va encore moins bien, ça ne change pas grand-chose pour moi.

Nous arrivons à hauteur d'un coureur qui s'est tordu la cheville et nous plaignons sa galère et celle de ses « secouristes » de fortune, en pleine nuit dans un lieu perdu et glacial. Ils seront nombreux cette nuit à vivre pareille mésaventure.

Et puis, dans une descente, je dévale allègrement jusqu'au moment où je me dis qu'il faut quand même attendre Daniel qui ne suit pas mon rythme. Je marche pour l'attendre mais ne le vois pas.

Je m'arrête alors à côté d'un bénévole et l'attends. De longues minutes défilent comme d'innombrables coureurs, mais rien ! Je commence à m'inquiéter sérieusement, me reproche presque d'aller encore trop vite… et surtout gèle complètement ! Comme le troisième et dernier ravitaillement est tout proche, j'espère l'avoir raté et le retrouver là-bas, avant de lancer un éventuel plan de secours !

BEAUNANT

(34 km, 800 m D+) Dimanche 03 h 40.

Ouf, Daniel s'y trouve ! Sans le savoir encore, nous avons perdu beaucoup de places et rétrogradé à la 117e place.

Notre moyenne reste excellente, et tout en avalant un bon thé, je sors mon coupe-vent. En effet, avec seulement deux couches, il fait vraiment trop froid !

Daniel n'en peut plus et m'invite à ne pas l'attendre car il se sent devenir un boulet. Mais, je refuse de le laisser. Nous avons convenu de finir ensemble et le résultat n'est pas la priorité. De toute façon, je ne suis pas sûr que j'aurai la force d'aller bien vite maintenant.

Le départ se fait donc tranquillement et aussitôt c'est la longue et grande côte des Aqueducs de Beaunant qui s'affiche devant nous. J'avais déjà vu une vidéo et confirme combien elle est mortelle : jusqu'à 20 % de pente ! On la monte à bon rythme avant de nous remettre à courir.

Nous sommes désormais en ville et abordons Sainte-Foy-lès-Lyon. C'est un peu mon lieu de naissance, j'y ai grandi de 0 à presque 4 ans. Je raconte mes rares souvenirs à Daniel et lui décrit notamment l'immeuble où j'habitais. Et justement, peu après, un bâtiment exactement comme dans mes souvenirs d'enfance se présente : sacrée bouffée d'émotion, 38 ans plus tard...
Chacun de nous n'en peut plus et n'a qu'une envie : marcher ! Mais on s'accroche mutuellement. Mieux, on va même légèrement plus vite que précédemment. La plupart du temps, nous sommes les seuls à courir dans ces rues totalement désertes.

Descente vers le Rhône avec des zones bien glissantes. Après la traversée du fleuve, les quais apparaissent aussi blancs que magnifiques. La vue sur la rive Ouest avec ses bateaux est très belle et je regrette de ne pouvoir immortaliser le moment avec mon appareil. Mais bon, je ne suis pas non plus venu faire un rallye-photo !

Je mène toujours le train quand soudain Daniel me donne l'impression d'accélérer... En fait, il m'avoue s'accrocher à moi, alors que je croyais justement qu'il me mettait la « pression » depuis des kilomètres... pour ne pas m'arrêter !
Bref, depuis de longues minutes, nous nous poussons mutuellement sans vraiment nous en rendre compte...

Plus loin, les berges deviennent moins sympathiques et, à tout le moins, un peu glauques. Le temps de biper ma montre avec le passage du 42,195^{e} kilomètre (4 h 43), nous nous dirigeons sur un bras étroit entouré d'eau glaciale, avant de faire demi-tour. Ce n'est pas le moment de glisser. Le classique « j'en ai vraiment marre » nous envahit tandis que nous alternons pavés, neige et glace. La fin semble interminable...

Quand je calcule combien de temps il faudra encore courir sans s'arrêter, je crains que ce ne soit mission impossible, avec l'obligation de marcher un minimum... Le seuil des 5 heures sera également inatteignable, donc rien ne sert de s'exciter.

On s'accroche quand même toujours, tout en scrutant désespérément un visuel de ce fichu Palais des Sports : mais où peut-il encore bien se trouver ? Un bâtiment lui ressemble beaucoup mais... faux espoir, ce n'est pas celui-là... Puis enfin, après d'interminables minutes, il apparaît ! Une structure gonflable semble matérialiser l'arrivée et nous décidons de mettre le turbo, surtout que deux coureurs sont devant nous à notre portée...

En réalité, il faut faire encore 300 m. Mais rien ne peut plus arrêter notre sprint. Enfin, nous entrons dans la halle et passons la ligne ensemble.

LYON

(45 km, 1000 m D+) Dimanche 05 h 02.

5 h 02 mn 30 s et 137e au général (sur 1600 inscrits) ! Eh bien ! On s'en est sacrément bien sorti... Je suis d'autant plus fier que nous n'avons strictement rien lâché pendant les 10 derniers kilomètres. Une double victoire, y compris au niveau mental.

En tout cas, sur le moment, l'un comme l'autre, on se sent surtout mal. J'ai presque envie de vomir tant mon corps manifeste son mécontentement. On nous invite à une sorte de séance de power-plate pour détendre les muscles, mais j'arrête très vite tant le reste du corps n'y est pas et préfère m'allonger par terre.

À peine le temps de souffler que l'arrivée du vainqueur de la SaintéLyon (parti de Saint-Etienne) est annoncée. Le temps de l'applaudir, nous savourons la réussite de notre défi : être arrivé avant lui ! Bon, d'accord, nous avions plus de 20 km d'avance...

Petit repos bien mérité après une nuit blanche !

ÉPILOGUE

N'ayant pas encore le cœur à nous précipiter sur le buffet, la priorité va à la récupération de nos sacs en vue de prendre une bonne douche. On se gèle à récupérer nos affaires (dans une tente à l'extérieur), on se gèle à chercher les douches (situées plusieurs centaines de mètres plus loin) et on brûle sous le flot d'eau trop chaud pour nos corps refroidis ! Mais une fois lavés et réchauffés, ça va beaucoup mieux.

Retour à la halle d'arrivée où nous cherchons des bancs pour dormir. Juste avant, j'essaye en vain de me faire masser, puis après avoir laissé quelques messages, m'endors de 6 h 30 à 8 h 00 environ. Le vacarme ambiant nous incite cependant à quitter les lieux et surtout nous restaurer un peu car, incroyable, le buffet n'est désormais plus accessible !

On déménage donc vers la Gare de la Part-Dieu, où un Mc Do nous ouvre ses portes pour un bon petit déjeuner : croissant, smoothie, café...
L'occasion de refaire un peu le match et d'échanger encore multiples choses avant de se quitter. D'excellentes retrouvailles à mon goût !

Train de 12 à 14 h avec un peu de repos bien mérité. La suite sera quand même dure car un week-end sans dormir avec une course longue et difficile, ça use !

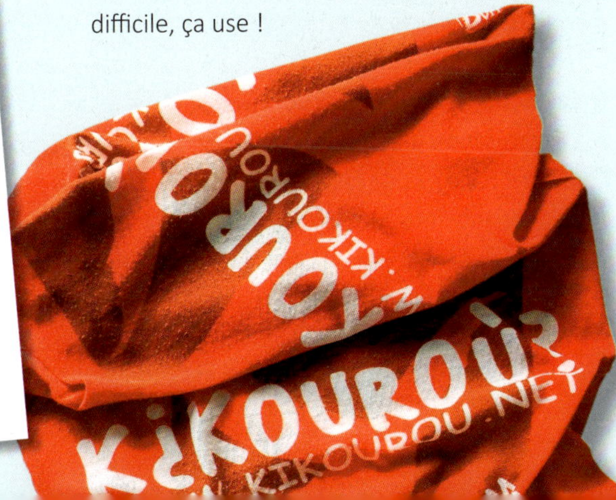

ANALYSE

SYNTHÈSE

▶ Un trail historique, dans un format très original, à vivre au moins une fois.

▶ Y participer un jour fait partie des grandes étapes qui jalonnent la trajectoire d'un coureur à pied.

▶ La SaintéLyon fait partie de ces grandes courses populaires qui permettent de s'initier au trail comme de viser des performances chronométriques poussées.

RECOMMANDATIONS

▶ Toutes les versions ont leurs attraits et il faut simplement juste choisir celle qui vous correspond.

▶ Le fait que la course démarre en pleine nuit nécessitera d'arriver le plus reposé possible face à la nuit blanche annoncée. Une bonne sieste le samedi est aussi vivement recommandée.

▶ Il faut savoir s'économiser pendant l'épreuve, car on dit souvent que « la course commence à Soucieu », soit à une vingtaine de kilomètres de l'arrivée.

ÉVALUATIONS

Mythe ★★★★★

▶ En ayant déjà très largement dépassé le demi-siècle d'existence, la SaintéLyon fait figure de légende dans le monde de l'endurance et du trail.

▶ Son format sans équivalent et ses nombreuses formules l'ont amenée à un niveau de participation au sommet des courses à pied françaises.

Difficulté ★★★★★

▶ La grande classique nécessite une bonne préparation mais n'en reste pas moins accessible avec un niveau de marathonien ou de très bon marcheur. Les barrières horaires sont larges, ce qui permet d'atteindre un taux de finishers très élevé.

▶ La multiplication des formules (relais, distances plus courtes), comme les objectifs de SaintéLyon d'Or, Argent et Bronze, permettent à tous de trouver son propre défi.

▶ Début décembre, les conditions météorologiques peuvent toutefois rendre l'épreuve sensiblement plus difficile, avec de la neige et des températures très négatives.

Organisation et soins des coureurs ★★★★★

▶ L'organisation d'une épreuve d'une telle dimension nécessite une logistique très poussée, sur laquelle il n'y a pas de faux pas particuliers.

▶ Cependant, face au très grand nombre de participants, il est difficile d'offrir un service très élaboré. Les ravitaillements ont par exemple tendance à être très vite surchargés.

▶ L'ambiance de fête et la qualité des bénévoles sont toujours au rendez-vous.

Paysages ★★★★★

▶ L'épreuve se déroulant essentiellement de nuit, il est difficile d'apprécier les paysages. Mais, sur les points en altitude, des vues dégagées sur l'agglomération lyonnaise sont appréciables.

▶ Le flot des milliers de frontales offre, à lui seul, un spectacle exceptionnel et unique.

Technicité ★★★★★

▶ Le parcours est assez « roulant » et non technique. Il est aussi sensiblement plus descendant que montant.

▶ La météo de certaines éditions peut toutefois modifier sensiblement la qualité du parcours. Celui-ci pourra s'avérer boueux comme enneigé et verglacé.

Ambiance ★★★★★

▶ Les zones de départ sont particulièrement animées et stimulantes.

▶ L'ambiance se concentre ensuite sur les villes des principaux ravitaillements et au sein du peloton. Le mot « magique » revient souvent de la part des participants.

▶ La densité du peloton est toutefois contraignante.

TRAIL DES TEMPLIERS
FINISHER
TRAIL DES TEMPLIERS
FINISHER

GRAND TRAIL DES TEMPLIERS

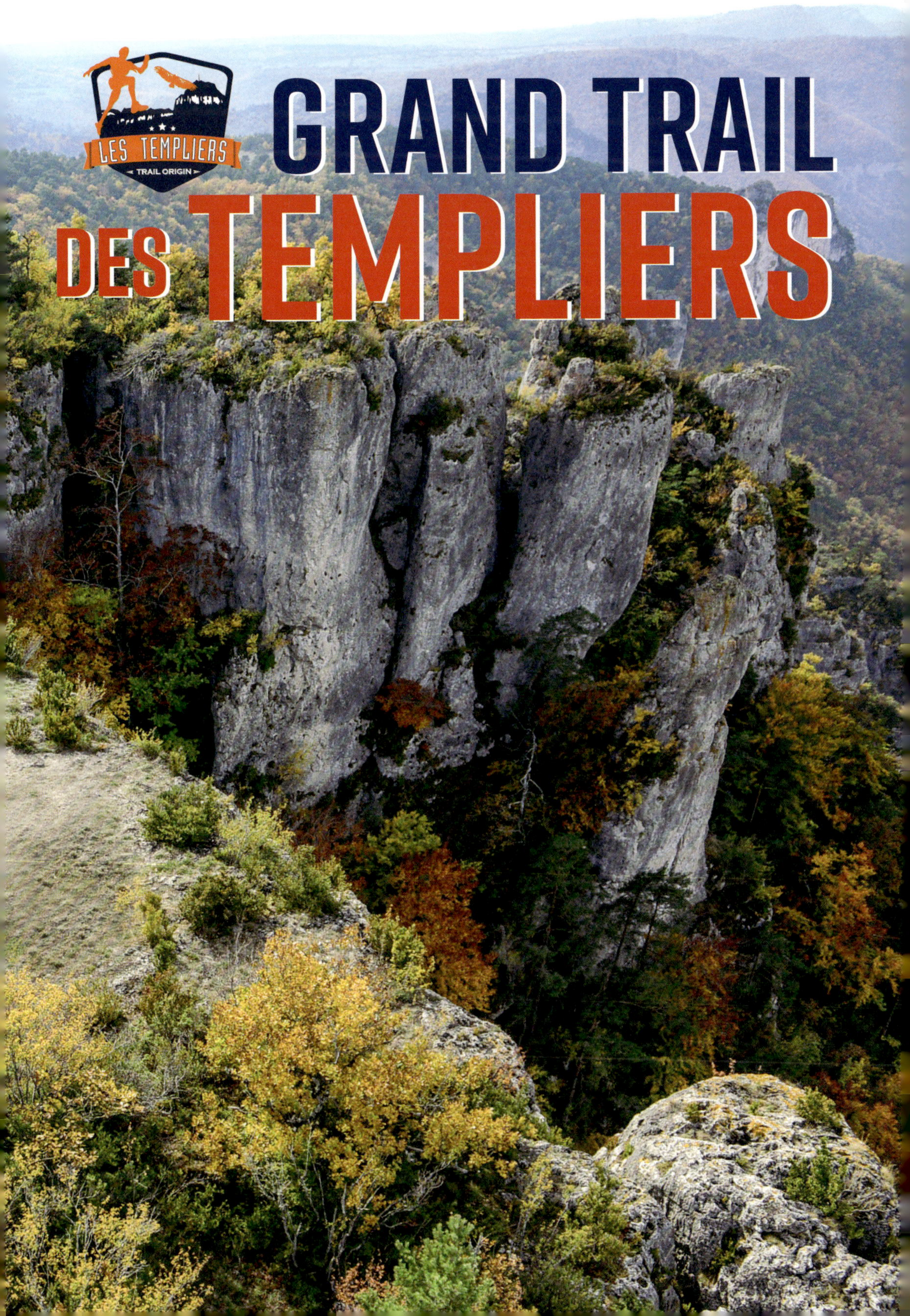

PRÉSENTATION

RÉSUMÉ

▶ Le trail des Templiers est une épreuve historique qui se dispute dans le sud du Massif Central, au cœur du parc des Grands Causses, du côté de Millau et des Gorges du Tarn.
▶ Le parcours est une boucle au départ de Millau.
▶ 76-78 km sur l'épreuve de référence (« Grand Trail des Templiers »).
▶ 3500 m D+ environ.
▶ 18 h maximum.
▶ 4 barrières horaires.
▶ 4 ravitaillements et 2 points d'eau.

QUAND ?

▶ Troisième week-end d'octobre, le Festival des Templiers s'étale sur 4 jours, du jeudi au dimanche.

PARTICIPANTS

▶ 12 000 participants sur l'ensemble des épreuves, dont 2500 sur la course historique du « Grand Trail des Templiers ».
▶ 80 à 85 % de finishers environ (75 à 98 % sur les autres versions).
▶ Les étrangers, bien qu'en nombre limité (5 % environ), viennent d'Amérique du Nord, d'Afrique, d'Asie et une bonne partie d'Europe.

UN PEU D'HISTOIRE

Tout a commencé avec la découverte par Gilles Bertrand et Odile Baudrier des célèbres trails nord-américains de Leadville et Western State. À leur retour de voyage, le couple imagine créer un événement dans le même esprit en France.

Après une lente maturation, le Trail des Templiers finit par naître : nous sommes en 1995 et les longues courses nature sont quasi inexistantes. Le nom des « Templiers » vient des chevaliers du même ordre qui, au Moyen Âge, ont fortement marqué la région. La légende est en marche...
À la différence de la SaintéLyon, l'épreuve se fait quasi exclusivement sur chemins. Les trails sont alors encore extrêmement rares en France. La première année, ce sont donc quelque 500 pionniers qui se lancent dans ce tout premier grand trail 100% nature.
La course démarre du petit village moyenâgeux et fortifié de Saint-Eulalie-de-Cernon (centre historique majeur de l'ordre des Templiers). Au programme : environ 65 kilomètres et 1500 m de dénivelé.

Deux ans plus tard, le départ migre à Nant, plus à même d'accueillir l'épreuve.
Le succès va croissant et l'épreuve passe de 500 à 2000 participants en dix ans. Quelques nouvelles versions s'ajoutent, mais l'espace va encore vite saturer. Avec l'explosion du trail, les possibilités d'évolution plafonnent. En 2010, la décision est donc prise de changer le cœur de la course, en passant de Nant à Millau. La « séparation » est difficile... surtout pour la première ville, où s'organisera désormais le « festival des Hospitaliers ».
Quant aux Templiers, le changement sera efficace. Les quelques craintes des participants sont vite dissipées par une organisation toujours attentive et soignée. Millau est également réputée pour ses courses à pied et cest une ville facile d'accès. Enfin, le parcours reste assez proche.

Côté palmarès, des coureurs de grand renom s'imposent chaque année avec, entre autres :
Thomas Lorblanchet (4 victoires), Vincent Delebarre (2), Thierry Breuil (2), Fabien Antolinos (2), Dawa Sherpa, Christophe Jacquerod, Xavier Thévenard chez les hommes.
Karine Herry (8 victoires), Nuria Picas (3), Maud Gobert (2), Caroline Chaverot chez les femmes.

ALTERNATIVES (autres versions)

❖ Endurance Trail (1999)	100 km,	4900 m D+,	1300 participants.
❖ Intégrale des Causses (2013)	62 km,	2600 m D+,	500 participants.
❖ Boffi Fifty (2017)	50 km,	2340 m D+,	400 participants.
❖ Marathon des Causses (2008)	36 km,	1600 m D+,	950 participants.
❖ Marathon du Larzac (2015)	36 km,	1540 m D+,	400 participants.
❖ Monna Lisa (2012)	28 km,	1000 m D+,	600 participants.
❖ Midnight Templiers (2017)	17 km,	700 m D+,	300 participants.
❖ VO2 Trail (2005)	17 km,	600 m D+,	750 participants.
❖ Trail des Troubadours (2013)	12 km,	500 m D+,	300 participants.
❖ La Templière (2002)	8 km,	270 m D+,	600 participants (femmes).

❖ Courses pour les Jeunes (2010) de 1,5 à 8 km, jusqu'à 270 m, D+.

POINTS CLÉS À APPRÉHENDER

▶ Le parcours enchaîne des dénivelés assez secs avec des plateaux relativement roulants.
▶ Le tracé n'est pas très technique sauf sur les sept derniers kilomètres, avec son fameux Puncho d'Agast, aussi raide à monter que glissant et technique à descendre.
▶ La course comporte beaucoup de « singles » où il est quasiment impossible de doubler.
▶ En cas de retard à la dernière barrière horaire de Massebiau, il reste possible de continuer et de rejoindre l'arrivée via un raccourci et moyennant une pénalité en temps.

▶ **Le site de la course : www.festivaldestempliers.com**

Les Templiers

Les chiffres clés

Distance totale : 76 Km

Dénivelé positif : 3 500 m

Dénivelé négatif : 3 500 m

Altitude minimale : 360 m

Altitude maximale : 880 m

Profil altimétrique

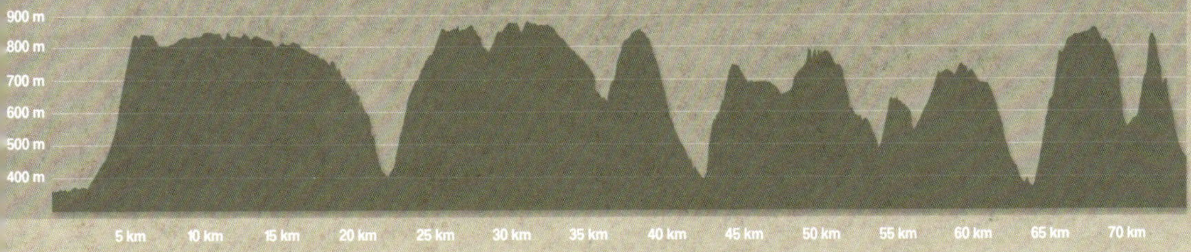

La course (78 km, 3500 m D+)

LE CONTEXTE

ENFIN l'occasion de découvrir un épisode dont j'avais beaucoup entendu parler, sans jamais l'essayer ! Entre les craintes d'y trouver trop de monde, que le parcours soit trop roulant, l'éloignement, le manque de temps et les déjà nombreux autres projets de la saison, cette course n'avait encore jamais fait partie des objectifs. Pourtant, ce n'est pas faute d'aimer la région, en allant en vacances dans le Tarn tous les étés depuis des années.

Et puis, finalement le déclic finit par arriver. Déjà, les nombreux échos récents et positifs d'amis proches (Sab, Fafa, Bart et Jean-Luc) ont commencé à résonner : ils ont tous eu un coup de cœur ! Ensuite, pendant l'été, je vais incidemment découvrir la possibilité de récupérer un dossard. En effet, malgré le plein rapide de « l'épreuve reine », il est encore envisageable de procéder à des échanges entre coureurs. Après quelques recherches, je finis donc par en trouver un, moins de deux mois avant l'échéance.

Bref, malgré une saison remplie comme jamais (Raid 28, Eco-Trail de Paris 80, UTCO 30, Ultramarin du Morbihan, CCC, 5 épreuves de marche nordique), je rajoute les Templiers comme ultime défi de l'année ! L'idée ne sera pas de jouer le chronomètre mais simplement de découvrir et profiter à fond... Et puis je retrouve deux amis, Magalie et Nathanaël, pour qui ce sera le tout premier long trail du genre.

MILLAU

Dimanche 06 h 00.

Il y a encore du beau monde cette année sur la course historique, avec des champions venus des quatre coins du monde (USA, Japon, Afrique du Sud et toute l'Europe) dont Xavier Thévenard, Miguel Heras, Nuria Picas et plusieurs autres anciens vainqueurs ou champions en devenir.

Juste avant le départ, Gilles Bertrand, le créateur et directeur de course, nous fait un discours un peu mystique et empreint de gravité...

Harry, le célèbre speaker, maintient l'ambiance et, à 6 heures tapantes, nous voilà lancés sous les traditionnels feux de bengale et musique « Ameno » d'ERA. Les encouragements des spectateurs sont nombreux et complètent bien l'euphorie du moment.

En partant au deux tiers du peloton, nous sommes relativement mal placés. Les deux premiers kilomètres sont plats et nous remontons progressivement. Le troisième kilomètre est en montée légère et je continue de courir, laissant mes deux compagnons, afin de bien me positionner. Passé le hameau de Carbassas, cela devient beaucoup plus raide avec 400 m de dénivelé au programme. Je reste alors sur un bon rythme sans effort.

Surprise, le premier point de contrôle arrive déjà au bout d'une heure pile. Arghh ! Je dois ralentir, car Tonton Trailer avait mis le même temps l'an passé… tout en m'avouant en avoir payé le prix ensuite. C'est pourquoi, malgré un plateau d'une bonne dizaine de kilomètres très roulants, j'alterne marche et course. J'attends aussi Mag et Nath', tandis que des centaines de coureurs me dépassent.

La météo du jour s'annonce médiocre avec un temps gris, de fortes rafales de vent et occasionnellement un peu de bruine. Heureusement, nous sommes majoritairement en forêt et le plateau est moins exposé qu'imaginé.
Le jour se lève doucement, mais sans soleil majestueux. Comme conseillé, je gère au maximum l'effort pour rester frais durablement. Mag

prend alors un peu le large tandis que je reste aux côtés de Nath', dont les douleurs chroniques pourraient tout compromettre en cas de réveil. La gestion est inhabituelle pour lui, mais il applique à la lettre le principe fixé : on s'économise au maximum jusqu'au 45e kilomètre où cela deviendra plus dur.

En se rapprochant de Peyreleau, vers le 19e kilomètre, nous retrouvons des « singles » (chemins monotraces) qui rendent impossible d'aller à bon train. Ces passages ressemblent énormément à ceux de l'Ultra-Trail de Côte d'Or (UTCO). Tout en patientant, c'est le moment de profiter des vues très spectaculaires autour de nous.

PEYRELAUX

(23 km, 730 m D+, 3 h 19) Dimanche 09 h 19.

À l'approche du village, l'accueil est fantastique. Un chanteur (que l'on retrouvera souvent) se fait entendre de loin avec son porte-voix. Les villageois nous font la fête.

Ce premier ravitaillement est très complet et rempli de choses délicieuses. En moins de 5 minutes, j'avale eau, soupe, pain, banane... Nous ne le savons pas, mais Mag est passée 7-8 minutes avant.

Je réitère mes recommandations à Nath' : on y va toujours cool car la course ne commencera vraiment qu'après le point suivant. La montée avec quelque 500 m de dénivelé se gère sans soucis. Puis, nous retrouvons un nouveau plateau large et roulant permettant de gérer à son rythme. Les deux heures de la portion vont passer relativement vite, agrémentées d'échanges avec quelques coureurs et la traversée d'une jolie ruine.

Heureusement, car à mi-distance, ma poche à eau est déjà vide et il ne reste plus que 15 cl dans un bidon. Erreur de débutant ?! À force de « rêvasser », j'ai sous-estimé le besoin de recharger un minimum en eau. Comme il fait assez frais, j'économise sans effort et ne suis à sec qu'en arrivant au point de contrôle.

SAINT-ANDRÉ-DE-VÉZINES

(34 km, 1280 m D+, 5 h 15) Dimanche 11 h 15.

Le village nous reçoit avec d'énormes acclamations sur plusieurs centaines de mètres. C'est particulièrement agréable.

Le ravitaillement s'opère sous un grand abri ouvert, où la bonne restauration est toujours au rendez-vous.

Je retrouve Mag, pointée 4 minutes plus tôt, et nous repartons cette fois tous les trois ensemble.

Après une zone de plat où nous avançons à bon rythme, s'ensuit une descente, avec un château à proximité de jolies vues.

Nous traversons une route et remontons derrière… où les singles reprennent. L'heure des bouchons a sonné ! Faute de pouvoir doubler ou accélérer, nous passons le temps à papoter, dans des discussions parfois un peu délirantes… qui semblent amuser le peloton. Un concurrent nous dit avec le sourire préférer ça à radio RER (celle qui retransmet en direct la Diagonale des Fous au même moment).

Au bout du plateau, la vue est ensuite très dégagée, offrant de fantastiques panoramas. En contrepartie, nous voilà exposés à quelques fortes rafales de vent. Nouveau plateau avec encore de très jolies vues, mais très venté (la météo a annoncé des rafales jusqu'à 75 km h). S'ensuit le passage de roches étranges dont l'une est percée.

Finalement, au bout d'une longue descente, nous atteignons la fin de la portion et le point d'eau attendu. La réception est toujours très sonore avec les hurlements des enfants… que l'on entendra bien après encore.

Vue panoramique à mi-parcours.

LA ROQUE-SAINTE-MARGUERITE

(45 km, 1550 m D+, 7 h 06) Dimanche 13 h 06.

Le plein d'eau fait et nous repartons très vite, après cinq minutes d'arrêt à peine. Toute l'équipe est toujours en forme, ce qui est parfait.

En route, j'ai une petite faim (normal c'est l'heure de passer à table !) et sors un de mes délicieux petits sandwichs maison. La montée est relativement sèche, mais pas le temps de fatiguer face à une étape assez courte.

C'est reparti pour une grimpette !

Après une petite descente, nous voici déjà à Pierrefiche, pour un ravitaillement, à nouveau sous les ovations. Celui-ci se trouve dans une salle surélevée et totalement abritée.

PIERREFICHE

(48 km, 1900 m D+, 7 h 59) Dimanche 13 h 59.

Tout y est toujours parfait : je mélange allègrement sucré et salé avec une soupe aussi riche que savoureuse. La qualité et variété de ce qui nous est proposé est vraiment au-dessus de la moyenne. Les tartines vertes/ bleues (à la crème de roquefort) sont intrigantes... mais ce n'est peut-être pas le moment de se lancer dans des tests !

En quittant Pierrefiche, nous retrouvons nos supporters Nicolas et Laurianne, des amis venus nous encourager et qui nous offrent une assistance des plus sympathiques. Dans le sac laissé, j'avais tout prévu, sauf un nouveau T-shirt qui aurait été bien utile car nous sommes relativement trempés. Qu'importe, la vue d'amis reste l'essentiel car j'ai l'habitude de ne compter que sur ce qui figure dans mon sac à dos.

La suite est constituée d'un enchaînement continu de montées et descentes... sur des singles en balcon. Du coup, « on n'avance pas » ! Enfin, du moins, largement en sous-rythme. Les quelques

dépassements possibles sont vite neutralisés par de nouveaux bouchons. Les sentiers rappellent toujours fortement ceux du joli trail de Côte d'Or.

Le temps commence à paraître juste un peu plus long. Heureusement, de très belles vues sauvages compensent cela avantageusement. Au détour d'un chemin, nous profitons d'un panorama dégagé sur les Gorges du Tarn qui porte jusqu'à Millau, au loin !
De belles descentes sont encore au programme. Bref, on continue d'en prendre plein les yeux.

POMPIDOU

(59 km, 2250 m D+, 10 h 10) Dimanche 16 h 10.
Au bout de 11 kilomètres, Pompidou n'est qu'un simple point de contrôle.
Comme à de nombreuses reprises, je retrouve encore l'ambiance de l'UTCO avec des mousses très vertes et grimpant haut sur les arbres. C'est juste magnifique et apaisant.
Pourtant, plus que jamais depuis Pierrefiche, Mag ne cesse de s'interroger sur la fameuse dernière barrière horaire… Mes énièmes calculs ne laissent pourtant place à aucun doute : le rythme est certes très ralenti par les bouchons, mais notre marge reste importante.

Sur le nouveau plateau, la vue est encore plus dégagée sur Millau : nous sommes proches ! Je pose alors fièrement tel Leonardo Di Caprio à la proue du Titanic… en espérant juste un meilleur destin !

Dans la longue descente vers Massebiau, les voies s'élargissent et c'est l'occasion d'augmenter la ca-

Petit moment d'éclate !

dence. Nathanaël est en légère difficulté et n'a plus d'eau depuis un moment. Je l'assiste un peu et c'est ainsi que nous nous retrouvons vite légèrement distants les uns des autres.

Les clameurs de Massebiau se font entendre de loin et incitent à accélérer encore…
Allez, plus qu'un pont à traverser pour rejoindre ce lieu, signe d'une course réussie ! Il n'y aura plus qu'à rejoindre la ligne d'arrivée ensuite. En pratique, il faut savoir que, même en pointant un peu en retard, il est possible de terminer via des raccourcis et moyennant des pénalisations en temps : tout est fait pour éviter la frustration excessive des coureurs au bout de 12 heures d'effort, à seulement 11 km de l'arrivée.

MASSEBIAU

(67 km, 2710 m D+, 11 h 47) Dimanche 17 h 47.

L'ovation des spectateurs en passant le pont est très émouvante et fait chaud au cœur. S'ensuivent une centaine de mètres pour rejoindre le point de contrôle et d'eau. Un bénévole annonce qu'un quart d'heure supplémentaire est possible pour rester dans les délais. Peu importe, avec plus d'une demi-heure d'avance, nous sommes déjà tranquilles.

Je retrouve une Mag soulagée, puis nous récupérons notre Nath' épuisé. Il a un gros coup de mou.
Mais face à un refroidissement rapide, j'insiste pour repartir sans délai et en mode tranquille pour commencer. Je tente d'en profiter pour avaler mon deuxième sandwich mais il faudra se contenter d'un morceau face à la pente très raide, nécessitant un effort marqué. Il faut toujours privilégier de s'alimenter dans des portions faciles au niveau cardio.

Nous retrouvons ensuite un bon rythme (le nôtre) et, malgré quelques nouveaux ralentissements, atteignons le dernier ravitaillement au bout d'une heure.

LE CADE

(70 km, 3190 m D+, 24 h 55) Dimanche 18 h 51 (pause 15 mn).
La nuit commence à tomber quand nous pointons au Cade. « Plus que 7 kilomètres ! » crie un bénévole. Le ravitaillement est situé dans un cadre enchanteur, au sein d'un magnifique grand corps de ferme.

Tout est parfaitement organisé et, comme d'habitude, soupe, eau, pain et biscuits sont avalés. Au fond quelques bancs permettent de s'asseoir. Mag

s'inquiète de trop s'attarder… tandis que Nath' resterait bien là encore un peu… au chaud, devant le poêle !

Allez Go ! Notre compagnon fait de l'antijeu, prétextant ne pas avoir fait le plein de sa poche à eau. La pause est clairement trop longue (un quart d'heure) mais nous partons pour de bon, avec la frontale désormais. J'ai aussi remis les manchettes pour faire face à la nuit et au vent extrêmement présent. Il y a toujours beaucoup de rafales.

Le début ne pose pas de souci. Nous rejoignons ensuite une zone de balcons vertigineux. Le chemin est étroit et le vide (plus de cent mètres) menace juste à côté. Heureusement la nuit empêche d'avoir le vertige. Ceci étant, Magalie commence à avoir des problèmes de frontale qui tombent au plus mauvais moment…

Au bout de cette longue traversée, nous bifurquons face à la pente pour réaliser la fameuse montée verticale du Puncho Agast. En plein jour, vu de loin, on se demande d'ailleurs comment il est possible de franchir cette barre rocheuse !

Mag est alors en difficulté, épuisée face à des marches trop importantes. Cela tourne presque à l'escalade. Je me retourne autant que possible avec ma frontale pour la guider et prends ses bâtons à chaque gros obstacle. À un moment le vent manque de peu de me faire perdre l'équilibre… Chaud le Puncho !

Des cris d'encouragement provenant d'en haut nous aident bien. Enfin, nous parvenons au sommet où la vue, même de nuit, est magnifique.

Plus qu'une ultime descente maintenant ! Il est 20 h 25 et un bénévole nous annonce une demi-heure pour finir… Ça tombe bien car je viserais bien moins de 15 heures ! Tout le monde commence à être fatigué mais j'accélère quand même un peu le rythme, en espérant que mes coéquipiers suivent. Le chemin reste cependant bien encombré…

Nous traversons ensuite la fameuse grotte du Hibou : un passage agréable, étonnant mais bien trop court à mon goût. À la sortie, je tente d'accélérer à nouveau mais suis très vite bloqué par deux concurrentes en difficulté. Le chemin est étroit et glissant, et avec la fatigue, certains ont beaucoup de mal à poser pied ou bâton. Soupir... mais pas d'autre choix que de ronger son frein pendant un moment interminable...

Entre des discussions de chiffons devant moi, un trailer malheureux qui casse un bâton, le temps ne passe pas vite du tout. Enfin, à un kilomètre de l'arrivée, le terrain se dégage et nous sommes libres ! Je peux enfin lâcher les chevaux : Mag est à mes côtés tandis que Nath' peste (en rigolant) à l'idée de courir.

Plus que trois cents mètres et l'accueil est des plus chaleureux, avec un enchaînement de lacets au milieu de nombreux spectateurs : c'est super sympa ! Dernière ligne droite et nous franchissons tous les trois l'arrivée, main dans la main. Cool, c'est fait !

MILLAU

(78 km, 3500 m D+, 15 h 24) Dimanche 21 h 24.

Nous nous congratulons et j'interpelle Harry, grand speaker, bien fatigué aussi par ces quatre jours de folie. Puis nous retrouvons avec bonheur toute l'équipe venue nous saluer : Nicolas, Laurianne, Patrick et Laurent. Une jolie médaille

De gauche à droite, Bertrand, Magalie, Harry et Nathanaël.

et un ravito où nous pouvons tester les fameuses tartines au roquefort... Elles sont délicieuses ! Un bon petit repas nous attend plus bas sous le chapiteau. Nous ne manquons assurément de rien. Je suis aussi particulièrement heureux d'avoir un peu aidé mes amis à relever le défi.

ÉPILOGUE

Et dire qu'il aura fallu attendre autant d'années de pratique pour découvrir enfin les Templiers ! J'ai été très agréablement surpris par la qualité générale de l'épreuve. L'enthousiasme des spectateurs m'a aussi bluffé. Certes, il y a un peu (trop) de monde sur certaines portions, mais aucune solution évidente n'émerge : tout est affaire de compromis face aux multiples paramètres.

En tout cas, j'ai bien joué la carte plaisir et voilà une très belle façon de clôturer la saison.

ANALYSE

SYNTHÈSE

▶ Un des tout premiers trails français, avec des formules pour tous les niveaux.

▶ Un environnement sauvage magnifique, au cœur de la France.

▶ Les Templiers font figure de course et région à découvrir.

RECOMMANDATIONS

▶ Avec plus de dix versions différentes, tout le monde peut trouver son compte.

▶ Pour éviter les problèmes de ralentissements sur le parcours, il faut bien se positionner sur les vingt premiers kilomètres, c'est-à-dire en se basant sur un objectif de moins de 13 heures environ.

▶ Cependant, il faut aussi savoir s'économiser... car la course « démarre » à partir de Pierrefiche, vers le 47-48e kilomètres.

ÉVALUATIONS

Mythe ★★★★☆

▶ En ayant proposé l'un des premiers « Ultra-marathons » nature en France, le Festival des Templiers revendique son caractère historique.

▶ Son format sans équivalent et ses nombreuses formules l'ont amené à un niveau de participation au sommet des courses à pied françaises, avec une internationalisation croissante.

Difficulté ★★★☆☆

▶ La « Grande Trail » nécessite une préparation sérieuse, accessible avec un niveau de trail confirmé. En effet, l'épreuve est sensiblement plus sélective que celle de l'Eco-Trail de Paris ou de la SaintéLyon, du fait du dénivelé plus important et de la technicité supérieure des sentiers.

▶ La multiplication des formules permet toutefois de s'aguerrir avec un accès à tout type de niveaux.

▶ Fin octobre, le temps est extrêmement variable, pouvant être estival comme hivernal (-7 degrés en 2012). En tout état de cause, des variantes sont mises en place si nécessaire.

Organisation et soins des coureurs ★★★★½

▶ Malgré sa dimension très populaire, le Festival des Templiers est extrêmement bien organisé et géré. Tous les détails ont été pensés afin d'offrir les meilleures conditions et impressions aux participants. Même les cadeaux sont soignés.

▶ L'échange des dossards reste possible jusqu'à deux semaines du départ.

▶ Seul « point noir » : malgré les efforts réalisés pour fluidifier le parcours, les ralentissements et petits bouchons sont inévitables pour les coureurs moyens.

Paysages ★★★★☆

▶ L'épreuve se déroulant en très large majorité de jour, permet de profiter pleinement de l'environnement sauvage des Grands Causses, parc naturel protégé.

▶ Au sommet des plateaux, les vues sont parfois dégagées sur des dizaines de kilomètres. Les gorges du Tarn apportent aussi un côté très spectaculaire.

▶ Le passage dans des lieux originaux (villages anciens, roche percée, grotte...) contribue au charme du parcours.

Technicité ★★★☆☆

▶ Le parcours est relativement « roulant » avec une proportion de dénivelé réelle mais « raisonnable ». Les sentiers ne sont pas très techniques, sauf lors de quelques passages et surtout sur le « Puncho Agast », sommet dans les derniers kilomètres.

▶ Par le passé, la météo a pu être hivernale, rendant les conditions de course beaucoup plus difficiles.

Ambiance ★★★½☆

▶ Millau vit quatre jours de fête, où tout est organisé pour que coureurs comme suiveurs en profitent au mieux. Le village de la course est malheureusement un peu excentré par rapport au centre-ville.

▶ L'accueil dans les villages traversés est des plus chaleureux. La région vit au rythme de la course.

TRAILS DE MONTAGNE

France (TGV)

France (Restonica)

Il existe de nombreuses courses de montagne et celles qui suivent sont représentatives de courses, à la fois intimistes, chaleureuses, nature et sauvages.

France (Montagn'Hard)

LES COURSES NATURE développent encore une autre dimension en montagne. La nature prend un aspect majestueux qui accompagne les participants dans un autre univers. La course devient un prétexte à vivre encore plus pleinement le chemin parcouru.

Outre l'aspect visuel, la technicité offerte par les sentiers montre combien le chemin, au propre et au figuré, est encore long avant de devenir un ultra-trailer complet.

La montagne, c'est aussi l'étape incontournable pour progresser et varier les plaisirs également. Je fais souvent la comparaison avec les grandes randonnées qui empruntent les mêmes sentiers : la course ne fait que transformer un tour classique en mode « accéléré ». C'est d'ailleurs là que vos éventuelles expériences antérieures de balades en montagne vous fournissent des repères et comparatifs. La course n'en est qu'une expression plus sportive. Il existe de nombreux trails de montagne et ceux qui suivent sont représentatifs de courses, à la fois **intimistes, chaleureuses, nature et sauvages**. On n'y dépasse guère les 1000 participants toutes épreuves confondues, et le fameux « esprit trail » y apparaît particulièrement préservé et mis en avant.

- La **Montagn'Hard** : quelle que soit la version, un Trail incontournable pour appréhender les beautés et difficultés des longues pentes abruptes.
- Le **Restonica Trail** : la Corse, île de beauté, révèle son grand aspect sauvage comme minéral.
- Le Tour des **Glaciers de la Vanoise** (TGV) : le tour d'un massif, haut en altitude, sur un des plus beaux parcours de France !

1263

La MONTAGN'HARD

PRÉSENTATION

RÉSUMÉ

- La Montagn'Hard est une épreuve traversant les massifs du Mont-Blanc et du Beaufortin.
- Cette course porte bien son nom, étant l'une des plus dures, avec notamment un ratio dénivelé/kilomètre hors norme. L'épreuve met aussi l'accent sur sa taille humaine.
- 60 km (avec un parcours commun aux versions de 40 et 100 km).
- 5000 m D+.
- 4 passages à 2000 m d'altitude.
- 18 h 30 maximum.
- 4 barrières horaires.
- 4 ravitaillements et un point d'eau (+ bière !).

QUAND ?

- Premier week-end de juillet, la Montagn'Hard débute le samedi matin peu avant le lever du soleil et finit le dimanche en début d'après-midi pour l'Ultra.

PARTICIPANTS

- 1000 inscrits maximum sur le total des 3 courses.
- 75 % de finishers en moyenne (50 à 60 % sur la version longue).
- Quelques rares étrangers (Suisses, Italiens).

UN PEU D'HISTOIRE

La Montagn'Hard a été créée en 2009 par un couple de coureurs, Alice et Olivier Tribondeau.

Ce dernier, après avoir réalisé plusieurs fois l'UTMB et la Diagonale des Fous, a imaginé une course de haut niveau qui mêlerait parcours très spectaculaire et sportif, sans oublier d'offrir une convivialité exceptionnelle, à travers une dimension volontairement limitée.

Basée à Saint-Nicolas de Véroce, entre Saint-Gervais et les Contamines, la Montagn'Hard propose un parcours exigeant, varié, sauvage et technique. Plus tard, quelques portions seront aussi proposées sur des trails relativement similaires comme la TDS et l'Ultra-Trail du Beaufortin.

Dès l'origine, des coureurs de niveau mondial sont venus se confronter au défi. Antoine Guillon, Ludovic Pommeret, Sébastien Chaigneau, Cyril Cointre, Aurélien Collet, Sangé Sherpa et Caroline Chaverot font notamment partie du palmarès.

ALTERNATIVES (autres versions)

- Montagn'Hard 100 — 107 km, 8500 m D+.
- Moins'Hard 40 — 40 km, 3200 m D+ (avec possibilité de relais à 2).

POINTS CLÉS À APPRÉHENDER

▶ En cas de difficulté ou excès d'ambition, la course permet judicieusement de repenser l'objectif pendant l'épreuve : il est ainsi possible de bifurquer sur le 60 km ou le 40 km.

▶ Les bénévoles et ravitaillements sont parmi les plus remarquables du circuit, même pour les derniers.

▶ Les barrières horaires sont très bien étudiées pour offrir les meilleures conditions.

▶ Le balisage est impeccable car conçu par des coureurs.

▶ Avec un parcours en « dents de requins » et très peu de zones plates, il faut savoir bien gérer l'effort. Des quadriceps en béton ne sont pas du luxe !

▶ **Le site de la course : www.lamontagnhard.com**

Montagn'Hard

Les chiffres clés

Distance totale : 60 Km

Dénivelé positif : 4 800 m

Dénivelé négatif : 4 800 m

Altitude minimale : 920 m

Altitude maximale : 2 100 m

Profil altimétrique

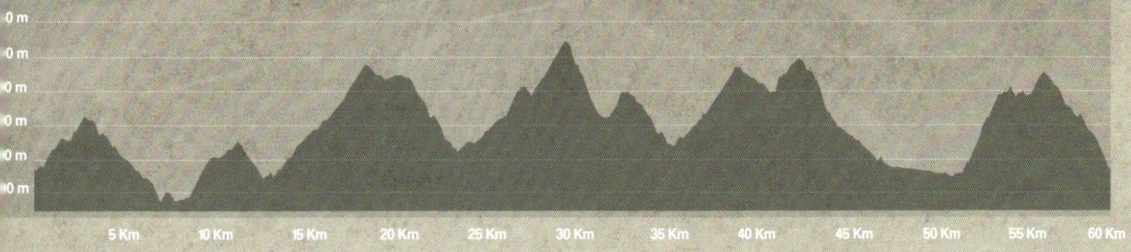

La course (60 km, 5000 m D+)

PAR QUOI COMMENCER ? Les souvenirs d'un week-end hors norme, dans un cadre fantastique ? Ou l'idée d'arrêter définitivement les Ultras (Trails) tant la lutte fut dure pour arriver au bout ?

LE CONTEXTE

En Janvier, la saison prend forme et s'organise avec, pour objectif principal, la TDS (« sur les Traces des Ducs de Savoie ») fin août. Pour se préparer, je prévois de débuter avec l'Eco-Trail de Paris fin mars. Une bête entorse me prive au dernier moment de la course. Pas si grave, car la préparation n'est pas de l'entraînement perdu et j'en profite pour accompagner et rencontrer plein de Kikoureurs le Jour J.
Le temps de me remettre rapidement, je poursuis ma préparation avec un « petit » Trail en Côte d'Or (45 km/1800 m D+) fin mai. En parallèle je réfléchis de plus en plus à m'entraîner avec un Ultra relativement long, fin juin/début juillet. L'objectif est simple : apprendre ! Faute de dénivelés parisiens, je souhaite bouffer de la montagne et tester tout un tas de choses sur une longue durée, dans un contexte proche de ce qui m'attend à la fin de l'été.

La Montagn'Hard s'impose alors comme une évidence. 60 km, 5000 m de dénivelé, plein de commentaires positifs lus : ça sera parfait ! Je convaincs mon fidèle équipier Daniel (Kilian's Quest, SaintéLyon) de partager l'aventure en mode tranquille (non course) et le tour est joué.

Certes, le mois de juin avec un nouveau job se révèle peu propice à un bon entraînement ou repos, mais avec les mois précédents, j'espère que ça ira, surtout en y allant cool, pour une fois.

Les jours qui précèdent, tout s'organise gentiment, sans stress. Je bavarde un peu sur le forum Kikouroù, (voir kikouroù.net) et je m'entraîne à utiliser les bâtons pour la première fois, commande de nouveaux aliments à tester et débute même un régime probiotique (10 jours avant) afin de tenter de me prémunir de mes problèmes digestifs récurrents. Enfin je « peaufine » la logistique générale.

VENDREDI

Veille de course.

Tout est prêt. Mon grand Léo m'a bien aidé la veille à finir mes préparatifs et tout est prêt à 8h pour un départ en compagnie d'Olivier « Land » et Loïc. La descente dans les Alpes est très cool et le temps passe vite.

Arrivés vers 15 h 30 à Saint-Nicolas de Véroce, nous croisons vite d'autres connaissances.

Le temps de récupérer nos dossards, nous nous retrouvons à bavarder tranquillement sur une agréable terrasse. Le temps est magnifique et la montagne aussi majestueuse qu'impressionnante.

De gauche à droite, Loïc, Bertrand et Oliver.

Daniel vient me chercher peu après 18 heures et nous filons chez lui, à 20-25 mn de là. L'accueil est particulièrement chaleureux. Nous finalisons rapidement nos équipements pour le lendemain (Daniel me coache dans mes derniers choix) et passons une petite soirée très agréable.

Le père de Daniel nous promet même une bonne bouteille de Bourgogne après notre course ! Couché dès 22 heures, le sommeil n'est pas trop dur à trouver et c'est tant mieux car le réveil est fixé à 3 h 40 !

Pour le lendemain, nous avons pris le temps de discuter de la course et Daniel est persuadé que mon estimation de 15/16 heures est vraiment basse. Un « objectif » sans forcer de 12/13 heures lui semble mieux correspondre à nos capacités.

Le réveil est un peu brutal mais la nuit fut bonne et c'est l'essentiel. Petit déj' avec un classique « Gatosport », du thé et c'est parti. Il faut filer car nous avons calculé au plus juste.

H - 2 minutes.

plus tard. On échange 2-3 mots avec Virginie qui semble très à l'aise pour assurer une grosse course… (elle finira 2e du 100 km en 24 heures !)

Ça remonte (400-500 m D+) et redescend jusqu'au premier ravitaillement. Intuitivement, je me dis qu'y arriver en 2 heures serait raisonnable. De même, vu les stats' passées, finir au milieu du peloton (nous sommes 150 inscrits) serait un autre bon repère.

SAINT-NICOLAS DE VÉROCE

Samedi 05 h 00.

Arriver parmi les derniers… nous vaut de nous positionner sur la 1ère ligne du départ !
Le briefing commence avec un léger retard et il est 5 h 05 quand les chevaux sont lâchés. Ça commence par 3 à 400 m de route en légère descente : on en profite, devinant bien que ce sera le plus facile de toute la journée. Bifurcation ensuite vers un sentier et la première montée annonce la couleur : ce sera raide ! On démarre tranquille, même si le rythme n'est pas réduit pour autant. Rapidement, je range ma frontale qui n'était pas vraiment nécessaire.
À 5 h 30, le jour n'est pas encore levé mais ça s'éclaircit déjà très largement.

Vers la fin de cette première ascension (+400 m), arrivent à ma hauteur 2 Kikoureurs : Virginie, « La Souris » et Olivier « Bikoon » que je ne reconnais pas du premier coup ! Comme il est très rapide, et censé me ramener sur Paris, je lui fais promettre de m'attendre le lendemain…

Première belle descente, c'est facile. La température est encore fraîche mais parfaite, ce qui laisse entendre qu'il fera quand même un peu chaud

LES TOILLES

(13 km, 1200 m D+, 1 h 51) Samedi 06 h 56.

Nous avons été un petit peu rapides (on est 38 et 39e), mais je n'ai pas le temps de m'en soucier. La pause est courte (2 mn), j'avale 2-3 trucs, surtout du salé (soupe, tuc, fromage), même si le chocolat Côte d'Or est bien tentant. Allez, c'est reparti pour la première grosse ascension : le Prarion (800-900 m D+).

La balade est sympa. On traverse de jolies forêts et, entre autres, l'étonnante crémaillère permettant au train de monter desservir les plus hautes altitudes. Ça se dégage un peu et Daniel me montre la vallée en bas avec, en particulier, Servoz, son chez lui, peu avant Chamonix.

Côté course, le rythme baisse un peu pour moi mais je m'accroche tandis que Daniel m'annonce déjà des vues fantastiques dans quelques instants. Effectivement, on commence à apercevoir un panorama extraordinaire avec sur la gauche les sommets enneigés du massif du Mont-Blanc.

Peu après, vers 8h15, arrive enfin le sommet. J'ai eu un peu de mal sur la fin et profite de la courte pause pour faire une petite vidéo panoramique : c'est somptueux avec ce temps dégagé et les dizaines de sommets à des kilomètres à la ronde...

http://goo.gl/Mk02n6

On repart gaiment, et Daniel se demande si on ne devrait pas « négocier » pour faire le 100 km. Un Belge à notre hauteur nous raconte, qu'à la bifurcation vers le 50e km, on aura certainement d'autres envies.

De mon côté, des premiers légers maux de ventre en descente me rappellent qu'on fera peut-être moins les malins dans quelques heures. Je me tords aussi une fois la cheville, ce qui me rappelle combien il faut rester vigilant.
Ceci étant le temps passe vite et agréablement et nous voilà déjà à l'approche d'un joli petit village de montagne, berceau du 2e ravitaillement.

BIONNASSAY

(24 km, 2200 m D+, 3 h 56) Samedi 09 h 02.

Avec l'effort et le soleil, il fait un peu chaud maintenant. La pause est plus longue : 10 mn, le temps de faire le plein d'eau maximum et d'avaler encore quelques bricoles.
Mon ventre gargouille et j'en profite peu après pour trouver un endroit pour soulager tout ça. Ça va mieux mais les premiers signes de fatigue

Pause dans un cadre enchanteur !

sont réels. Cela ressemble un peu au mur du marathon. Ceci étant, après 4 heures de course, on a quand même déjà fait 35-40 % du parcours avec un rythme qui laisse imaginer 12 heures sans problème...
Je tente d'appeler Marie pour un premier partage mais tombe sur son répondeur. Je lui laisse les nouvelles et démarre la musique pour me changer les idées, tout en pressentant les difficultés à venir. La playlist de Marie est vraiment super sympa et les bonnes musiques s'enchaînent avec plaisir tandis que l'ascension du Col du Tricot est lancée. Près de 800 m de dénivelé au programme.

Le parcours nous fait emprunter des sentiers touristiques et nous croisons pas mal de gens qui ne vont parfois guère moins vite que nous ! Je dois commencer à fatiguer. Arrive alors une passerelle suspendue au-dessus d'un torrent agité, digne d'Indiana Jones. J'adore ce genre de passages et c'est le moment d'immortaliser la traversée.

Nous avons bien fait une bonne moitié de la grimpette, mais ça devient de plus en plus difficile. Outre la fatigue, mon ventre me cause de plus en plus de soucis. Le parcours monotrace en virages permanents, entouré d'herbes hautes, commence... à m'énerver ! Il est temps de reposer mon corps et mon ventre en particulier. Je cherche longtemps avant de trouver un petit recoin où m'allonger. Tous les coureurs qui passent à côté de moi s'enquièrent de mon état, sauf peut-être un qui sourit avec envie de ma petite « sieste ».

Théo, à droite, venu encourager les coureurs !

Daniel m'attend de plus en plus mais je ne peux faire autrement... Je repars en m'accrochant, mais un gros quart d'heure plus tard, je finis par me sentir mal, étourdi et épuisé. Il faut que je m'arrête de nouveau. Les coureurs qui me suivent détectent la difficulté et l'un d'eux prévient Daniel de mes soucis. Il redescend en courant à ma rencontre et, dans cet environnement très rocailleux, nous trouvons un coin inespéré pour que je m'allonge (un plateau de 2 m² d'herbe avec un gros rocher en protection). Je suis en pleine fringale et me mets à boire et dévorer comme un mort de faim ! Ça peut paraître absurde de ne pas s'alimenter plus, mais avec le rythme et surtout les maux de ventre, avaler solide et liquide n'est pas si aisé.

Dans l'immédiat, ces minutes de pause me redonnent assez d'énergie pour repartir avec un meilleur moral. Plus loin, une bonne surprise m'attend : Théo ! Autre Kilian's boy de l'aventure Pyrénéenne, il est venu encourager les coureurs. De bonnes retrouvailles, une petite photo et nous terminons l'ascension. La vue du col est spectaculaire et c'est une forme de soulagement. Quelque 600 m de dénivelé plus bas, c'est le troisème ravitaillement de Miage qui nous attend.

contraste bien avec celle du deuxième qui débarque 3-4 mn plus tard. Prenant le temps de respecter les autres et d'attendre son tour, nous l'encourageons vivement à rattraper le premier, ce qu'il réussira à faire. La « morale » sera sauve !

Mon ventre va plus ou moins bien, j'ai repris un peu d'énergie et nous repartons gaiment. Une bonne ascension au programme et je profite du sommet pour une nouvelle pause technique. Pendant 1 h 30, même si le rythme est plus lent, tout va relativement bien, y compris lors d'une descente encore à rythme soutenu.

Nous nous accordons avec Daniel pour lâcher les chevaux en descente. Dévalant comme des fous, nous doublons de nombreux coureurs. Malgré la fatigue, j'assure plutôt bien jusqu'au deux tiers de la descente où je me tords douloureusement ma cheville blessée en mars. Je crains le « pire » mais cela passe. Je ressors les bâtons pour sécuriser ma descente et la douleur passe étonnamment vite.
Nous voilà finalement en bas en seulement 19 minutes !

MIAGE

(32 km, 3000 m D+, 6 h 32) Samedi 11 h 37.
Je croise « FreeWeelin'Nat » (qui fait le 100 km) et commence à me ravitailler... quand un coureur me bouscule, pressé de se servir de l'eau dans son bidon ! Il est de très mauvaise humeur, balance un broc d'eau vide et s'en va bousculer d'autres coureurs tout en grognant contre tout. En fait, c'est le leader de la « Moins Hard » (l'épreuve de 40 km) qui s'avère être un gros malotru. Tous les autres trailers pestent contre cette attitude inhabituelle dans le milieu et qui

J'use quand même mon énergie et retombe progressivement « à sec ». La suite de la balade est moins glorieuse et je me traîne de nouveau. Les paysages sont superbes. Les Contamines, prochaine étape, ne sont pas si loin... à vol d'oiseau, mais le parcours encore long.

Nous montons vers le col de Tré-la-Tête situé à 2000 m d'altitude. Cela fait quand même des heures que je rame régulièrement et je n'ai pas d'autres choix que de m'accrocher. On a parfois l'impression de faire des zigzags sans fin...

Jean-Mi et ses mojitos.

Bain frais et bières !

TRÉ-LA-TÊTE

(44 km, 4000 m D+, 9 h 40) Samedi 14 h 45.

Finalement, tant bien que mal, le col se profile. Trois refuges touristiques en pierre jaillissent et le contrôle de course est effectué par... « Le Bagnard », le plus célèbre des Kikoureurs ! Son accueil est chaleureux. Il offre des bières (du mojito même certaines années) et nous assure qu'il ne reste que 6,5 km pour rejoindre les Contamines (800/900 m D-), avec juste une petite bosse au programme...

On se dit que le plus dur est fait et Daniel prévient déjà sa mère pour les retrouvailles imminentes là-bas... De mon côté, j'annonce à Marie que c'est un peu dur, mais que 13/14 heures devraient suffire. Tandis que nous rentrons dans une zone protégée, particulièrement sauvage, nous avons l'impression de passer notre temps à remonter au lieu de descendre.

La zone est même particulièrement glissante, détrempée par endroit. Bref, ce n'est pas du tout reposant ! On longe ensuite un chemin sur une pente extrêmement abrupte. C'est assez large mais il ne faudrait pas glisser tant c'est vertical sur une longueur interminable.

Daniel, ayant annoncé notre arrivée à sa mère, me lâche pour éviter de la faire trop attendre, et puis, il est sans doute impatient également de retrouver son bon cake maison aux olives !

Enfin, ne le voyant plus, c'est mon interprétation. Mais je ne suis ni inquiet ni contrarié. J'avance juste au mieux... c'est-à-dire comme une tortue, avec un timing deux fois plus long que prévu ! Entre les quadriceps explosés et le ventre qui ne supporte plus d'être secoué, ce n'est pas simple.

Peu avant la fin de la descente, je retrouve un concurrent danois qui m'indique un peu plus de 51 km parcourus quand nous devrions en être à 46... Il faut dire qu'avec tous les zigzags, il faut bien rajouter 10 % en distance réelle par rapport au programme...

Nous voici enfin dans la vallée, mais il reste encore 2 bons kilomètres avant d'atteindre le ravitaillement... Le terrain est facile mais je n'ai plus aucune force pour courir. Mon ventre ne me laisse guère de répits non plus. C'est vraiment dur... Enfin, si près du but, je ne vais quand même pas m'arrêter !

LES CONTAMINES

(53 km, 4000 m D+, 12 h 08) Samedi 17 h 14.

À l'approche du ravitaillement, le speaker annonce mon nom et me félicite car je suis, toutes courses confondues, le 200e à arriver... Ce qui me navre encore plus : je suis vraiment très loin !
Deux enfants me proposent assistance pour faire le plein d'eau ou me préparer ma boisson énergétique. J'en profite pour discuter avec « Petit Franck », jeune Kikoureur très talentueux, avec qui je passerais bien plus de temps. Tout en échangeant, je commets alors une terrible erreur en buvant deux verres de Coca. En effet, passé le petit coup de fouet, l'acidité de la boisson va vite faire des ravages.

Un quart d'heure s'est écoulé. Comme Daniel est arrivé avec trois quarts d'heure d'avance sur moi, il est grand temps de repartir ! Il reste une dizaine de kilomètres avec la grosse montée du Mont Joly (+700 m) et une grosse descente (-800 m). On y va sur un rythme relativement lent mais régulier.

Malheureusement, mon état empire alors sérieusement. À mi-ascension, je dois m'arrêter et m'allonger à plusieurs reprises. Rien n'y fait car mon ventre me plie de plus en plus en deux. Lors d'un passage, un groupe de 4 coureurs arrive à ma hauteur et je reconnais Clément (« Ponpon ») toujours joyeux. Il me persuade de les suivre, ce que je fais, sans trop d'illusion. Je tiens une dizaine de minutes avant de m'écrouler dans un énième virage.

Un 4x4 qui passe par là s'arrête et, tout en m'encourageant, m'assure que, s'il le faut, on me portera secours pour rentrer. L'instant d'après, Marie m'appelle :
- « Alors, tu es bien arrivé ? La course fut bonne ?
- Euh, comment dire... je galère un maximum, c'est l'enfer et la fin est à la fois proche et interminable ! »

Si le coup de fil me fait énormément plaisir, c'est une brève intermittence au milieu de pensées négatives qui ne me quittent plus depuis les Contamines :
« Il faut absolument que j'arrête les Ultras »,
« Je vais être incapable de faire la TDS »,
« Il n'y a aucun plaisir à ramer des heures de la sorte »...

Daniel finit par geler à m'attendre. Je l'encouragerais bien à filer sans moi, mais si près du but, ça n'a plus trop de sens...

Encouragements de Daniel.

Après un temps infini, nous atteignons le sommet, où je retrouve soleil et vent. Il faut se couvrir car ça se rafraîchit sérieusement.

Daniel, à peine fatigué, fait le clown avant d'attaquer la descente. Les cuisses souffrent alors que le terrain se prêterait idéalement à un gros run. Au lieu de cela, face aux maux de ventre, je dois multiplier les pauses allongé.

Je repense aussi à Loïc qui m'avait bien décrit le parcours et sa propre galère l'année précédente : parti pour mettre 13 heures, il avait ramé sur cette dernière portion à cause de son genou et fini en 15 h 30 environ. Même forme d'expérience en perspective...
Malgré quelques SMS d'encouragements (Franck et Olaf) et le soutien sans faille de Daniel - tentant de me convaincre qu'on y est presque - je suis désespérément trop dans le dur depuis longtemps pour positiver...

Enfin, l'impensable se produit... nous arrivons à Saint-Nicolas de Véroce ! Presque directement au centre-ville, sur l'arrivée. Nous allons même réussir à ne pas dépasser les 16 heures de course et pointer avant la nuit.
Sous quelques applaudissements, je savoure enfin la délivrance et la satisfaction de l'avoir quand même fait.

SAINT-NICOLAS DE VÉROCE

(63 km, 4800 m D+, 15 h 57) Samedi 21 h 02.

La ligne franchie, je retrouve Olivier, formidable organisateur de cette course, aux petits soins avec tout le monde. Je le félicite de la qualité apportée, de son incroyable équipe de bénévoles et du balisage de haut niveau !

Direction le ravitaillement où je m'allonge sur un banc tandis que Daniel va chercher quelques provisions et la bière promise ! J'appelle Marie et les choses commencent à aller mieux. Nous discutons aussi avec deux finisheuses, Anne et Corinne, qui préparent également la TDS et tentent de me convaincre de ne pas y renoncer... Je suis alors très loin de me douter que nous y partagerons une épopée exceptionnelle !
Après cette petite collation, retour au bercail. Un petit bain fait du bien avant de passer à table où le bon Bourgogne promis est bien présent !

ÉPILOGUE

Le lendemain, Daniel me fait découvrir Chamonix et sa « mythique » ligne d'arrivée. À « visualiser et graver dans la tête sans délais ! » insiste t-il.

Un bon déjeuner et c'est le retour à St Nicolas avant de rentrer à Paris avec Olivier (Bikoon), Virginie (La Souris) et (Andrew Ouster), qui termine tout juste son 100 km après 34 heures. Malgré des fatigues diverses, le retour en voiture permet de partager encore.

Dès la semaine suivante, le « chantier » est lancé : réservation d'un bon hôtel où se poser en famille à Chamonix, changement de sac à dos, nouveau plan d'entraînement à base de dénivelé et démarrage d'un travail approfondi avec Corinne Peirano, experte en nutrition de sport.
À peine deux mois, c'est un peu court pour corriger le tir et assurer la TDS mais... ça ne doit pas être impossible !

ANALYSE

SYNTHÈSE

▶ À tester absolument !

▶ Une course sauvage, authentique, très bien organisée où chaque coureur est choyé.

▶ Les épreuves se méritent, mais la récompense est à la hauteur, avec un enchantement assuré, tant à travers le parcours que par l'accueil réservé durant tout le week-end.

RECOMMANDATIONS

▶ La Montagn'Hard, ce sont trois courses destinées aux trailers éclairés à confirmés. Un relais à deux sur le 40 km offre cependant une excellente initiation aux plus novices.

▶ S'agissant d'une course de montagne, l'accent de la préparation devra être mis sur le dénivelé. Ce point est d'autant plus sensible, que c'est le maître mot de la course.

ÉVALUATIONS

Mythe ★★★½☆

▶ Avec Antoine Guillon comme premier vainqueur (N°1 mondial de l'Ultra-Trail World Tour 2015), la course a été immédiatement reconnue par les champions.

▶ Une meilleure notoriété permettrait de conforter durablement son statut de leader des grands trails authentiques.

Difficulté ★★★★☆

▶ L'épreuve est assez difficile, même sur la distance la plus courte car il n'y a guère de moments de repos, il faut sans cesse alterner montées et descentes.

▶ C'est une course pour connaisseurs, très gratifiante pour les finishers.

Organisation et soins des coureurs ★★★★☆

▶ L'organisation est un point fort, avec une dimension volontairement restreinte pour assurer une qualité maximale sur tous les plans (convivialité, hébergement...).

▶ Bénévoles et ravitaillements sont exceptionnels. Dans le top de toutes les courses !

Paysages ★★★★½

▶ Le parcours est extrêmement bien étudié, avec des vues et traversées magnifiques.

▶ Prarion, passerelle de Bionnassay, sommet du Mont Joly et crête de l'Aiguille Croche sont particulièrement remarquables.

Technicité ★★★★☆

▶ Le parcours mélange toutes sortes de difficultés, avec des passages relativement techniques, nécessitant des changements d'appuis attentifs permanents.

Ambiance ★★★½☆

▶ L'ambiance aux ravitaillements sort clairement du lot, avec même des surprises, comme la bière offerte (voire parfois des mojitos !) au refuge de Tré-la-Tête.

RESTONICA
TRAIL
Restonica
TRAIL
LA SPORTIVA

PRÉSENTATION

RÉSUMÉ

▶ Le Restonica Trail est une course au cœur de la Corse et de ses montagnes.

▶ Très technique, et souvent caniculaire, l'épreuve se déroule entre 1200 et 2500 m d'altitude. Elle emprunte, en partie, le célèbre GR20. En terme de difficulté, toute proportion gardée, on la compare souvent au Grand Raid de la Réunion.

▶ 70 km.

▶ 4200 m, D+.

▶ Pas de temps maximum, mais environ 19 heures en pratique.

▶ 1 barrière horaire (au bout de 12 heures).

▶ 6 ravitaillements.

QUAND ?

▶ Deuxième week-end de juillet, la course historique débute le samedi à 5 heures et se termine en fin de soirée. L'Ultra démarre un peu plus tôt, le jeudi soir, peu avant minuit.

PARTICIPANTS

▶ 1000 inscrits sur l'ensemble des courses, dont environ un quart sur le Restonica Trail.

▶ 80 % de finishers (55 à 65 % sur l'Ultra et plus de 95 % sur la distance courte).

▶ Présence régulière d'Européens, provenant principalement des pays voisins, mais aussi de Scandinavie.

UN PEU D'HISTOIRE

Le Trail de la Restonica a été créé en 2009, comme une évidence :
La Corse est une des plus belles îles du monde. Outre un magnifique littoral, ce département possède des montagnes aussi sauvages que spectaculaires. Le GR20 n'est-il pas également un chemin célèbre, parcouru depuis des décennies par de nombreux sportifs ?

Avec la préservation d'une nature sauvage au centre des préoccupations et Corte placée au cœur de l'île, la vallée de la Restonica apparaît idéalement positionnée et dimensionnée pour offrir une superbe épreuve. Enfin, le concept complète idéalement celui du trail Napoléon d'Ajaccio, au format très différent. Bref, avec l'essor du Trail, le Restonica Trail possède tout pour devenir une grande épreuve.
En 2009, ils ne sont qu'une trentaine au départ et le succès va être fulgurant. Dès l'année suivante, le grand Dawa Sherpa, ancien vainqueur de l'UTMB, va marquer son empreinte avec la première de ses trois victoires. Guillaume Perreti, grande figure locale, va aussi inscrire son nom au palmarès de l'Ultra, avant de battre le record de Kilian Jornet sur le GR20.

Depuis l'origine, de nombreux connaisseurs et grands noms vont venir, y compris d'anciens ou futurs vainqueurs de l'UTMB (Vincent Delebarre, Ludovic Pommeret) ou encore Guillaume Lenormand.

ALTERNATIVES (autres versions)

▶ Ultra-Trail di Corsica	110 km,	7200 m D+,	boucle au départ de Corte.
▶ Tavignanu	33 km,	2500 m D+,	boucle au départ de Corte.
▶ Giru di Tumbone	15 km,	630 m D+,	pour cadets et juniors.
▶ Le « Trail Blanc »	16 km,	fin Janvier,	pour une version dans la neige.

POINTS CLÉS À APPRÉHENDER

▶ La course démarre par une grosse ascension de 1400 m et il faudra bien la gérer tout en profitant de la fraîcheur matinale.

▶ Le parcours est souvent très caillouteux, même si plusieurs portions sont relativement « roulantes ». Attention aussi à l'effet couplé de la chaleur et de l'altitude car l'essentiel de la course se situe à plus de 1500 m.

▶ Le Lac Ninu marque presque la mi-parcours, avant la grosse et redoutable ascension menant à la « Bocca alle Porte », une brèche à plus de 2200 m d'altitude. La chaleur de la journée y sera beaucoup plus marquante, même si des névés subsistent certaines années.

▶ La descente qui suit, vers les lacs Capitellu et Melu, est très spectaculaire, mais aussi extrêmement technique avec un chemin pas toujours facile à identifier.

▶ Dans la dernière grosse montée, « Bocca de i Capellacce », deux sentiers sont autorisés : le « classique » avec ses lacets et le « droit dans la pente », plus direct mais particulièrement raide.

▶ En juillet, le climat corse est généralement très chaud, mais, comme souvent en montagne, des pluies ou orages peuvent surprendre.

▶ **Le site de la course : www.restonicatrail.fr**

Restonica Trail

Les chiffres clés

Distance totale : 70 Km Dénivelé positif : 4 200 m Dénivelé négatif : 4 200 m

Altitude minimale : 430 m Altitude maximale : 2 200 m

Profil altimétrique

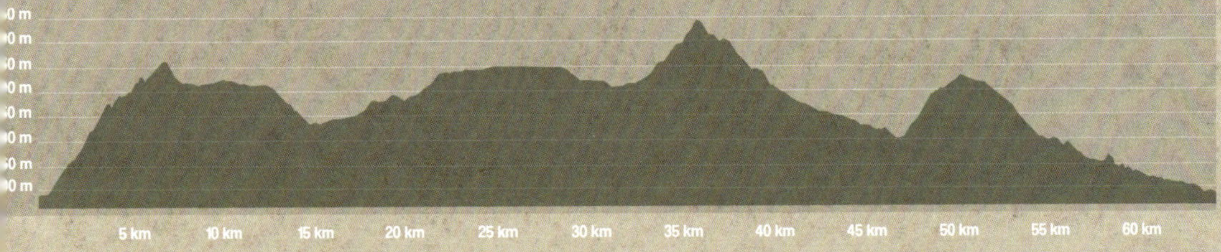

La course (70 km, 4200 m D+)

Début Juillet, le même week-end, il y a pléthore de courses avec notamment, la Montagn'Hard, Verbier-Saint Bernard et le Restonica Trail. Les deux premières pourraient être l'occasion de belles retrouvailles, mais la répétition des lieux m'incite à lorgner plutôt du côté de la Corse que j'adore tellement.

Quinze jours avant, je finis par me décider, prends mon billet d'avion et règle vite les quelques détails logistiques. C'est assez simple ! Je récupère aussi la carte IGN du coin pour préparer le parcours. Enfin, quelques échanges sur Kikouroù avec Viktor, un suédois francophile, avec qui on se donne rendez-vous sur place.

PROLOGUE

Le retrait des dossards commence le vendredi avec un bon plein de produits corses ! C'est tellement mieux de ramener des souvenirs gastronomiques que d'improbables accessoires inutiles. Vin, liqueur, bière, saucisson, miel : on est gâté avec, en plus, un accueil chaleureux.

LE CONTEXTE

LE PROGRAMME DE LA SAISON est simple : pour commencer, deux « petits trails » d'une cinquantaine de kilomètres pas trop techniques (Eco-Trail Paris et Trail de Côte d'Or) et surtout pratiques car situés à proximité.

Ensuite une troisème étape, beaucoup plus costaude, afin de me rapprocher des conditions de l'objectif de la saison, à savoir le Grand Raid de la Réunion.

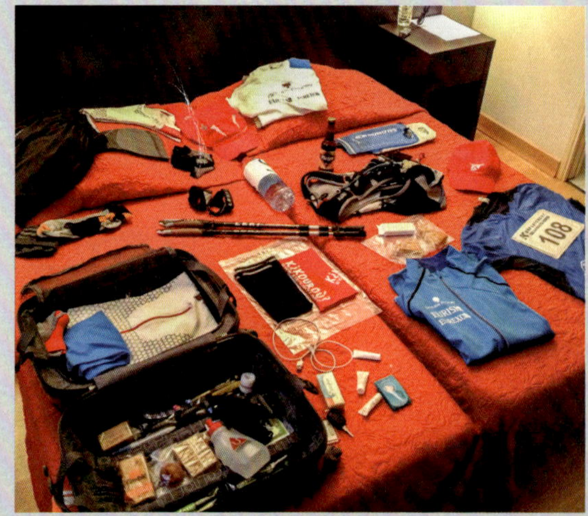

Avec Viktor, nous faisons connaissance en partageant un menu corse pris de bonne heure. Puis, vient la finalisation des affaires : le lit double déborde !

JOUR J

Réveil à 3 h 45. Un peu dur, mais la nuit fut bonne, donc ça va. Une portion de gatosport, une boisson fruitée et rendez-vous vers le départ situé à seulement 5 minutes à pied. Les conditions sont bonnes. On croise les cracks, ni plus ni moins que d'anciens vainqueurs de l'UTMB, Dawa Sherpa et Vincent Delebarre, prédécesseurs de Kilian Jornet au palmarès...

CORTE

Samedi 05h08

5h08, c'est le top départ ! Grosse et belle ambiance avec musique prenante, feux pyrotechniques et pas mal d'encouragements malgré l'heure matinale. Avec Viktor, on a pris l'option de partir dans les tout derniers : dans les 5-10 qui bouclent les quelque 200 participants.

Ça part doucement et c'est parfait. Pas question de se mettre dans le rouge, surtout avec 1400 m de dénivelé d'entrée pour se réveiller ! On grimpe gaiement et le jour ne tarde pas à venir. Les lumières de Corte en contrebas sont superbes tout comme celles qui éclairent doucement la montagne, y compris la lune.

Puis, c'est le lever de soleil derrière un sommet avec la brume de la vallée en dessous. Magique... et si rare pour moi, l'anti-lève-tôt !
Nous passons par des endroits étonnants, comme cet immense rocher troué, ou cet énorme arbre déraciné (foudroyé ?), ou encore ces cascades et petits bassins bucoliques. Pratiquement au sommet, arrive un premier ravitaillement. Tout va bien. La chaleur monte mais reste très supportable, surtout avec l'altitude.

Encore un peu de dénivelé, un col venté et nous voilà sur les rares (voire seules) zones très roulantes du parcours où nous pouvons courir gentiment mais sûrement.
Nouveau ravitaillement auprès d'un grand refuge situé dans la forêt, à proximité de la rivière Tavignanu. Une pause un peu plus longue (1/4 d'heure), le plein d'eau et ça repart.

REFUGE DE LA SEGA

(3 h 47, 17 km, 1700 m D+) Samedi 08 h 40 (pause 15 mn).

Viktor poursuit ses films, dont je ne comprends pas un traitre mot de suédois, et moi mes photos. À environ 1800 m d'altitude, le panorama est fantastique.

Le temps d'accompagner et d'aider un Breton face à ses problèmes de bâtons, nous apercevons un hélico qui se pose à quelques mètres pour venir au secours d'un concurrent manifestement blessé. Pas de la tarte quand même cette course !

Enfin, nous approchons petit à petit du lac Nino, situé au kilomètre 30. C'est le moment de longer et traverser de magnifiques « greens » où l'eau serpente doucement. Quelques petites étendues d'eau, et nous voilà à côté de chevaux broutant sans se soucier de nous. L'un d'eux s'approche de Viktor et la conversation s'engage entre les deux compères...

Enfin, un long virage autour du lac permet de rejoindre le ravitaillement. Malgré la chaleur, nous décidons de maintenir bon train pour tenter « d'impressionner d'aisance » les autres concurrents en arrivant !

LAC NINO

(6 h 42, 30 km, 2400 m D+) - Samedi 11 h 30 (pause 20 mn). Blague à part, c'est « l'heure de déjeuner » avec le plein d'eau et une petite pause casse-croute. Ça manque toujours cruellement de salé et le saucisson ruisselant sous la chaleur ne motive guère…

Après une vingtaine de minutes, nous repartons sur un bon petit rythme de course. J'aurais pourtant préféré ne pas repartir trop vite dans les tours (cardio) afin de digérer tranquillement. C'est relativement plat et roulant au début, puis un peu plus technique, mais en légère descente.

Nous sommes sur le GR20 et passons bientôt à côté d'une Bergerie (Vaccaghia) sous les encouragements des locaux. Nous poursuivons gentiment mais sûrement en direction du col de Bocca alle Porte (appelé aussi Brèche de Capitello) qui s'annonce bien imposant face à nous. Et effectivement ça grimpe, avec quelques 20% de pente en moyenne ! Nous passons un refuge du GR20 (Manganu) avant d'attaquer le lourd : 700 m de dénivelé sur 3 kilomètres.

C'est le tournant. Je commence à fatiguer. Aussi, en traversant un cours d'eau, je décide de tremper ma casquette pour me rafraîchir. Mais en me penchant mon Iphone glisse de sa poche et file dans l'eau ! Je le récupère aussi sec et crains le pire.

Heureusement, Titouan et Léo m'ont récemment offert une coque hyper protectrice, spécial aventure… mais pas forcément sous-marine ? J'ai peur de tester quoi que ce soit et décide d'attendre que cela sèche un peu tout seul.

En attendant, nous sommes à mi-parcours et je laisse partir Viktor qui se sent bien mieux que moi.

Et, là, en quelques minutes, tout commence à aller mal. Je n'avance plus. Plus de force. Je me sens autant épuisé que vaguement nauséeux. Le parcours ne facilite pas les choses en étant très technique et sans véritable chemin... C'est raide. Il n'y a pas de névés cette année tant il fait terriblement chaud...

Tout là-haut, à plus de 2200 m d'altitude, on entend sans cesse de lointains sons de cloches et cris d'encouragement. Ça motive mais, plus ça va, plus je me traine. Je dois multiplier les pauses. Le cardio n'est pas trop haut mais mon cœur bat la chamade. Mais que se passe t-il ? Comment faire ?

J'ai beaucoup de mal à m'hydrater, avec cette sensation de blocage depuis l'estomac. Bref, tout va de mal en pis. Mon Iphone m'annonce un kilomètre parcouru à deux à l'heure ! En voilà au moins un qui n'est pas mort ! Car, pour moi, autant dire que cette grimpette est un supplice interminable. Je me fais doubler sans arrêt, ce qui n'arrange pas le moral. Un petit ravitaillement en eau, mais le cœur n'y est pas. J'avance toujours plus lentement. Au bord du malaise, j'ai l'impression d'être comme un vieillard de plus de 80 ans en train de monter l'Everest.

Je songe aussi à Françoise, ma belle-mère, malade et en train de s'éteindre. Est-ce donc ça l'extrême ? Même s'il faut absolument que je m'allonge, je dois aussi savoir relativiser...

Que l'ascension est dure !

Pourtant, j'ai regardé ma montre. Il est 14 h 30 et je commence à réaliser, qu'à ce rythme, il sera impossible d'être dans les temps de la barrière horaire de 18 heures. Cette montée qui devait se faire en 1 h 30 va me prendre 3 heures ! Sans viser une perf', je suis déjà presque déçu à la perspective de ne même pas être finisher. De toute façon, comment espérer arriver dans les temps si je suis déjà aussi épuisé ?

Enfin, qu'importe, là, il faut que je m'allonge ! Que je fasse une micro-sieste. Au milieu de ces cailloux, c'est une gageure que de trouver 2 m² de plat. Mais miracle, une petite parcelle herbeuse s'offre à moi. À peine sur le dos, un renvoi violent monte. C'est très désagréable mais tellement salutaire... Après ce soulagement, je me rallonge et somnole 5 minutes. Un bien fou. Quand je me relève, ça va beaucoup mieux. Je reprends mon courage à deux mains, décidé d'en finir pour de bon avec ce fichu col. Les acclamations approchent et il est 15 heures quand j'y suis enfin ! Près de 10 heures de course, plus de 40 km et 3300 m de dénivelé environ.

BOCCA ALLE PORTE

(9 h 52, 40 km, 3300 m D+) Samedi 15 h 00.

Waouh ! Quel panorama de l'autre côté ! Deux lacs en contrebas, Capitello et Melo, ainsi que des sommets rocheux partout, dont le Monte Rotondo (2e sommet de l'île). C'est extrêmement escarpé et il y a environ 12 km dont 1200 m de descente technique au programme avant de rejoindre le fameux point éliminatoire. Autant dire que pour tenir le rythme, il ne va pas falloir chômer !

Je trouve juste le temps de chiper un morceau de pain et attaque aussitôt la descente. C'est hyper casse-gueule, mais grâce aux bâtons, je peux « foncer » sans prendre trop de risques. Le seul hic provient du parcours qui n'est pas toujours bien balisé.
Et ce qui devait arriver se produit : une voie en Y avec deux options. J'hésite, essaye de deviner le chemin le plus probable et... prends le mauvais !

Après 20-30 m de dénivelé négatif, cela semble devenir trop casse-cou. Demi-tour. Du dénivelé positif dont je me passerais bien ! Je tente l'autre option qui n'est guère moins périlleuse : il faut même s'accrocher à une chaîne sur une vingtaine de mètres, à un moment, mais... c'est la bonne voie.

Je continue de foncer car il n'y a vraiment pas de temps à perdre si je veux avoir une chance de passer ! Arrive le premier lac, Capitello. De

toute beauté ! La roche se transforme en une magnifique falaise. Sous le soleil, l'eau est bleue et brille. Tandis que sur le versant nord, un gros névé subsiste encore...

Je repars de plus belle, faisant quelques glissades contrôlées. Des touristes soulignent mon allure de skieur, ce qui doit bien me correspondre, tant je me sens comme sur une piste par moment. Le moral remonte ensuite quand je rattrape le dernier à m'avoir dépassé (Aragorn, un autre Kikoureur). Je fonce vers le deuxième lac, Melo, que j'avais eu le plaisir de découvrir avec Marie et les enfants... 7 ans auparavant. Cette rentrée dans un terrain connu augmente ma confiance. Et puis, en descente, je me sens tellement plus dans mon élément...

Bref, je double petit à petit tous ceux qui m'avaient gentiment « déposé » dans la montée précédente, et les encourage à ne pas lâcher s'ils veulent être parmi les finishers.

BERGERIE DE GROTELLE

(11 h 07, 46 km, 3300 m D+) Samedi 16 h 15 (pause 10 mn).
Me voilà à la Bergerie, qui marque le fond de la vallée par la route. Je fais le plein d'eau et mange un peu. Il ne faut pas oublier de recharger régulièrement les batteries si je veux tenir. Mais je m'arrête à peine 10 minutes tant je crains de ne pas passer la barrière horaire de 18 h 00. Il reste normalement assez de temps mais ça risque de se jouer à 5 minutes près... Et l'idée de se faire sortir pour si peu, après 13 heures de course, n'est pas une option envisageable !

En partant, je ne sens pas mes poursuivants prêts à en découdre. Peut-être qu'aucun d'entre eux ne va y arriver ? Serais-je le dernier à « survire » ? Ou, pire, le premier à voir la barrière se refermer ? C'est très étrange comme sensation. Surtout qu'en poursuivant mon parcours, je suis extrêmement seul et isolé. Pendant plus d'une heure, personne en vue, ni devant ni derrière.

Pas de bruit si ce n'est la rivière qui coule à flot. J'ai l'impression d'être en train de jouer ma survie sur ce tronçon ! Je me fais presqu'un film, où il s'agit de ne pas se faire « (r)attraper par la mort qui me poursuit ». Aussi amusant que... fatigant ! « Ultimate Finisher » : voilà donc l'objectif ! Courir, crapahuter au milieu de ces cailloux, en espérant que ça ne sera pas en vain...

Il doit rester à peine un kilomètre quand j'aperçois un concurrent devant. Je le double et rejoins le fameux point de contrôle « chez César » : il est 17 h 50 ! Ouf, même pas besoin de négocier avec le départ initial décalé de huit minutes, car je pouvais bien passer jusqu'à 18 h 08...

« CHEZ CÉSAR »

(12 h 42, 52 km, 3300 m D+) Samedi 17 h 50.
Gros soulagement, même si c'est loin d'être fini ! Il va falloir encore avaler un total de 16 kilomètres annoncés, dont une montée immédiate avec environ 700 m de D+ sur quelques 6 kilomètres. En réalité, il va y avoir un peu plus de distance au programme.
N.B : dans la montée, la distance varie sensiblement suivant l'option trace directe « dré dans l'pentu » ou plus classique par les lacets. Là, vu la fatigue, le chemin le plus court est inenvisageable !

Ceci étant, j'ai tellement l'impression de revenir de loin, que j'attaque, tout ça, soulagé. Je vais y arriver !
Je monte avec le compagnon que je viens de doubler et ça paraît moins dur à deux. En discutant, on pense moins à l'effort. Nous doublons un polonais isolé, puis croisons aussi plusieurs bénévoles qui nous félicitent d'avance.

Un court passage s'avère très bucolique, semblant avoir été dessiné par un jardinier. Seule petite contrariété, une bête racine fait un petit accroc sur le dessus de mes nouvelles chaussures censées être très robustes. Il se transformera même en une déchirure complète sur 5-6 cm ! Peu avant le col et la bascule sur l'autre versant, je profite encore de la vue, toujours impressionnante, sur la vallée de la Restonica. Légère course sur une zone à peu près plate et la dernière bergerie est en vue.

BERGERIE D'ALZU

(14 h 41, 58 km, 4000 m D+) Samedi 19 h 49.
Toujours peu de salé et l'envie de manger est limitée. Il faut quand même se forcer un peu.
Je repars, toujours seul, mais manifestement, il y a encore au moins deux coureurs derrière moi. C'est la descente finale. Une dizaine de kilomètres a priori. Il ne fait pas encore nuit et on devrait arriver une demi-heure après le coucher du soleil, vers 21 heures 30, 22 heures maximum, j'imagine.

Comme toute fin de course, le parcours apparaît interminable. Avec la baisse de la luminosité, difficile de bien profiter des lieux. Et puis, mes deux poursuivants me rattrapent : une polonaise, Magdalena, et un Corse, Philippe. Nous faisons équipe à trois. Le temps passe plus vite, même s'il semble infini... surtout avec quelques kilomètres en plus que prévu ! Il fait de plus en plus noir et, par flemme comme manque de temps, je ne sors pas ma frontale. Je suis mes deux compères et leur lumière, persuadé que l'arrivée est imminente...

Passerelle Russulinu.

Mais c'est de plus en plus rock'n roll car le chemin nécessite une attention à chaque pas. Or, dès que je bois un peu, je prends facilement 1 mètre de retard sur Philippe... et ne vois plus rien ! Et ce qui devait arriver se produit : je heurte violemment du genou un gros rocher. Belle douleur

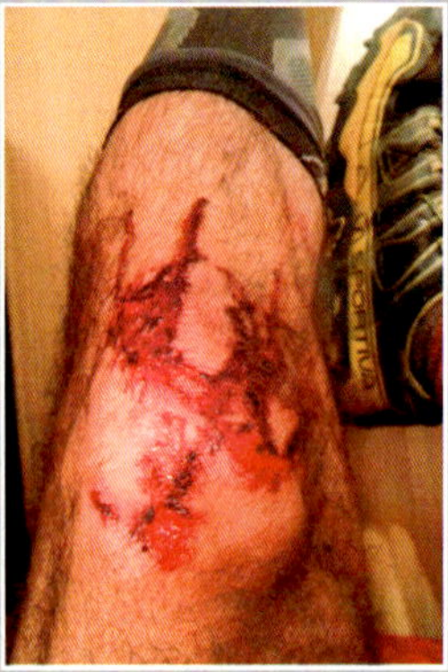

et genou explosé ! Je saigne abondamment mais heureusement c'est assez superficiel. Magdalena s'improvise alors infirmière pour nettoyer mes belles plaies !

Encore une demi-heure à trois quarts d'heures d'efforts... et Corte se présente enfin à nous ! Arrivés dans la vieille ville, nous lâchons nos dernières forces dans un long sprint de 500 m. Dans les restaurants et bars des rues, ce sont des tonnerres d'applaudissements qui font bien chaud au cœur.

Une arrivée pleine de joie et bonheur ! Je savoure comme si je terminais l'UTMB...

CORTE

(18 h 08, 71 km, 4200 m D+) Samedi 23 h 16.

Honneur aux dames, nous laissons Magdalena passer devant nous. Elle a fait preuve d'une grande détermination sur le final, ce qui nous a bien poussés également.
18 h 08 au final, 143e avec un peu plus de 70 km et 4200 m de dénivelé au compteur.

Finalement, nous ne serons pas les « Ultimate Finishers » mais presque... puisque 6 concurrents arrivent encore après nous. Dawa Sharpa a, lui, remporté l'épreuve en à peine plus de 8 heures.

ÉPILOGUE

Le temps de se restaurer et d'apprécier une bonne Pietra, je me demande comment Viktor s'en est sorti. Mais comme ma batterie de téléphone est tombée en panne, impossible de savoir. J'aimerais aussi rassurer au plus vite Marie. Je ne m'attarde donc pas trop et rentre à l'hôtel pour échanger les news.
Une bonne douche et tout ça mène vite à un dodo vers 1 heure du mat.

Le réveil, vers 8 heures, est douloureux... notamment au niveau des épaules ! Trop de portage ? Non, juste des coups de soleil sur une partie mal protégée en fait... Pour le reste, c'est plus une grosse fatigue générale qu'autre chose.

Un bon gros petit déjeuner et je retrouve Viktor pour refaire le match. Il a fini près d'1 h 30 avant moi, dans la douleur également. On doit se retrouver pour le Grand Raid de la Réunion et le bilan est clair : la Restonica a un aspect très technique, particulièrement hors norme. C'est bien une super préparation qui représente apparemment, en terme de difficulté et distance, pas loin d'une moitié de la Diagonale des Fous...

Malgré la fatigue évidente, nous sentons aussi qu'il nous en restait encore sous le pied. Et, comme tout n'est qu'une question de gestion de l'intensité, avec un rythme encore plus adapté, cette expérience corse est donc très encourageante pour la suite.

Et, au-delà de tout cela, les rencontres comme les paysages constituent déjà de magnifiques cadeaux...

Paysage splendide
de la vallée de la Restonica !

ANALYSE

SYNTHÈSE

▶ Un trail sauvage, authentique, avec une convivialité et un accueil corses des plus chaleureux.

▶ Une course pour connaisseurs, avec l'assurance d'en prendre plein les yeux.

RECOMMANDATIONS

▶ Outre une préparation trail classique, l'accent sera mis idéalement sur le dénivelé, si possible technique, et sur la chaleur.

▶ Une combinaison avec un séjour en Corse est idéal pour profiter de vacances de rêve.

ÉVALUATIONS

Mythe ★★★★☆

▶ La course possède une très belle réputation auprès des connaisseurs, mais sa notoriété reste encore limitée.

Difficulté ★★★★☆

▶ L'épreuve est relativement difficile et nécessite un minimum d'expérience des épreuves longues. Le Tavignanu est plus accessible.

Organisation et soins des coureurs ★★★★☆

▶ Les participants sont particulièrement bien accueillis, avec chaleur et de nombreux produits corses offerts.

▶ L'organisation est très sérieuse et bien sécurisée.

▶ Le règlement sort de l'ordinaire, mettant d'abord l'accent sur les valeurs humaines avec une « charte du trailer ». A contrario, il ne faut pas chercher de cartes, distances ou dénivelés pointus, mais des « données approximatives ».

▶ Le balisage utilise largement les sentiers existants mais est un peu juste par endroits.

▶ Les ravitaillements restent parfois un peu limités, mais sans souci particulier.

Paysages ★★★★½

▶ Le parcours offre un très bel aperçu de la diversité sauvage de la Corse : forêts, lacs d'altitude, névés, animaux sauvages, minéralité... il ne manque rien.

▶ Une partie du GR20 sera empruntée au fond de la vallée.

▶ Les vues en altitude donnent des panoramas rares.

Technicité ★★★★½

▶ Le parcours est souvent technique car extrêmement minéral.

Ambiance ★★★

▶ Avec un tracé très inaccessible, l'ambiance se concentre sur quelques points.

▶ Lors de la longue ascension de la « Bocca alle Porte », les cris lointains d'encouragement des bénévoles sont uniques en leur genre.

▶ L'arrivée à Corte est digne des plus belles courses.

Xsitis
HYDRAGON
ACE

TOUR DES GLACIERS DE LA VANOISE

PRÉSENTATION

RÉSUMÉ

- Le TGV fait le tour du Massif de la Vanoise (Alpes / Vallée de la Tarentaise).
- Il est réputé pour être l'un des plus beaux parcours de France.
- 74 km.
- 3 800 m D+.
- Altitude de + 2 000 m sur plus de 80 % du parcours, avec 6 passages à 2 500 m.
- 17 heures maximum.
- 4 barrières horaires.
- 5 ravitaillements.

QUAND ?

- Premier week-end de juillet, le TGV démarre le dimanche matin aux aurores et finit peu avant la tombée de la nuit.

PARTICIPANTS

- 600 inscrits maximum.
- 75 à 85 % de finishers suivant les éditions.
- Quelques rares étrangers (Suisses, Italiens).

UN PEU D'HISTOIRE

Un peu dans le même esprit que l'UTMB, le principe de la course est de faire le tour d'un grand massif, celui de la Vanoise en l'occurrence. Celui-ci est juste environ deux fois moins long à parcourir, et constitué de multiples glaciers.

Situé dans un parc national protégé, le départ et l'arrivée se font à Pralognan, ville ayant accueilli les Jeux Olympiques d'Hiver en 1992 avec notamment le curling.

Créée dès 2004, la course s'est très vite positionnée comme une référence des courses alpines françaises. Dawa Sherpa, alors tout juste vainqueur du mythique premier UTMB, a ouvert le palmarès du TGV.

De grands noms, également vainqueurs de l'UTMB, vont venir faire leurs armes, comme François D'Haene qui a remporté l'épreuve en 2006 ou Ludovic Pommeret, vainqueur à 4 reprises. La victoire se joue en 8 heures environ.

ALTERNATIVES (autres versions)

❖ **TGV « Rando »**	en mode étapes sur 2 jours.
❖ **PVC « Pralo Vu du Ciel »**	30 km, 1750 m D+.
❖ **TAV « Tour de l'Aiguille de la Vanoise »**	15 km, 1100 m D+.

Il existe aussi plusieurs autres courses pendant le reste de l'année :

❖ **« Trail nocturne de l'Inuit »**	en janvier :	7,5 et 15 km.	
❖ **« Trace du Bouquetin »**	en juillet :	15 km,	570 m D+.
❖ **« Tour de la Grande Casse » (TGC)**	en août :	65 km,	3900 m D+.
❖ **« Tour des Clochers de la Vanoise » (TCV)**	en août :	24 km,	1800 m D+.
❖ **« Trophée de Montcharvet »**	en août :	13 km,	1000 m D+.

POINTS CLÉS À APPRÉHENDER

▶ La météo en montagne est souvent incertaine et changeante au début de l'été, ce qui a conduit historiquement à proposer trois parcours de repli en cas de mauvais temps. Ceux-ci n'en sont pas moins toujours très spectaculaires.

▶ Les barrières horaires sont bien calibrées et assez serrées jusqu'aux deux tiers du parcours. La dernière sert avant tout à éviter que des coureurs ne s'aventurent dans l'ascension du col de Chavière, dans une zone extrêmement isolée.

▶ Sur le TGV, il faut savoir maintenir un rythme régulier et relativement rapide.

▶ À titre de comparaison, les randonneurs prennent habituellement entre 4 et 7 jours pour faire le tour quand, ici, tout doit être réalisé dans la journée.

▶ Le site de la course : **www.trailsvanoise.com**

Tour Glaciers Vanoise

Les chiffres clés

Distance totale : 74 Km Dénivelé positif : 3 800 m Dénivelé négatif : 3 800 m

Altitude minimale : 1 400 m Altitude maximale : 2 800 m

Profil altimétrique

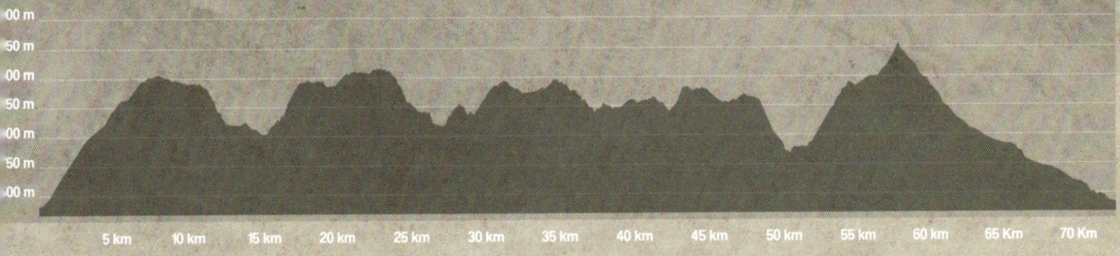

LE CONTEXTE

COMME BEAUCOUP, tandis que l'année débute, j'attends de connaître les résultats du tirage au sort des courses de l'UTMB pour prendre des décisions de programme. Avec déjà le Marathon des Sables prévu en avril, j'ai postulé à la CCC, car ne visant qu'un autre Ultra, avec même l'objectif de disputer une épreuve très « raisonnable ». Mais le hasard m'est encore défavorable ! C'est quand même la 3e fois en trois tentatives.

Heureusement, pendant l'été, plusieurs autres courses de ce type s'offrent comme des alternatives avec tout autant d'intérêt. Début juillet, il existe en particulier des grandes classiques comme la Montagn'Hard, Verbier-St Bernard, le Restonica Trail ou le Tour des Glaciers de la Vanoise.

Je ne perds pas un instant et fonce m'inscrire sur ce dernier, une épreuve connue pour être vite prise d'assaut. Pour tout dire, le TGV a la réputation d'être l'une des plus belles courses de France (voire la plus belle) avec des paysages sauvages hors norme.

Quand on y regarde de plus près, il s'agit un peu d'un « mini » UTMB avec le tour d'un Massif de glace haut perché. Avec la quasi-totalité du parcours à plus de 2000 m d'altitude, la balade a déjà des caractéristiques assez exceptionnelles. Quelque 74 km et 3800 m de dénivelé s'annoncent comme les données d'un défi équilibré. Je n'étudie cependant pas plus que ça le sujet, la faute à un emploi du temps comme toujours surchargé. C'est même tout juste si j'arrive à m'entraîner un tant soit peu correctement, à une période où il m'est souvent très difficile d'arriver bien en forme.

Cette année, moins de 3 mois après un très bon Marathon des Sables, le contrecoup, le mauvais état de mes pieds et le travail ne favorisent pas idéalement la préparation d'un défi sérieux. Du

coup, l'objectif s'annonce très vite incertain, avec une concentration prioritaire sur les barrières horaires. Mon ami Christian, roi du Roadbook, me concocte alors le plan qu'il me faut. Lui va disputer la Montagn'Hard au même moment.

AVANT LE DÉPART

Le lieu de ralliement est situé à Pralognan et nous nous y rendons le vendredi à plusieurs. Nous sommes un bon petit groupe de Kikoureurs qui nous connaissons bien, avec Pat, Fab, Fafa, Sab, Franck et Marie-Laure. L'équipe est assez expérimentée, même si Pat s'apprête à faire son tout premier trail de montagne.

Le samedi nous permet de nous poser et balader gentiment sur la fin du parcours qui est déjà très belle, comme la météo. Le temps est même un peu trop beau, car caniculaire. C'est tellement préoccupant que les courses du week-end sont à la limite de l'interdiction préfectorale !

Bon, à plus de 2000 m, c'est moins flagrant, mais les organisateurs sont contraints d'apporter quelques petits changements : départ avancé d'une demi-heure à 3 h 30 du matin et barrières horaires plus serrées pour éviter d'avoir des coureurs en trop grande difficulté sur la fin. Tout ceci nous est détaillé le samedi en fin de journée lors du débrief.

Depuis le Marathon des Sables, j'ai cependant une arme magique anti-chaleur : le carré éponge glissé sous la casquette. Régulièrement imbibé d'eau, il maintient idéalement la tête au frais et permet de mieux éviter les coups de chaud. J'en ai acheté tout un paquet que je distribue alors à mes coéquipiers.

La principale difficulté sera déjà de se lever et s'alimenter aux aurores ! Heureusement nos hôteliers sont aux petits soins, nous laissant de quoi prendre un bon petit déjeuner en pleine nuit.

Avec Pat, tout se passe sans souci et nous rejoignons le départ facilement. La station de Pralognan n'est pas grande ni compliquée.

PRALOGNAN

Dimanche 03 h 30.

Le départ est précédé de musique comme sur beaucoup d'épreuves, mais celle-ci est guerrière et un peu trop violente à notre goût. Peut-être qu'en pleine nuit et à peine réveillés, cela nous inspire moins...

Le peloton s'ébroue gentiment et je n'ai pas l'intention de me griller. Avec Fafa et Sab, nous sommes longtemps dans le même rythme, avec cette très longue montée pour démarrer. Au programme : la plus grosse ascension continue de la journée avec plus de 1000 m de dénivelé.

Je suis juste en T-shirt car il ne fait pas froid (20 degrés)… ce qui n'est quand même pas très logique à cette heure et à 1400 m d'altitude !
En tout cas, au bout d'1 h 20 et 6 km (900 m de D+), nous voilà déjà au fameux « Lac des Vaches ». C'est bien dommage qu'il fasse encore assez sombre car la traversée au milieu de l'eau sur des dalles de pierre est très spectaculaire. Un peu comme Jésus marchant sur l'eau. Là, on devine tout juste la beauté des lieux. Sans le départ un poil plus tôt…

Qu'importe, l'ascension se termine 2 kilomètres plus loin au col de la Vanoise, avec le refuge Félix Faure (le Président de la République était venu à Pralognan en 1897). Nous sommes désormais à plus de 2500 m d'altitude et pointons au premier ravitaillement à 5 h 15 après 1 h 46 de course (pour 1 h 53 au roadbook).

Premier ravitaillement.

Peu avant, j'ai retrouvé Marie-Laure, alias Arcelle, qui partage la même motivation : juste terminer la course dans le temps imparti. Nous décidons donc de poursuivre un peu la route ensemble. La connaissant, je sais que nous avons les armes pour assurer.

COL DE LA VANOISE

(8 km, 1100 m D+, 1 h 46) Dimanche 05 h 16 (pause 5 mn).

Le jour se lève et nous offre des images somptueuses : un petit lac d'altitude de rêve, des montagnes sauvages à perte de vue et une lumière qui augmente de plus en plus rapidement. Le lever du soleil est toujours un mo-

ment magique ! Bien plus fort que le coucher je trouve. C'est le signe de la vie qui apparaît... même si on sait qu'aujourd'hui il va s'évertuer à nous faire rôtir !

Nous enchaînons tour à tour la traversée d'un vaste champ de rochers énormes, quelques montées / descentes et le passage d'un premier névé. Il est maintenant 7 heures du matin et

le soleil brille déjà bien. Il fait même déjà très bon, ce qui laisse bien présager de la suite de la journée. Nous poursuivons notre tour et, sur un autre massif un peu plus loin, juche un petit lac d'altitude.

ARPONT

(22 km, 1600 m D+, 4 h 19) Samedi 07 h 49 (pause 5 mn).

Déjà 4h19 de course (4h26 prévu) et voici le deuxième ravitaillement dans un grand refuge : plein d'eau, on mange un peu et croise le Kikoureur Boucanier, qui semble avoir déjà trop chaud. Il faut dire que nous commençons déjà à être un peu en nage, alors qu'il est à peine 8 heures du matin et que nous sommes à 2300 m d'altitude ! Il faut pourtant courir autant que possible car la marge sur les barrières n'est pas énorme : nous n'avons qu'une demi-heure d'avance pour l'instant.

Peu après nous traversons quelques cascades et chaque passage est déjà féérique.

Quand les glaciers finissent en cascades.

Un vaste pierrier s'offre ensuite à nous avec tous les signes d'un glacier de fin de saison. Marie-Laure et moi sommes à l'aise et gérons notre rythme avec une bonne régularité : on trottine gentiment mais sûrement sur un terrain qui s'y prête : pas trop technique déjà et puis globalement en légère descente, ce qui est plus facile aussi.

Il va quand même falloir remonter un peu pour atteindre le 30e km. Entre-temps nous traversons bergeries et alpages.

Tout à coup, une mauvaise nouvelle tombe avec Fafa qui abandonne face à divers troubles, liés de toute évidence à la chaleur. C'est manifestement toujours compliqué de doser la bonne vitesse face une température excessive.

Fort de la Turra : nous attaquons de multiples lacets en descente dans une zone particulièrement imprenable. Mais à force de courir autant, les genoux se plaignent un peu et il me faut garder un rythme tout en retenu. L'inverse d'un Kilian Jornet lâchant les chevaux !

Enfin, une petite remontée et nous voilà au refuge attendu. Et là, après presque 8 heures de course, il va s'agir de bien gérer la pause.

PLAN SEC

(39 km, 2400 m D+, 7 h 47) Dimanche 19 h 17 (pause 20 mn).

Nous avons fait un tout petit peu plus de la moitié de la course. Il faut donc commencer par bien se ravitailler. Fafa nous accueille et je tente quand même de l'inviter à repartir avec nous, en « rythme finisher ». Peine perdue, même si, après coup, il regrettera un peu de ne pas avoir essayé. On oublie aussi qu'abandonner est rarement une partie de plaisir : au soulagement immédiat succède souvent la galère pour rentrer. Plus tard, les blessures morales laissent des traces plus ou moins fortes également. En tout cas, Marie-Laure et moi nous posons pour manger et nous réapprovisionner. La chaleur est forte et ne facilite pas la récupération. J'avale pâtes et soupe au mieux, tout en cherchant un coin d'ombre.

Après une bonne vingtaine de minutes de pause, nous repartons. Cela me semble un bon moment pour diffuser les infos aux proches comme au reste des troupes en course. Mais le signal n'est pas bon, et c'est le fou rire tandis que je tente désespérément d'envoyer mes quelques octets, téléphone tendu vers la vallée.

Mon ami Foued.

Après le tour du lac en barrage, suivi d'une petite descente, une énorme surprise s'offre à moi. Par le plus grand des hasards, je croise mon ami Foued du récent Marathon des Sables. Expert, il a même écrit un livre sur le sujet. Aujourd'hui, il est simplement en vacances, et nous faisons quelques hectomètres ensemble tandis que Marie-Laure se détache.

Plus loin, une belle montée se présente. La montagne est particulièrement superbe avec ses mélanges de rochers et végétation.

Le parcours n'est pas du tout balisé car les marques du GR sont faciles à suivre. Je pense régulièrement à mon ami trailer néerlandais Bart, avec ces marques répétées aux couleurs des Pays-Bas.

Je retrouve Marie-Laure, tandis que la météo s'avère très instable et changeante. À se demander si un orage d'altitude ne va pas surgir. Vers 13 h 20, après quelque 10 heures de course (25 minutes d'avance sur le roadbook), nous franchissons le Col du Barbier (46e km) à 2300 m d'altitude. Le vent est fort et il ne faut pas s'attarder. Cela a le mérite de nous rafraîchir brièvement un peu.

En effet, dans la descente qui suit, la canicule reprend ses droits et j'ai un peu de mal tandis qu'Arcelle prend légèrement le large.

ORGÈRE

(51 km, 2850 m D+, 11 h 03) Dimanche 14 h 33 (pause 15 mn).

Le refuge de l'Orgère est finalement atteint vers 14 h 30, c'est-à-dire exactement comme prévu ! Mais avec une barrière horaire avancée de 30 minutes, j'ai à peine une demi-heure d'avance. Ce point de la course est un tournant entre les finishers et les autres.

La zone suivante va devenir tellement isolée que les organisateurs s'assurent de votre capacité à bien pouvoir finir.

Une concurrente à côté de moi ne semble pas du tout lucide et, après de multiples discussions, finit par entendre raison pour rendre son dossard. De mon côté, assis sur un rondin de bois, je dois rassurer mon interlocuteur : « pas de soucis, tout est sous contrôle ».

Dix minutes avant la limite, je repars. Mais après une dizaine de mètres, je me sens pris de nausées ! Je me dépêche de m'éloigner et vais m'asseoir plus loin, derrière un arbre, pour être hors de vue. Pas question de donner des idées de mise hors course ! En fait, je n'ai même pas besoin de m'asseoir car très rapidement cela va mieux.

Au début de la montée, je me retrouve avec une autre concurrente qui découvre les longues distances. Nous papotons allègrement, ce qui facilite bien la longue et raide grimpette de 850 m de dénivelé (pour 6,5 km de distance). Après un peu plus de la moitié de celle-ci, face à un petit coup de mou, je la laisse filer et retrouve Marie-Laure. Mais rapidement, je perds totalement le rythme. La chaleur et l'altitude m'écrasent. Il faut que je m'arrête un peu.

Le dernier quart est somptueux et je vais le terminer tout seul. Le col de Chavière se situe à 2800 m d'altitude, dans la neige devenue bien molle en plein après-midi.

Normalement le prochain refuge est tout près, mais en réalité, cela s'avère beaucoup plus long. Les panneaux « dernier kilomètre » se répètent et il faut un temps infini en pratique !

Enfin, vers 17 h 15 j'y suis ! Au lieu d'1 h 45, il m'aura fallu une bonne demi-heure de plus pour y arriver. Marie-Laure a eu la bonté de m'y attendre et c'est bien sympa.

La suite est extrêmement sauvage avec beaucoup de neige à traverser. J'aime bien, même si le risque de chute est permanent.

Nous ne sommes plus qu'une poignée encore en course avec, du coup, la sensation que le terrain n'est plus qu'à nous. De jolis lochs et champs de cairns égayent étonnamment le parcours.

PÉCLET-POLSET

(61 km, 3750 m D+, 14 h 36) Dimanche 18 h 06 (pause 15 mn).

Enfin nous y sommes. La sensation de déshydratation est énorme car dans les grosses chaleurs, l'eau n'est souvent pas suffisante. J'en profite alors pour grimper les marches du refuge et aller commander deux canettes de jus de pomme au bar ! Cela m'avait particulièrement réussi à l'UTMB deux ans plus tôt.

Un ami Kikoureur, Rem, nous a rejoints et repart peu avant nous. Avec Arcelle, après un quart d'heure de pause, nous reprenons tranquillement notre chemin qui s'annonce long mais « facile » : 14 kilomètres avec 1000 m de dénivelé négatif. Normalement, cela se fait en trottinant... et en serrant les dents ! En effet, dans ces moments-là, il ne faut pas se leurrer, les quadriceps sont souvent bien douloureux.

Notre objectif est simplement de savourer. Mais comme marcher risque d'être interminable, nous nous efforçons d'alterner, en courant un minimum. Il faudrait aussi faire preuve de respect envers le roadbook de notre ami Christian ! Cela va à peu près bien jusqu'au refuge du Roc de la Pêche, situé à mi-parcours. Mais, ensuite, Marie-Laure n'a plus guère envie de ces relances usantes.

Le soleil a fortement décliné et nous sommes à l'ombre. On sent que la Nature reprend ses droits avec des animaux qui nous entourent très librement.

PRALOGNAN

(74 km, 3800 m D+, 17 h 18) Dimanche 20 h 48.

Mieux, nos amis nous attendent pour une petite haie d'honneur et partager ce happy end...

ÉPILOGUE

Finalement, avec Marie-Laure, notre duo, totalement improvisé, a super bien fonctionné et permis de gérer parfaitement les petits à-coups. Une chose est sûre, le TGV est une course où il ne faut pas mollir et courir régulièrement.

La fin ramène un peu à la civilisation avec quelques petits passages sur le bitume. Elle semble longue et interminable. Puis, tout près de l'arrivée, un « mur » se présente ! Comment, encore une côte ? Mais on nous avait juré qu'il n'y en avait plus ! Maugréer n'y change rien car il faut franchir le dernier obstacle.

Peu après 20 h 30, Pralognan est enfin en vue ! La traversée de la ville au milieu des applaudissements de spectateurs attablés aux bars et restaurants est totalement savourée comme il se doit.

Cette année, la chaleur et la difficulté du parcours ont fait un peu plus de dégâts qu'à l'accoutumée, avec près de 25 % d'abandons. Encore une fois, l'expérience a permis de bien compenser une préparation assez juste.

Malgré le peu d'entraînement, je suis très content de m'en être sorti. Cette course représente environ les trois quarts de la CCC et je sens que j'aurais très bien pu prolonger d'autant si cela avait été nécessaire.

ANALYSE

SYNTHÈSE

▶ Une course splendide, bien organisée, qu'il faut découvrir sans hésitation.

RECOMMANDATIONS

▶ Le TGV est un trail que l'on pourrait qualifier d'intermédiaire, car ne nécessitant pas d'y passer la nuit. Mais c'est tout à son avantage, tant il est bon de pouvoir profiter de la beauté du parcours.
▶ Comme tout trail de montagne, l'accent devra être mis sur l'endurance et le dénivelé.

ÉVALUATIONS

Mythe ★★★½☆

▶ Le TGV est déjà une course historique qui fait figure de classique prisée du calendrier.
▶ Des grands noms sont au palmarès.
▶ Un peu de notoriété internationale lui permettrait de passer à un autre statut.

Difficulté ★★★½☆

▶ L'épreuve est assez accessible car le terrain n'est pas trop technique et le ratio dénivelé distance raisonnable.
▶ La vitesse reste la difficulté toute relative de l'épreuve, avec des barrières horaires a minima sélectives.

Organisation et soins des coureurs ★★★½☆

▶ L'organisation est largement rodée.
▶ Bénévoles, ravitaillements, accompagnement médical : tout est bien étudié.
▶ Seul le retour en cas d'abandon pourrait être sujet à amélioration.

Paysages ★★★★★

▶ La beauté du massif est un gros point fort, avec un parcours ouvertement sauvage.

▶ La variété est de mise, tout comme les vues environnantes. Avec un parcours de jour, c'est l'opportunité de bien profiter de tous les lieux... sous réserve d'une bonne météo évidemment !

▶ Début Juillet, avec l'altitude, c'est aussi l'assurance de traverser quelques zones neigeuses qui complètent bien le charme général de l'épreuve.

Technicité ★★★★★

▶ Le tracé est constitué de chemins très bien dessinés et sans technicité particulière. Tout au plus, il s'agira de savoir traverser quelques zones enneigées, en particulier au niveau du col de Chavière (58e kilomètre).

Ambiance ★★★★★

▶ L'ambiance est relativement limitée étant donné l'isolement général du parcours. .

Les Traces des Ducs de Savoie

ULTRA TRAILS

Le Raid 28

Le Grand Raid du Morbihan

AVEC NUIT COMPLÈTE

Il ne s'agit pas de fixer ici des règles pointues, mais simplement de souligner qu'une course qui nécessite, en moyenne, plus de 18 heures et surtout de passer une nuit blanche intégrale, relève, à mon sens, d'un effort très particulier.

UN ULTRA, c'est quoi ? Face à de multiples contours, le monde de « l'Ultra » est un univers d'épreuves dont les aspects sont régulièrement débattus.

En course à pied, on a longtemps considéré l'Ultra comme toute épreuve dépassant 42 km, soit la distance mythique du marathon. Puis, avec l'essor du Trail, nous en sommes venus à considérer que tout ce qui nécessite **plus de 80 km** peut être considéré comme un Ultra.
En fait, comme rien n'est officiel, la frontière sera peut-être demain plus lointaine encore.
Qui plus est, la distance n'est qu'un critère : le dénivelé, l'altitude, la technicité du parcours, l'horaire sont autant de facteurs qui changent considérablement la donne.
C'est pourquoi, à la lumière des courses vécues, j'ai tendance à considérer le sujet sous un autre angle. Pour rester simple :

- Quel est le temps moyen de course, ou le minima imposé ?
- Faut-il réaliser une nuit complète de course ou non ?

Il ne s'agit pas de fixer ici des règles pointues, mais simplement de souligner qu'une course qui nécessite, en moyenne, **plus de 18 heures** et surtout de passer une **nuit blanche intégrale**, relève, à mon sens, d'un effort très particulier.

Ainsi, la combinaison d'une distance supérieure à 90-100 km avec ces deux paramètres, met en évidence une épreuve sensiblement plus difficile que d'ordinaire. Le genre de défi qui sort largement de l'ordinaire et dont vous ne multiplierez pas trop l'expérience dans une saison.

Bien sûr, cette définition est totalement arbitraire et de nombreux coureurs peuvent déjà être plus que fiers de relever des défis « moindres », mais non moins méritoires. Chacun soulève déjà ses propres montagnes !

Voici donc quelques courses représentatives des formes multiples comme des difficultés de l'Ultra :

- Les **Traces des Ducs de Savoie** (TDS) : l'antichambre, voire la « cousine » de l'UTMB.
- Le **Raid 28** : quand équipe, climat et durée vous poussent dans vos retranchements.
- Le **Grand Raid du Morbihan** : 180 km non-stop pour une des plus longues courses populaires du monde.

THE NORTH FACE®
ULTRA-TRAIL DU MONT-BLANC®
TDS®
6218
Bertrand
LELLOUCHE
FRANCE
THE NORTH FACE
Valle d'Aosta
Vallée d'Aoste
Tél. Organisation : +33 (0)4 50 53 47 51
Tél. Médical : +33 (0)9 72 16 67 25
LELLOUCHE Bertrand
REPAS
F
B
8432
Paul

TRACES DES DUCS DE SAVOIE

PRÉSENTATION

RÉSUMÉ

- « Petite sœur » de l'UTMB.
- 2 pays traversés (Italie, France).
- 120 km.
- 7 350 m D+.
- 9 barrières horaires.
- Franchissement de 7 cols à +2000 m d'altitude.
- 6 ravitaillements et 4 points d'eau.

QUAND ?

- Dernière semaine d'août, la TDS démarre le mercredi et se termine le jeudi.

PARTICIPANTS

- Un peu plus de 2000 inscrits.
- 1000 à 1200 finishers.
- 75 nationalités représentées.

UN PEU D'HISTOIRE

Avec les formidables premiers succès de l'UTMB, ainsi que celui de la CCC, les organisateurs ont imaginé une course intermédiaire. L'idée va être d'apporter autre chose, à travers un parcours plus sauvage et technique.

C'est ainsi qu'est née la TDS en 2009. Tout comme la CCC, l'idée est de partir de Courmayeur pour rejoindre Chamonix, mais en passant par le sud et en traversant le Beaufortin.

Au début, l'épreuve va souffrir quelque peu de son manque de notoriété et... de sa difficulté, que certains trouvent supérieure à celle de l'UTMB !
Quoi qu'il en soit, de très grands champions comme Xavier Thévenard, Antoine Guillon ou encore Dawa Sherpa, n'ont pas hésité à venir y tenter leur chance et figurent au palmarès.

La victoire se joue en 15 heures environ chez les hommes et 18 heures chez les femmes.

En 2017, signe de reconnaissance, la TDS rejoint l'Ultra Trail World Tour.

ALTERNATIVES (autres versions)

UTMB (2003) « Ultra-Trail du Mont-Blanc ».
170 km / 9800 m D+. La course Reine autour du massif du Mont-Blanc.

CCC (2005) « Courmayeur-Champex-Chamonix »
100 km / 6000 m D+. Très similaire au parcours de l'UTMB à partir de Courmayeur.

OCC (2014) « Orsières-Champex-Chamonix » .
56 km / 3500 m D+. Course d'entrée et initiation aux épreuves de l'UTMB.

PTL (2008) « La Petite Trotte à Léon ».
280-300 km / 20 à 2400 m D+. Par équipe de 2 ou 3, en autonomie complète.
Sélection sur dossier / Course extrêmement difficile sur 5 jours.

POINTS CLÉS À APPRÉHENDER

▶ Comme pour toutes les courses de l'UTMB, il faut se qualifier avec des points.

▶ Pendant longtemps, la TDS est restée accessible sans tirage au sort. Ce n'est plus le cas, même si la probabilité d'avoir une place reste encore très élevée.

▶ Après plusieurs difficultés d'usage, il faudra successivement se méfier de :

- La descente du Col du Petit-Saint-Bernard vers Bourg Saint-Maurice : facile d'apparence, sa longueur a tôt fait d'user grandement les quadriceps avant l'heure et la chaleur peut être traitre.
- La montée vers le Passeur de Pralognan est très longue et difficile, ce qui génère beaucoup d'abandons : en plein après-midi et avec une pente sévère, ce passage fait beaucoup de dégâts et devra être abordé prudemment.
- Une fois passé le Cormet de Roselend, les échecs deviennent plus rares, mais les difficultés sont loin d'être terminées pour autant. Le Col du Tricot est décisif.

▶ Quelques variantes et un parcours de repli existent en cas de météo très difficile.

▶ Le site de la course fournit de très nombreuses informations : **www.ultratrailmb.com**

Traces Ducs de Savoie

Les chiffres clés

Distance totale : 120 Km Dénivelé positif : 7 350 m Dénivelé négatif : 7 500 m

Altitude minimale : 800 m Altitude maximale : 2 600 m

Profil altimétrique

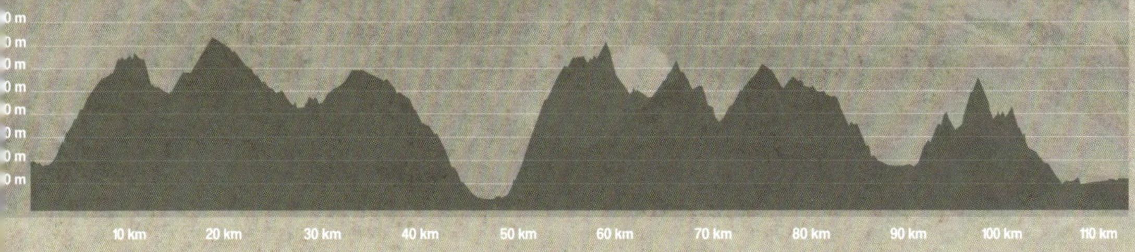

La course (120 km, 7350 m D+)

LE CONTEXTE

APRÈS LA RÉUSSITE de l'UTMB dans un contexte adverse à souhait, un sentiment d'accomplissement et de zénitude m'accompagne pendant quelques mois. L'occasion aussi de réfléchir tranquillement à la suite...

Sachant que le Marathon des Sables, censé boucler « ma trilogie » de départ (UTMB, Diagonale des Fous, MDS), ne sera pas pour tout de suite. Sachant que, depuis la Réunion, mes genoux sont devenus un garde-fou, je songe à une année de transition, avec une seule grosse course, pas trop longue ni trop technique... tout au plus la CCC (Courmayeur-Champex-Chamonix, 100 km, 6000 m D+) !

Avec deux amis proches, Sabine (Sab) et Christian (Bubulle), les projets se multiplient dont cette CCC. Mais face à un tirage au sort négatif... il ne reste que quelques minutes pour éventuellement reporter notre inscription sur sa grande sœur, la redoutable TDS !

Mes compagnons saisissent très vite cette opportunité... et je ne résiste pas longtemps non plus, malgré la promesse (!) de ne pas retenter une épreuve aussi exigeante, et déjà réalisée trois ans plus tôt. La perspective de revivre une course épique « par équipe », comme celle vécue précédemment, m'influence fortement. Notre épopée avait été tellement forte...

Un livre, « UTMB, un mythe, un territoire, des hommes », l'avait même évoquée dans un passage. Et puis, David, rescapé de cette jolie aventure, s'annonce aussi prêt à rempiler.

À moins de deux mois de l'épreuve, je songe pourtant au forfait. La préparation semble médiocre et la motivation très incertaine. Que vais-je y chercher au juste ? La faiblesse des réponses me fait beaucoup tergiverser.

Heureusement la famille me pousse, tout comme mon ami Clément (Ponpon) inscrit également. Partageant de grands moments ensemble depuis plusieurs années, du Mont-Blanc à la Réunion, nous nous promettons de trinquer en mode finisher à l'arrivée !

Je me lance donc dans une prépa finale qui se déroule très bien. Mieux, je trouve le moyen de courir (un peu) sans même avoir mal ! Finalement, fin août, forme comme statistiques d'entraînement sont très encourageantes et... proches de l'année précédente, avant l'UTMB.

Le portique magique, place de l'église, convoité par tous les finishers.

CHAMONIX

Veille de course

C'est donc confiant et détendu que j'appréhende cette TDS. Même une météo exécrable la veille du départ ne m'inquiète pas... Je suis toujours chanceux sur ce massif, n'y ayant rencontré qu'une heure de pluie légère en près de 200 heures de courses diverses !

Clément, lui, s'est malencontreusement blessé entre temps et je ne perds pas de vue la chance d'être là au départ. Je me promets de la faire aussi un peu pour lui cette course...

Après un retrait des dossards bien organisé et partagé agréablement avec mes amis Kikoureurs, j'ai pris l'option de dormir à Courmayeur la veille. En compagnie d'Olaf et Olivier « Bikoon », c'est un vrai plaisir : on gagne sérieusement en temps sur la courte nuit annoncée et passons aussi une super soirée à dîner en groupe, dans un fantastique resto, idéalement adapté (le « Cadran Solaire »). Tout cela contribue à parfaire une détente d'avant-course bien utile pour conjurer l'inévitable petite pression.

JOUR J

Derniers échanges de messages : tandis que Clément fait mine, sur Facebook, de brûler son dossard de rage (!), Sab et Bubulle m'ont l'air... très stressés ! Pour moi, tout va très bien et j'ai assez bien dormi (de 23 h à 3 h 30 + somnolé jusque vers 5 heures). On arrive sur la ligne de départ peu avant 6 h 30 et, tandis que le jour se lève, le temps s'annonce magnifique.

Je repère David, pose mes sacs et cherche les toilettes. La queue est interminable et je m'inquiète d'avoir le temps de retrouver mes compagnons. Ça serait quand même sacrément ballot de ne pas nous regrouper tous les quatre ! Avoir attendu et discuté depuis si longtemps de cette course... et prendre le risque de ne même pas s'y apercevoir, serait une grosse déception !

Heureusement, à 6 h 45, je peux rejoindre David et retrouver le reste de l'équipe grâce à un SMS permettant un repérage immédiat parmi les 1600 coureurs ! Du coup, même si la place en fin de peloton n'est pas idéale à mon goût, le plus important est d'être réunis pour partager le début de cette nouvelle aventure, même si ça ne durera probablement pas...

La musique est lancée et le son n'est pas très fort, comme s'il ne fallait pas réveiller les riverains. Rien à voir avec l'émotion de l'UTMB et légèrement décevant. Enfin, un départ, ça reste toujours unique : on se sent fort, plein d'espoirs et avec quand même un bon flot d'encouragements comme une sympathique ambiance dans les rues. Entre nous, on se chambre gentiment aussi, car la bonne humeur est de mise !

COURMAYEUR

Jeudi 07 h 01.

Ça bouchonne légèrement et c'est l'inconvénient de partir dans le dernier tiers. Rien de méchant non plus. La traversée de la ville reste très cool et on rigole toujours : il faut en profiter !...

À peine partis depuis un kilomètre, Chris nous « impose » un petit arrêt... avant de disparaître peu après les premiers virages de l'ascension. Nous ne le reverrons plus... Mais c'était prévisible vu son objectif annoncé de 28 heures, contre 30 heures de mon côté.

Pour l'instant, je suis avec Sab, et David est en très léger retrait. Que de monde ! C'est vraiment dense même si on trouve facilement son rythme dans ces larges chemins.

Et puis nous voilà au premier point de contrôle : 1 h 20... pour 1 h 20 prévu !

Au ravitaillement, ça grouille de monde et je suis inquiet à l'idée de se perdre déjà de vue... Finalement c'est David qu'on récupère. Nous repartons tous les trois ensemble, après deux minutes d'arrêt.

Jolie montée...

vers l'arête du Mont-Favre.

COL CHECROUIT

(6.5 km, 800 m D+, 1 h 19) Jeudi 08 h 20.

Ça avance à bon rythme mais le chemin devient vite plus étroit, transformant tout cela en légers bouchons. Prendre son mal en patience... On perd quelques secondes, voire minutes... mais c'est l'occasion de s'économiser aussi.

OK, c'est frustrant d'être parfois en léger sous-rythme, mais cela force à rester prudent car la course est vraiment longue. Et puis, au moins, on peut admirer un peu mieux les magnifiques paysages qui s'offrent à nous. En prendre plein les yeux, c'est quand même le but aussi.
OK, on se sent loin d'une sortie longue, propice à l'introspection, mais on a encore le temps.

OK, c'est parfois bruyant, avec justement, deux Espagnols à mes côtés qui jacassent fort et non-stop ! Mais cela me fait plutôt rire, car me rappelle la même « angoisse » subie par Dominique Simoncini dans son livre racontant son UTMB. Et puis l'ascension reste essentiellement calme.

Le point de contrôle approche et nous nous retrouvons un peu bloqués. Cela permet de se retourner et d'admirer le chemin dans l'autre sens. L'occasion de me rappeler la jolie vision d'un petit matin, un an plus tôt, où je négociais avec moi-même... comment j'allais abandonner ce fichu UTMB après une nuit épouvantable.

Se retourner de temps en temps en course est très positif : c'est souvent très joli et donne une toute autre lecture du voyage. Bien sûr, nous ne sommes pas sur une randonnée, mais faire une course les yeux rivés sur le sol à déchiffrer chaque caillou n'est pas palpitant non plus ! Un Ultra c'est un voyage, pas la descente de l'A6 de Paris à Lyon, les yeux rivés sur compteur et niveau d'essence...

TDS (9h21) vue « sens arrière ».

UTMB (6h56) vue « sens avant ».

ARÊTE MONT-FAVRE

(11 km, 1320 m D+, 2 h 27) Jeudi 09 h 28.

Je pointe donc à 9 h 28... contre 9 h 30 planifié ! Cette partie est assurément beaucoup plus facile à descendre qu'à monter (cf. UTMB, après 13-14 heures de course !).

Sab n'est peut-être pas tout à fait convaincue de la facilité de ces portions, et reste en léger retrait. En fait, je me dois de prendre un poil d'avance car, en côte, ce sera toute autre chose !

Yeux grands ouverts, j'en profite pleinement. Bientôt le bas du glacier du Miage et les encouragements de quelques randonneurs, dont des jeunes enfants très enthousiastes. Un jour, ils seront peut-être à notre place, se remémorant l'instant...

Les vues du Lac Combal sont splendides et le ravitaillement autrement plus accueillant qu'en pleine nuit sur l'UTMB. J'y prends une double soupe, fais le plein d'eau et embarque un peu de pain et fromage, à manger en repartant tranquillement. Tout se coordonne parfaitement avec Sab car nous nous retrouvons « just in time » !

LAC COMBAL

(15 km, 1330 m D+, 3 h 12) Jeudi 10 h 13 (pause 8 mn).

C'est toujours aussi agréable de voir le tour du Mont-Blanc à l'envers. C'est même très beau. Là, couper par le Col du Bonhomme serait moins raide et ferait gagner beaucoup de temps...
Au lieu de cela, on nous fait emprunter un sentier bien raide, qui plus est, très exposé au vent. Le rythme est régulier et le parcours aussi chouette que vertigineux. Un mur se dresse quand même devant nous... Il existe une petite passe et ce n'est pas si compliqué. Il faut juste faire attention sur la fin.

Au col, on se fait des politesses pour pointer. Il est 11 h 25, pour une prévision à 11 h 20 ! Cette précision me va à ravir.

COL CHAVANNES

(19 km, 2000 m D+, 4 h 20) Jeudi 11 h 25.

J'avale une barre, tout en découvrant le panorama mirifique qui s'offre à nous. Sab et moi sommes émerveillés, savourant ce moment assurément fort.

L'un comme l'autre apprécions le trail pour ça : des choses splendides au bout d'un bel effort... C'est un mélange de sensations et émotions que seuls les coureurs peuvent comprendre.
La suite se présente comme une très longue descente, douce et peu technique. Et là, c'est un vrai grand « kiff » personnel de courir dans un tel décor, de dérouler sans discontinuer à 10 km/h. Pour moi, c'est une sensation extraordinaire car je n'ai pas pu courir 10 kilomètres d'affilée... depuis presque deux ans ! Quand on est privé de choses simples, toute retrouvaille prend une dimension incroyablement autre. Là, pendant une heure, j'ai l'impression de renaître.

Je redoute évidemment que les douleurs au genou droit ne débarquent très vite... mais il n'en est rien. Alors, tout en profitant de la vue parfaitement dégagée, on papote gentiment, en déroulant comme à l'entraînement. Je ne perds rien de vue, avec l'impression de glisser doucement dans cette vallée, entourée de deux montagnes sauvages magnifiques.

Nous approchons d'Alpetta et, au fond de la vallée, le passage est beaucoup moins amusant, car cela ressemble à un marécage ! Une petite faute d'attention et une de mes chaussures s'enfonce dans l'eau boueuse ! C'est vraiment la bêtise qu'il fallait éviter car un pied mouillé évolue rarement bien en Ultra...

ALPETTA

(29 km, 2000 m D+, 5 h 29) Jeudi 12 h 30.

Traversée d'un torrent et ça repart dans un décor sauvage et une grimpette facile. Peu après, nous nous rapprochons de spectateurs pleins d'énergie, quand une voix crie « Allez Sab ! ». Interloqués, nous apercevons Elisabeth (la femme de Christian) qui nous fait une jolie surprise.
La suite est toujours très belle, juste un poil plus fatigante, mais rien de redoutable.

Il est 13 h 30 quand nous finissons par rejoindre le Lac Verney, situé à côté du Col du Petit-Saint-Bernard. Mais juste avant, il faut attaquer un mur redoutable... Là, plus personne ne fait le malin ! Cardio au max et souffle court, j'apprécie les encouragements des spectateurs. Après un bel effort, voici le Col tant attendu. Un petit « sprint » et je pointe le premier cette fois ! Il est 13 h 52 contre 14 h 00 au planning : de la précision suisse décidément...

COL PETIT-SAINT-BERNARD

(36 km, 2600 m D+, 6 h 51) Jeudi 13 h 52 (pause 13 mn).

Il est temps de se ravitailler ! Le hic, c'est que le bar est quasi inaccessible... Et pourtant, il n'y a même pas de mojitos à volonté, ni même de soldes d'équipements de trail ! Les gens se « battent » juste pour une rondelle de saucisson, un tuc ou un petit bouillon. On se croirait presque dans une ambiance Koh Lanta, avec une bande d'affamés... Pour moi, un bol et demi de soupe, quelques morceaux de bananes et le plein d'eau suffisent à mon bonheur ! Comme au Lac Combal, j'embarque pain et fromage, à déguster en reprenant la route...

Mais Sab est pressée de courir et je dois me dépêcher d'engloutir mon casse-croute, tout en passant la frontière ! Back to France !

C'est parti pour... 15 km de descente. Au début tout va parfaitement bien. Au point que j'évoque la sensation de la « course parfaite »... Déjà 7 heures sans la moindre anicroche : c'est suffisamment long pour être rare et bon signe. En tout cas, aucun nuage à l'horizon et l'impression (et l'espoir) que rien ne peut arriver ? Puis, je devance légèrement mon équipière et enclenche la musique... avec le rythme électronique et berçant de Kruder & Dorfmeister. Le moment idyllique ?...

Il ne faut pas parler trop vite car, avec la descente, un sérieux mal au genou apparaît. Ça ne ressemble heureusement pas au ménisque (tendon rotulien) mais m'inquiète quand même. Un kikoureur me double et nous papotons quelques instants.

Avec la baisse d'altitude et l'après-midi, il fait de plus en plus chaud. Je fais alors ma crise de

femme enceinte et réclame... des fraises ! Bon, ok, le sketch était déjà écrit car je sors juste mon petit paquet de Tagada. L'alternance des saveurs et textures va parfaitement bien. J'arrive enfin à manger régulièrement toutes sortes de choses, soigneusement choisies au préalable. Cela change de tous ces Ultras où j'ai souffert d'une incapacité à avaler quoi que ce soit au bout d'un certain temps, au point de finir par devoir « rouler trop à sec ». Les barres énergétiques, c'est bien, mais trop souvent immangeables au bout d'un certain temps.

La musique berce toujours ma descente, et tandis que Bourg Saint-Maurice approche, je suis ému par un immense panneau sur le bas-côté : « Allez Papy, tu vas réussir ». C'est si mignon et j'espère qu'il arrivera à relever le défi pour la plus grande fierté des siens...

Traversée de village et surprise ! Elisabeth est encore là : chaque rencontre est fortement appréciée. Je reçois aussi un SMS de Clément qui me dit de veiller au son des cloches en arrivant... Je n'ai pas le temps de saisir l'énigme que Sab me rattrape à 2 km du centre-ville. C'est alors qu'une très belle surprise nous retrouve et accompagne un peu : Marie-Laure !

Accueil surprise très apprécié !

Et puis les cloches ne tardent pas à résonner : Clément et Émilie sont là aussi ! Même si on ne crève pas de froid avec ce cagnard, ces retrouvailles inattendues font très chaud au cœur... C'est fou l'énergie que peuvent transmettre les amis ! Nous pointons à 16 h 08 contre 16 h 15 dans le plan ! Tout va super bien.

BOURG SAINT-MAURICE

(51 km, 2650 m D+, 9 h 07) Jeudi 16 h 08 (pause 30 mn).

À peine franchi le point de contrôle, je ressens un vague « malaise ». Même assis, je ne suis pas au mieux, avec une sensation que je ne décode pas bien, même en farfouillant dans mes souvenirs. Sab identifie mieux le truc : un coup de chaud ! Je tente de me réhydrater, mange un peu et m'occupe de mes pieds. Leur état est moyen car le passage dans l'eau à Alpetta n'a pas aidé : crème + changement de chaussettes (malheureusement humides car mal protégées des remplissages de la poche à eau).

Je me refais vite une petite santé mais appréhende toujours la suite : 1900 m de dénivelé sur un peu plus de 11 km, avec notamment 1200 m de D+ dans les cinq premiers kilomètres qui nous séparent du Fort de la Platte : ça s'annonce diablement raide... en plein cagnard de surcroît !

Au début ça va à peu près. La montée est sèche mais le rythme reste régulier. Ça ne cause pas beaucoup et je me fixe comme premier objectif l'atteinte de la route (point de bifurcation pris trois ans plus tôt à cause des orages). Nous croisons un premier coureur qui rebrousse chemin et renonce... Plus loin, un autre descend et encourage tout le monde, tout en décrivant fidèlement nos prochains repères jusqu'au Fort de la Platte, en passant par celui du Truc. Ça m'aide tandis que l'ascension est de plus en plus difficile.

Enfin, après un long effort, voici le premier Fort, où les coureurs sont nombreux à reprendre leur souffle, voire à songer arrêter leur folie ? Je les regarde avec envie et me poserais bien... quand Sab me devance en parole, d'un lapidaire :
« Là, tu vois, faut surtout pas s'arrêter, c'est le piège dans lequel il ne faut pas tomber... »
« Euh, oui, oui... » La reine des grimpettes doit avoir raison ! Je m'auto-convaincs qu'il faut continuer et s'accrocher. C'est aussi ça se dépasser. Tout seul, c'est sûr je n'aurais pas eu le courage.

Et ce ne sont pas les coureurs qui font demi-tour qui diraient le contraire. Tout juste je regrette de ne pas pouvoir m'arrêter deux secondes pour compléter mon album photo.

Mais bon, ça ne fait pas tout de ne rien lâcher. J'ai toujours chaud et surtout le souffle de plus en plus court. Au point même de ne plus pouvoir boire à travers la pipette de ma poche à eau. Je n'en peux plus et une première pause s'impose.
Mais, comment dire ?... Une minute, dans ces moments-là... ça passe vraiment très très très vite ! Nous poursuivons, mais ça ne s'arrange pas. Je continue à me déshydrater et la fatigue s'accentue. Il reste encore beaucoup à monter car nous n'avons pas dû faire beaucoup plus que la moitié de l'ensemble...
Tout cela rappelle étrangement le cauchemar deux mois plus tôt au Col du Tricot de la Montagn'Hard : *« Je n'y arriverai jamais... »*, au point que l'idée d'un DNF (DID NOT FINISH) me traverse même un instant l'esprit. Quelques minutes plus tard, c'est l'explosion totale. Un deuxième arrêt est déjà inévitable. Je suis aussi contrarié que Sab car où cela va-t-il mener ? J'ai besoin d'une vraie pause et elle, de son vrai rythme.
Nos chemins se séparent et je regrette surtout d'être trop juste. Sab me donne rendez-vous plus tard mais je n'y crois guère car les écarts se creusent facilement. Se sentir comme un boulet n'est pas non plus évident.

Enfin, je bois et m'allonge quelques minutes, avant de repartir, tout en visant d'abord un rythme régulier : je regarde ma montre et le dénivelé qu'il reste à faire : *« Alors, ça nous fait combien de Côtes des Gardes ? »*
C'est mon indice personnel, issu du « Paris-Versailles » : la côte qui fait tellement peur quand on débute (125-130 m de dénivelé sur 2,3 km) ! Avec le temps, on relativise et perçoit qu'elle n'a vraiment rien de monstrueux... surtout comparée à la montagne ! Depuis quelques années, dans les moments plus difficiles, j'ai donc pris l'habitude de découper les fins d'ascension de la sorte : *« Allez, plus que x Côtes des Gardes à grimper ! »*... Ça paraît tout de suite moins effrayant.
Un chemin apparaît à quelques dizaines de mètres sur le côté, et une voiture klaxonne pour nous encourager. Puis, le Fort de la Platte devient enfin visible avec, sur la gauche, un joli paysage plein de douces bosses, juste pour le plaisir des yeux ?!

La construction est belle et imposante mais la visite sera pour une autre fois. Ce sera juste une petite pause, le plein d'eau, quelques mots avec un coureur précédemment rencontré et l'écoute d'un message de Sab.

Col de la Forclaz.

FORT DE LA PLATTE

(56 km, 3800 m D+, 11 h 43) Jeudi 18 h 44 (pause 5 mn).

Ça va mieux et, surtout, la suite est moins raide ! Au loin, j'aperçois un trailer qui descend et espère que ce soit mon ami Yann (*RayaRun*) ? « Yes ! C'est bien lui ! » C'est sacrément réconfortant de l'apercevoir, il y a 6 mois, j'étais dans la position inverse au Marathon de Paris...

En tout cas, c'est l'occasion de changer d'horizon, blaguer et apprendre ce qui se profile. En grande intelligence, il me rassure prioritairement sur l'aspect « moins difficile » à venir... sans s'attarder sur la fin, à l'approche du Passeur de Pralognan.

Les minutes passées ensemble font beaucoup de bien et passent trop vite. Me voilà bien relancé et le gros passage à vide s'estompe d'autant mieux. L'altitude et la fin du jour font aussi baisser les températures, rendant la suite plus abordable.

La Forclaz ! Enfin le premier col est atteint. Encore une bonne descente technique et 400 m de remontée au programme. Le spectacle est alors grandiose et magnifique.

On retrouve la nature sauvage, loin de tout, avec face à nous une gigantesque barre rocheuse, lacérée d'immenses cascades de plusieurs centaines de mètres de hauteur.

En me retournant, j'ai droit à un incroyable coucher de soleil qui se reflète sur le mont Pourri. Celui-ci, couvert de neige, se transforme, pour quelques secondes seulement, en un fantastique cône d'or. Photos à 20 h 19 puis 20 h 38.

Peu après le passage d'une retenue d'eau, nous abordons l'ascension.

« Allez, encore 3 Côtes des Gardes ! »

Une fois la première franchie, je m'accorde ma récompense du moment : une Pom'Potes ! Quelle fraîcheur et saveur ! Gardée en réserve face à un moment difficile, c'est juste parfait, là.

Deuxième « Côte des Gardes » : *« allez courage, on s'accroche ! »*

Enfin la troisième et... surprise, elle est plus courte que prévu car le sommet s'annonce déjà ! La vue du point de contrôle m'amène un immense sourire aux lèvres !

PASSEUR DE PRALOGNAN

(62 km, 4600 m D+, 13 h 42) Jeudi 20 h 43.

Je suis aux anges et, en plus, parfaitement dans les temps : 20 h 43 contre 20 h 45 dans mon roadbook !

Comme espéré et imaginé, j'arrive juste avant que la nuit ne soit vraiment tombée et ai la chance de pouvoir bien profiter de la vue vertigineuse qui suit. Ce Passeur, on en a tellement parlé que j'avais hâte de le voir enfin de mes propres yeux. Et je ne suis pas déçu.

C'est aussi splendide qu'impressionnant. Je sors la frontale (pas la peine d'attendre d'être au milieu des rochers), prends une petite photo et GO !

Je suis excité comme un môme à la recherche d'acrobaties, profitant d'une récompense longtemps attendue. Je savoure... mais suis très rapidement bloqué par 4 coureurs « tortue » ! C'est impossible de doubler : il faut prendre son mal en patience et en profiter pour récupérer tranquillement...

Seulement, vers la fin, on est au moins 12 à se suivre et j'accélérerais bien quand même ! Heureusement, au gré d'une énième hésitation devant, c'est enfin l'occasion de doubler en prenant le bon chemin.

En bas, Clément m'attend ! Cette belle surprise me donne la pêche. On bavarde gaiement tout en fonçant ensemble à un rythme endiablé. Grâce à lui, j'ai même droit à une acclamation des spectateurs *« Allez Bert' »*. J'insiste auprès de lui pour ne pas mollir : *« il nous faut arriver à 22 h pour respecter le plan ! »*... et, incroyable, je pointe à... 21 h 59 mn 22 s !
Je remercie bien Clément qui, en plus, promet de m'attendre pendant mon ravito.

ROSELEND

(67 km, 4600 m D+, 14 h 58) Jeudi 21 h 59 (pause 55 mn).
La tente est beaucoup mieux aménagée qu'il y a trois ans mais ça grouille de monde et les places restent chères. J'aperçois Sab et constate avoir comblé en partie mon retard (qui n'est plus que de 20 mn). Tout en me restaurant, nous discutons un peu et nous encourageons mutuellement.

Après ce bon dîner, il est temps de se changer. J'envie la chance des filles avec leur vestiaire réservé tandis que je dois m'organiser par terre. Globalement, je ne suis pas super efficace car ma pause s'éternise trop, presque une heure, soit 15 mn de plus que prévu. Je m'encourage à quitter sans plus de délais cette douce chaleur et pars à l'assaut de l'étape suivante.

Clément, trop sympa, est toujours là et il trouve les mots pour me « motiver » au moment d'aller affronter la nuit et le froid. Quelques mètres dehors ensemble, musique et GO !

Départ du ravito pour affronter la nuit.

Je me sens très bien et démarre à bon rythme. Presque trop car, peu après, pris dans mon élan, je poursuis le large chemin et manque une montée directe à travers la pampa.
Ça grimpe bien et, un peu plus haut, je me retrouve vite bloqué par un groupe de 6 coureurs... exactement comme il y a trois ans, où j'avais fini par devenir fou à force d'être ralenti et coincé comme cela. Et, à nouveau, il me faut subir ré-

gulièrement des arrêts intempestifs… Tout d'un coup, je finis par « péter un câble » et décide de piquer une accélération de « malade » en courant dans les broussailles sur le côté. En moins de temps qu'il ne faut pour le dire, j'ai doublé tout le monde. Je suis un peu essoufflé par cet effort bref mais violent. On a dû me prendre pour un fou !

En fait, ça ne me calme pas. Au contraire, je décide maintenant de sortir de ma torpeur et poursuivre sur un rythme endiablé ! Je double, double, mets du rythme tout le temps… Dans la côte, mon excitation finit quand même par baisser d'un ton à l'écoute de « Comme toi » de J.J. Goldman. Toujours ému, j'ai une pensée pour tous ceux qui n'ont pas notre incroyable chance d'être là, en (relative) bonne santé, avec juste le plaisir pour guide.

La longue ascension se termine enfin et c'est déjà le fameux *Chemin du Curé*. À défaut de connaître son histoire, son passage m'avait profondément marqué précédemment.

Des vidéos de jour m'avaient encore plus émerveillé. Je suis donc tout content de retrouver cette voie aussi magnifique que périlleuse.

Peu avant, j'ai commencé une discussion avec un autre coureur. Le genre d'échange, dans le noir, pendant des dizaines de minutes, avec quelqu'un qui devient vite un « ami » et dont on perdra malheureusement la trace comme elle est venue… Toujours un peu surréalistes ces « rencontres » où on se livre sans retenue à des inconnus ! Pour l'instant nous descendons le long de cet incroyable passage, creusé à même la paroi, dans un environnement vertigineux. Mon équipier tente de scruter le fond avec sa frontale… Je lui annonce 50 m à pic, mais c'est

Le chemin du curé.

Impressionnant !

De jour comme de nuit !

sans doute plus. Je tente aussi vaguement de regarder 2 secondes et me ravise aussitôt : on ne va rien voir et ce n'est vraiment pas le moment de jouer au casse-cou ! La roche est bien humide en plus... Je suis bien mieux à frôler la paroi, en écoutant le cours d'eau se déchaîner en bas...

« Mince c'est déjà fini » et le chemin redevient plus classique. On continue de papoter allègrement et finalement mon coéquipier, fatigué, me laisse passer devant, avant de décrocher inexorablement. Les deux heures sont vite passées car la Gitte est déjà en vue. Il est 1 h 02 contre 0 h 45 prévu. Le petit quart d'heure de pause en trop au ravito précédent s'est répercuté directement...

LA GITTE

(75 km, 5000 m D+, 18 h 01) Vendredi 01 h 02 (pause 12 mn).

Ce joli « refuge » au milieu de nulle part s'annonce sympathique, mais il faut éviter de pénétrer dans ses entrailles à la douceur piégeuse. Je me pose donc sur la table dehors et récupère gentiment. C'est le moment de manger tranquillement (1/2 twix + pain) en vue de l'étape suivante. Le plein d'eau dehors est un peu « foireux » mais je n'insiste pas, en ayant encore bien assez pour tenir.

La pause a quand même duré un quart d'heure ce qui est beaucoup trop par rapport à mon planning ! Je crains de rentrer dans mon habituelle « dérive chrono » sur le dernier tiers de course : *« Allez, on repart vite car ce n'est pas le moment de rêvasser ! »*

En plus j'ai toujours la pêche, donc inutile de s'attarder plus. La musique m'entraîne parfaitement. Le terrain est très glissant, mais dérapages et glissades sont toujours contrôlés ! Grâce à l'épaisseur de semelle de mes Hoka, mes pieds ne sont même pas mouillés.

Il y a aussi pas mal de brouillard mais il suffit de réduire un peu l'intensité de la frontale pour ne pas être trop gêné. L'ambiance est juste un brin hivernale. Habituellement, c'est le genre de truc à 3 heures du mat' qui vous pousse à vous demander ce que vous foutez là... Là, même pas !

Je suis incroyablement bien : ni chaud ni froid, je mange régulièrement et double toujours des dizaines de coureurs... J'aurais bien un peu sommeil mais, finalement, à peine. Tout ceci est vraiment nouveau pour moi qui passe généralement de mauvaises nuits en course.

La course parfaite ? La question m'interpelle à nouveau... Mais pendant peu de temps, car je rattrape deux coureur italiens qui s'avèrent d'incroyables pipelettes ! Bien pire que moi, c'est peu dire. Heureusement, leur langue est si chantante que je leur « pardonne » aisément.

Nous remontons ensuite vers la crête et je reconnais sans peine le lieu de ma « chute - SMS » lors de ma première TDS : j'étais tombé au fond d'un trou de deux mètres de haut... en écrivant mon premier message depuis des heures, destiné à rassurer Marie !

La grimpette qui suit est très raide. Sans m'en souvenir parfaitement, le côté casse-cou me revient ... et se confirme. On contourne un piton rocheux escarpé suivi d'une courte descente relativement dangereuse : pas de sentier, un mur rocheux sur le côté droit et une pente super raide d'au moins 50-100 m sur le côté gauche... Heureusement, un coureur ouvre la piste devant moi et je suis bien content de n'avoir qu'à suivre sagement sa trace. La difficulté passée, celui-ci me laisse aussitôt le doubler et je regrette vite de ne pas l'avoir remercié suffisamment. Nous poursuivons sur la crête rocheuse et il faut rester encore très vigilant. Je sais aussi que le ravito est beaucoup plus loin qu'il n'y paraît et ne m'excite donc pas trop tôt.

On passe toujours au milieu d'un champ de vaches : plus impressionnant qu'effrayant car les bovidés ne sont pas menaçants ! Seul souci, la lointaine sono hurlante du ravito m'oblige à couper la musique de l'Ipod. Et je ne parle pas du dérangement des marmottes...

Finalement, j'arrive à 4 h 08 contre 4 h 00 au programme. Malgré mes gros écarts sur les deux dernières pauses, c'est incroyable de n'avoir que 8 mn de décalage avec les prévisions, après pourtant plus de 20 heures de course ! J'ai aussi super bien gazé et compté avoir doublé (hors ravito) au moins 120 coureurs depuis Roselend !

La descente me donne toujours la pêche. Je trottine gaiement et me demande comment il est possible d'être aussi bien alors que la nuit n'a jamais été mon élément ? Que je ne devrais déjà plus avoir de jambes ?
Je suis parfaitement dans le timing et ne ressent ni lassitude, ni fatigue, ni douleurs particulières, que ce soit aux quadriceps, aux pieds ou aux genoux ! Toujours plein de glissades que je maîtrise à chaque fois. Ça en devient indécent et je prédis finir par me payer une bonne gamelle qui remettra mes prétentions en place... Mais non ! Même un passage horriblement boueux ne m'empêche pas de réussir une traversée rapide sans dommages. Tout juste un câble me heurte violement la cheville en passant trop vite une barrière à animaux. J'échappe aussi miraculeusement à la chute sur une grosse glissade.

COL DU JOLY

(86 km, 5850 m D+, 21 h 07) Vendredi 04 h 08 (pause 30 mn).
Sab est là, arrivée juste une dizaine de minutes avant moi. C'est cool de s'apercevoir après s'être croisés 6 heures plus tôt ! Le ravitaillement est enfin calme, avec peu de monde. Ça fait du bien. Je prends ma soupe habituelle et un coureur s'installe en face. Je reconnais alors mon ouvreur suivi une demi-heure plus tôt. C'est l'occasion de le remercier vivement. Le courant passe bien et Friedrich, quasi V3, un Allemand, Anglais d'adoption (!), est en train de se rattraper après avoir eu droit à toutes les galères et malchances (météo) des éditions UTMB passées. Sab est repartie, mais je préfère continuer à échanger, au point même de différer mon départ de 10 mn : de belles rencontres valent mieux qu'une obsession de chrono et me « nourrissent »...
Dans ma tête, le col du Joly, c'est déjà la fin de la nuit, même s'il reste encore 2 heures à attendre.

Dernier virage enfin, et on aborde maintenant la très longue ligne droite qui descend aux Contamines, en passant par Notre Dame de la Gorge. Je suis encore plus excité que jamais car Sophie, ma sœur, a placé, 15 jours auparavant, une surprise sur un cairn, peu après le pont Romain. Plein d'énergie, j'y fonce à vitesse grand V... quand j'aperçois Sab, assise sur un rocher.

Je m'approche d'elle, tout enjoué au lieu d'être surpris par une pause qui ne lui ressemble pas. Et là, je découvre la Miss en pleine détresse, au téléphone avec son chéri et prête à abandonner. Oups ! je me sens subitement très gêné, en pleine intrusion et interloqué. Je pose ma main derrière son épaule en signe de réconfort et recule d'un pas, voire deux. En une fraction de seconde le cerveau bouillonne de réflexions. Ni une ni deux, je tente aussitôt de briser cette « situation de crise» et trouve instinctivement plein de

bonnes réponses pour rassurer, rationaliser et encourager ma coéquipière !
« T'inquiète, ça va aller ! », « Je suis là », « On va s'en sortir », « On prendra le temps qu'il faut mais je reste à tes côtés »...
D'autres coureurs s'arrêtent à notre hauteur pour proposer leur assistance et je les rassure :
« Oui, je la connais et m'occupe d'elle. Merci de votre aide ! » C'est quand même toujours appréciable de voir l'esprit d'assistance, très typique du trail. Dans l'immédiat, j'enjoins Sab de repartir, même doucement :
« De toute façon, on ne va pas rester là ! »
« Et puis un abandon, je t'assure, tu le regretterais très longtemps... »
Je dévie aussi la conversation sur la surprise de Sophie à découvrir à quelques centaines de mètres seulement. Sa pierre est toujours là à m'attendre et cela fait chaud au cœur et redonne un peu le sourire à l'équipée.

On poursuit gentiment mais sûrement, en marche nordique légère. Je me cale sur Sab qui reprend petit à petit son rythme. Tous les deux, on connaît ces longs kilomètres qui nous attendent jusqu'aux Contamines... Ça sera l'occasion de reprendre tranquillement nos discussions de la veille ! Le chemin est facile et a sans doute le mérite de reposer un peu après le « choc ».

Le jour commence à se lever et j'annonce : *« On a fait quand même 80 % du parcours : ça va le faire ! »* Malgré le petit contretemps, et sans le savoir précisément à cet instant, j'ai quand même gagné 1 h 30 sur la portion nocturne Roselend - Contamines par rapport à la fois précédente, preuve s'il en est que la forme est bien là ! On est aussi et encore pile dans le timing, avec même un quart d'heure d'avance sur mon plan en 30 heures !...

Bon, je sais bien qu'on ne les fera pas car Sab n'y est plus trop, mais c'est réconfortant de voir qu'on a trois bonnes heures d'avance sur la barrière horaire. Il suffit juste d'assurer sur les... 7 heures qui restent... « Un Détail ! » Là, je ne tombe pas dans « l'erreur » de la veille et m'inspire de Yann, en évitant les annonces et infos exhaustives : ne « publier » que le positif !

Une course tient parfois à tellement peu de choses : j'en ai fait l'amère expérience une fois et sais combien ça peut être important d'être là au bon moment. Quand le physique finit par craquer ou avoir ses passages à vide, le mental est la clé. Bien réfléchir, se raisonner, gérer l'instant est vital. Mais le soutien moral des autres est souvent le truc qui fait la différence... On dit que « l'affection des autres vous porte ». Cela me semble une vérité évidente.

En attendant, pendant ce ravitaillement des Contamines, on n'a pas envie de grand-chose. Comme il est 6 h 30, je décide alors... de prendre mon petit déjeuner : gâteau marbré, cake aux fruits, cookie, quartiers d'orange (pour le jus). Il ne manque que les croissants !

Un podologue propose son aide que nous déclinons, faute de douleurs trop significatives. Une petite erreur a posteriori, car ceux-ci vont finir par bien souffrir... Il faut parfois savoir penser au préventif.

LES CONTAMINES

(95 km, 5950 m D+, 23 h 27) Vendredi 06 h 28 (pause 15 mn).
C'est reparti. Il fait encore frais et je garde la veste malgré la montée très raide qui arrive vite. Je me remémore combien ces dernières portions avaient été usantes précédemment.

Col du Tricot (8 h 10).

1,5 km et D+ 600 m (8 h 40).

Pas particulièrement techniques mais... verticales. Un peu comme la montée après Bourg Saint-Maurice mais, heureusement, en un peu moins long, et sans la chaleur surtout !
Enfin, on prend notre rythme sans forcer et Sab... ne me distance pas cette fois ! Je l'encourage autant que possible en décomptant le nombre de « Côtes des Gardes », ce qui l'amuse un peu. Je souligne aussi le côté unique du col du Tricot, « la dernière grande montée qui ne sera probablement pas refaite de sitôt !...» Bon an, mal an, j'en viens à dénombrer les virages restants et l'ascension finit par se conclure. Petite tape dans la main, pointage et on y va gaiement ! Enfin, je parle pour moi...

COL DU TRICOT

(102 km, 7050 m D+, 26 h 39) Vendredi 09 h 40.
Quelques minutes plus tard, la zone devient ensoleillée et il est temps de se changer pour une tenue plus estivale. Je remettrais bien mon short mais renonce face à un sac déjà trop bourré. J'essaye brièvement de motiver un peu Sab avec le chrono mais... n'insiste pas.

On se rapproche de la passerelle de Bionassay : tout ceci est bien plus facile que dans mes souvenirs de la Montagn'Hard deux mois plus tôt dans l'autre sens ! Par contre Sab semble toujours moyennement apprécier les descentes. Comme quoi, rien n'est comparable d'une épreuve à l'autre, un parcours pris dans un sens ou l'inverse...

Enfin voilà notre joli pont suspendu : je cherche le deuxième cairn de Sophie, mais en vain. Sab,

C'est trop dur !

Mais, si, ça va !

elle, semble osciller entre... joie et fatigue ! Ses pitreries paraissent quand même bon signe...

La suite ne me pose pas de souci particulier contrairement à ce que je craignais : c'est technique mais comme les jambes répondent toujours, ça change tout. Dire qu'il y a deux mois j'appréhendais à mort, me disant que faire la TDS serait un cauchemar sur la fin, dans ces passages usants, tant les appuis doivent tout le temps changer de rythme...

Et puis, surprise, voilà toute la troupe de Sab : Arnaud et ses enfants sont venus à notre rencontre. C'est cool !... mais ils découvrent leur mère/chérie pas vraiment au mieux. Les remarques de Timéo (5 ans) sont savoureuses et je passe devant pour les laisser un peu entre eux. On n'est quand même pas hyper bavards à ce moment-là.
Bellevue approche et le Tram est là, comme s'il nous attendait pour nous ramener à Chamonix...

BELLEVUE

(106 km, 7200 m D+, 28 h 09) Vendredi 11 h 10.
Le ravito est vite abordé et derrière il faut enchaîner par une pente raide qui fait frémir Timéo d'un... *« Oh mon Dieu ! »*

Normalement, il n'y a qu'à peine 5 km jusqu'aux Houches et une bénévole, très sûre d'elle, nous annonce que « c'est facile avec, très vite, une piste de 4 x 4 roulante jusqu'en bas... ». La règle est pourtant connue : il ne faut « jamais » écouter les bénévoles !

C'est long, tortueux, glissant, plein de cailloux, de racines et surtout... interminable ! Régulièrement quelqu'un se croit malin de nous annoncer que « c'est bientôt facile ! » L'un comme l'autre, et à tour de rôle, cela finit par nous mettre en rogne : « Mais il est où ce p... de chemin de 4 x 4 facile ? »
Et puis, à mi-chemin, une rencontre incroyable d'un couple en pleine ascension... Je n'en crois pas mes yeux et elle non plus : « mais... c'est Evelyne ! » Ma coéquipière avec qui j'ai partagé la fin de la Montagn'Hard, 2 mois plus tôt ! On est très contents de se retrouver et c'est la seule à nous dire vraiment ce qu'il reste... à savoir 30-45 mn. « Pfff... » Dire qu'on croyait y être presque !

Têtes des Zouches !

La suite se transforme en ras le bol de concert de cette descente sans fin. Pire, quand arrive enfin le fameux passage « roulant », ce n'est pas de la terre mais un horrible bitume qui brûle des pieds déjà sévèrement grognons ! La famille de Sab nous retrouve mais l'ambiance est au plus bas. Ma coéquipière craque de nouveau et je ne sais plus trop où me mettre.

J'explique juste à Arnaud qu'on en a sérieusement marre, impatients d'en finir. Sa photo est assez éloquente : on se croirait carrément à un enterrement ! Ce qui nous fera bien rire... après coup seulement ! C'est peut-être ce qui manque le plus à ce moment-là : j'ai épuisé ma réserve d'histoires et blagues...

Les « Zouches » finissent quand même par pointer leur nez ! Il aura fallu 1 h 20 sur cette portion, prévue en une heure. On n'avance vraiment plus ! Sab souligne néanmoins nos deux heures d'avance sur la Barrière Horaire.

LES HOUCHES

(111 km, 7200 m D+, 29 h 43) Vendredi 12 h 31.

La pause est courte et notre intention initiale est de finir en mode marche nordique rapide. Le hic, ce sont les pieds : ampoules et échauffements ne facilitent pas la tâche. Et puis Sab n'a guère envie de se speeder. On va donc se contenter de faire au mieux... C'est quand même frustrant de se faire doubler sans arrêt et nous énerve un peu... En fait, depuis le Tricot, ça n'arrête pas, preuve qu'on n'est plus dans le rythme.

Deux bonnes nouvelles tombent alors : David est toujours dans le coup et Chris vient d'arriver. Nous devinons juste qu'il a dû avoir un sérieux problème sur la fin, vu le chrono de sa dernière portion. Ça n'empêche pas Sab de poser mille questions, comme une vraie môme : « Quand est-ce qu'on arrive ? », « Il reste combien de kilomètres ? », « C'est quoi notre vitesse ? »
Je lance diverses applications sur mon smartphone qui m'indiquent, tour à tour, 4,9 km restants et une vitesse improbable de... 11 km/h. Bref, encore une heure réelle à prévoir!

On pense aussi à tous ceux qui doivent suivre notre course en croisant les doigts... C'est alors qu'un serpent nous barre la route ! Ok, ce n'est qu'une jolie vipère, mais j'échafaude une idée de blague qui nous amuse et rompt avec la longueur du moment.

Il fait très chaud et le temps ne passe pas. Objectif atteint avec le panneau « Chamonix » sur la route ? Non, car il reste encore deux kilomètres de bitume, au milieu des habitations. Le côté paisible des montagnes disparaît subitement... Et puis, voilà enfin la grande rue piétonne annonciatrice du dernier kilomètre !
Grand sourire aux lèvres. Nous avons eu le temps de réfléchir et préparer un chouette final avec nos enfants ! Marie et Arnaud sont aux aguets pour immortaliser tout ça...

L'accueil et la communion avec les spectateurs font toujours très chaud au cœur. Nous approchons vite du dernier virage et il faut calmer l'ardeur de nos jeunes qui sprinteraient bien plus vite que nos capacités ! Cette ligne droite est un régal bien savouré. Je manque juste d'assommer Sab avec les bâtons que j'agite au-dessus de nous !

CHAMONIX

(120 km, 7350 m D+, 31 h 10) Vendredi 14 h 12.

Ligne franchie, une bonne accolade et nous avons le grand plaisir de retrouver successivement Clément et Émilie, Christian et Élisabeth et… ma jolie chérie ! C'est trop cool de se retrouver de la sorte pour partager nos émotions.

Le temps est malheureusement compté tandis que je meurs de soif : il me faut ma bière ! Je n'en peux plus et rejoins d'urgence la tente de ravitaillement… Il est juste dommage de ne pas avoir réussi à tous se poser et se séparer comme il se doit, à la hauteur de ce qu'on a partagé.

On rentre ensuite en famille au Chalet qui n'est qu'à 150 m de là. J'y prends vite un bon bain, et ne m'attarde pas, déjà reparti pour accueillir David. Il assure à 200 % et l'image tant rêvée prend forme : il franchit la ligne avec Élia (10 mois) et frôle le titre d'Ultimate Finisher, passant en 32 h 59 mn 29 s pour 33 heures maxi ! À défaut de monter sur le podium comme le veut la coutume, il est le dernier dans les « délais légaux ». Je suis rudement content pour lui car redoutais tellement qu'il soit trop juste. David me confirme sa très longue bataille mentale. Quel Warrior ! Nous bavardons agréablement tous les trois, avec Anouk, tandis qu'il savoure son traditionnel bain de pied dans la fontaine, juste après l'arrivée.

ÉPILOGUE

Très rapidement, ma première impression d'ensemble est que cette course aura été relativement « facile » ! Je me sentais même d'attaque à enchaîner l'UTMB dès le lendemain… Bon, c'est un peu exagéré mais, outre l'absence de courbatures après une nuit réparatrice, c'est plus précisément le sentiment d'avoir bien tout géré et maîtrisé qui ressort.

C'était mon cinquième gros Ultra (avec nuit complète) et, comme au Marathon il y a quelques années, il ressort une nette sensation d'avoir passé un cap. Physiquement et mentalement, j'étais bien prêt ! Côté alimentation et gestion générale, je ne vois pas non plus grand-chose à redire... Et tout ceci est suffisamment rare pour être particulièrement agréable.
Mais, comme souvent quand on lit des récits où tout semble simple, il ne faut pas se leurrer : il n'y a pas de miracle ! La préparation en amont aura été clé et réussie : arriver en forme (entraîné mais reposé), avoir travaillé le dénivelé, l'alimentation, connaître le terrain... auront été des bases fortes et indispensables.

Pour en revenir à la course elle-même, ce fut aussi un grand plaisir de courir autant après les longues « privations » liées à mon genou. Je sens que j'étais parfaitement bien dans mon objectif. Le chrono n'est pas exactement comme prévu, mais les circonstances ont amené autre chose d'exceptionnel. Et franchement, une ou deux heures de plus ou moins, 100 ou 200 places de mieux : quelle importance ? Que restera t'il demain de tout ça ?...
Car au bout du compte, cette joie n'aurait pas été complète s'il n'y avait pas eu d'émotions ni de partage. Encore une fois, je n'ai pas été déçu et ce fut même très spécial. Finalement beaucoup de points communs avec ma TDS précédente. Des rencontres et des échanges qui comptent...

Une course très maîtrisée c'est bien, mais, sans émotions, ça manque de saveur, non ? C'est l'essence même de la course à pied ! Il ne faut pas passer à côté, ni oublier de les partager un minimum.

Cette édition restera chargée de souvenirs pour très longtemps.

Petite décoration dans la chambre de l'appartement loué.

ANALYSE

SYNTHÈSE

▶ Un peu dans l'ombre de l'UTMB, la TDS n'en est pas moins une grande course, souvent même préférée par les « puristes », amateurs d'épreuves « authentiques », dans des espaces sauvages.

▶ Comme sa grande sœur, la course bénéficie d'une organisation parmi les toutes meilleures.

RECOMMANDATIONS

▶ Il faut vraiment arriver à bien s'économiser jusqu'à Bourg Saint-Maurice où les véritables difficultés commencent.

▶ Dans la montée jusqu'au Passeur de Pralognan, monter sans forcer est essentiel, d'autant plus que la digestion consécutive au ravitaillement de Bourg Saint-Maurice pourra peser dans l'effort.

▶ La préparation doit privilégier le travail du dénivelé, si possible sur des chemins techniques.

ÉVALUATIONS

Mythe ★★★★★

▶ La TDS bénéficie du mythe de l'UTMB, mais celle-ci est peut-être encore trop écrasante pour lui laisser assez de place.

▶ La course n'en reste pas moins une très belle référence auprès des connaisseurs.

▶ Les finishers sont d'autant plus acclamés à leur arrivée qu'ils sont les premiers de la semaine à franchir la ligne.

Difficulté ★★★★★

▶ En terme d'exigence, la montée depuis Bourg Saint-Maurice (1900 m de dénivelé) est la véritable grosse difficulté de l'épreuve, qui plus est s'il fait chaud.

▶ Entre Roselend et les Contamines, le terrain peut être très glissant par endroits.

▶ Le col du Tricot est bien raide, suivi d'une portion usante face aux changements d'appuis incessants, jusqu'aux Houches.

Organisation et soins des coureurs ★★★★★

▶ Comme sur l'ensemble des courses de l'UTMB, l'organisation est exemplaire et il n'y a pas de soucis à se faire.

Paysages ★★★★★

▶ Les amateurs de vues sauvages seront très largement servis !

Technicité ★★★★★

▶ Le terrain est un peu plus technique que la moyenne mais reste accessible.

▶ Le seul véritable passage délicat est constitué par la descente rocheuse et verticale du « passeur de Pralognan ».

▶ A contrario, quelques portions sont bien « roulantes » : descente du col de Chavannes, portions Notre Dame de la Gorge-Les Contamines et les Houches-Chamonix.

Ambiance ★★★★★

▶ La course est un peu plus « calme » que les autres épreuves de l'UTMB.

▶ Départ et arrivée sont quand même festifs et les participants peut-être un peu plus passionnés.

LE RAID 28
EQUIPE TUROOM SPORT NATURE
2
Demandez le catalogue GRATUIT sur papier libre. Ask for free catalogue.
RaidLight®
Partageons l'expérience / Share the experience
Equipements légers et performant de TRAIL, COURSE A PIED, RAIDS MULTISPORTS et ORIENTATION.
RAIDLIGHT - Chemin de Perquelin - 38380 SAINT-PIERRE DE CHARTREUSE - 04 76 533 555 - WWW.RAIDLIGHT.COM

LE RAID 28
la 3ème dimension de la course à pied
LE RAID 28
la 3e dimension de la course à pied

PRÉSENTATION

RÉSUMÉ

- Le Raid 28 est une course d'orientation par équipes, partant d'Eure-et-Loir (28) et se terminant à Bures-sur-Yvette, sur le campus de Saclay dans l'Essonne.
- Cartes, boussole et tactique sont au cœur de l'épreuve.
- 85 à 100 km (suivant le niveau de recherche des balises).
- 1000 à 1200 m D+.
- 120 à 130 balises à trouver (50 % obligatoires, 50 % à bonus).
- Équipes mixtes de 5 personnes (équipes de 3 sur les autres épreuves).
- 18 h 30 maximum, avec une nuit complète incontournable.
- 3 barrières horaires.
- En autonomie totale (un point d'eau à mi-parcours en secours).

QUAND ?

- Troisième week-end de janvier, le Raid 28 démarre le samedi soir et se termine le dimanche en début d'après-midi.

PARTICIPANTS

- Environ 500 inscrits sur l'ensemble des courses, dont 100 à 200 sur les épreuves longues.
- Environ 70 à 80 % de finishers en équipe complète (85 à 95 % sur les autres versions).

UN PEU D'HISTOIRE

Le Raid 28 est né d'un défi réalisé en 1994 par Patrick Pilorget, alias « Papy Turoom », ainsi que quelques compagnons, en vue de préparer le Raid Gauloise.

L'année suivante, le concept s'est développé sous la forme d'une course, avec une même constante : partir d'un point d'Eure-et-Loir (28) et rejoindre Bures-sur-Yvette en trouvant des balises à l'aide de cartes, boussole et indications.

L'épreuve « reine » se fait à cinq personnes, avec l'obligation d'une mixité homme/femme. Il ne s'agit pas d'une course d'orientation pure et dure car, sauf exception, les balises sont assez simples à trouver. Un minimum d'apprentissage est toutefois conseillé pour le ou les « orienteurs » qui joue(nt) un rôle clé.

Le terrain est souvent difficile car généralement boueux à très boueux, voire exceptionnellement sur un manteau neigeux ! La course nécessite de passer toute la nuit dehors, ce qui est assez sportif en plein hiver. Enfin, il y a systématiquement quelques cours d'eau à traverser à pied...

Néanmoins, l'excellente convivialité et la bonne humeur sont de mise. Les concurrents s'amusent beaucoup dans ce qui ressemble à une immense « chasse au trésor ».

Les épreuves longues sont assez difficiles et requièrent une bonne expérience de l'Ultra. Si le rythme peut paraître lent, il est dû à un incessant travail de fractionné à chaque recherche de balise. Les épreuves courtes sont sensiblement plus accessibles au plus grand nombre.

ALTERNATIVES (autres versions)

❖ Ultra-Raid 28	100 à 120 km,	1000 m D+,	130 à 140 balises, par équipes de 3.
❖ Equip'O Trail 28	idem Raid 28,		par équipes de 3.
❖ Semi-Raid 28	45 km,	450 m D+,	60 balises.
❖ Bures 28	30-35 km,	400 m D+,	40 balises.

POINTS CLÉS À APPRÉHENDER

▶ Le lieu exact du départ n'est révélé que la semaine de la course afin d'éviter toute tentative de repérage.

▶ Au départ, un roadbook et des cartes sont remis. Charge à chaque équipe d'y reporter les balises de son choix puis démarrer sa course.

▶ Les balises vertes sont obligatoires et engendrent des pénalités en cas de manque. Les balises bleues sont facultatives et génèrent du bonus en temps.

▶ Le Raid 28 est une course d'équipe où l'homogénéité et la cohésion du groupe sont essentiels.

▶ Le rôle de l'orienteur est central et, idéalement, il est bon d'avoir une deuxième personne capable de prendre le relais quand la fatigue finit par se faire sentir.

▶ Comme le pointage de toutes les balises dans le temps imparti est très difficile, il convient d'arbitrer les recherches afin d'éviter une arrivée hors délais et de gérer l'effort de tous.

▶ Une équipe incomplète peut quand même continuer en cas d'abandon ou absence d'un équipier, mais ne pourra pas être classée.

▶ **Le site de la course : www.raid28.com**

Raid 28

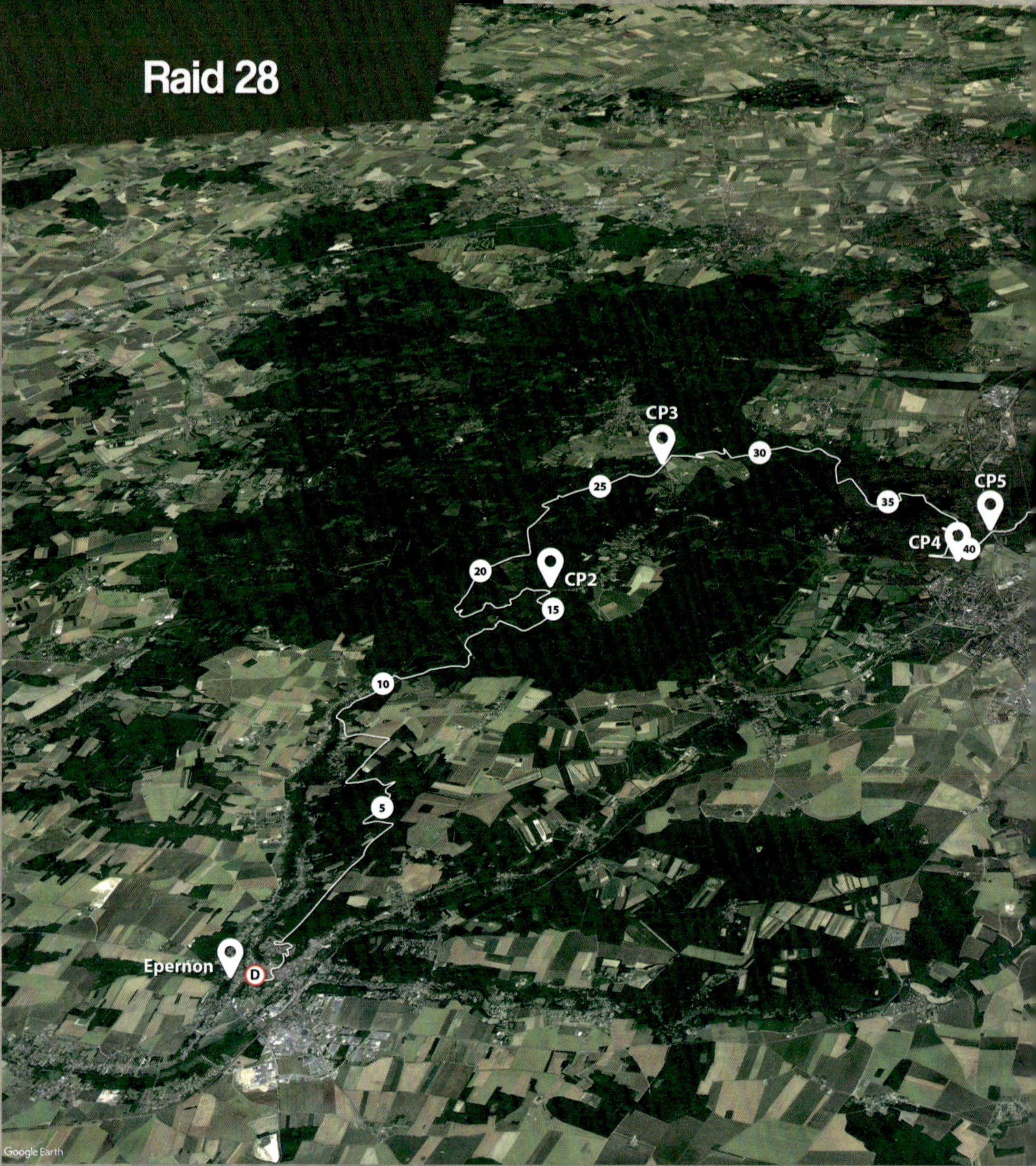

Les chiffres clés

Distance totale : 94 Km

Dénivelé positif : 1100 m

Dénivelé négatif : 1100 m

Altitude minimale : 50 m

Altitude maximale : 200 m

Profil altimétrique

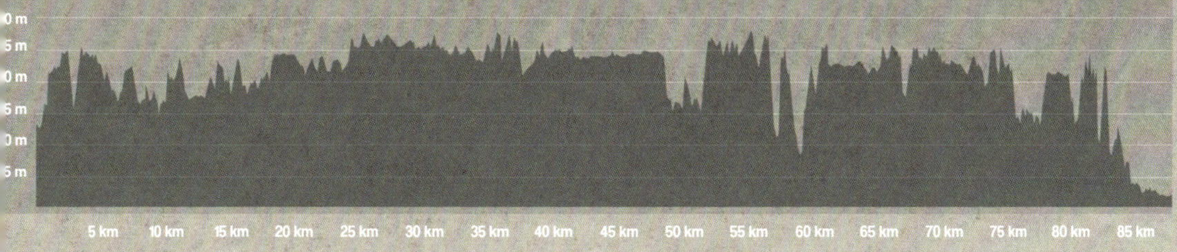

La course (94 km, 11000 m D+)

LE CONTEXTE

LE RAID 28, tout le monde connaît ? Une course d'orientation, de nuit, en plein hiver, par équipes avec toujours plus de kilomètres qu'annoncé tant on cherche les balises.

Les ingrédients de cette folle épreuve sont extrêmement ludiques et l'esprit d'équipe apporte clairement une toute autre dimension, la troisième comme le clament les organisateurs : il faut relever le défi en groupe, avec tout le monde, sans exception.

Ce projet, je l'ai déjà testé une première fois, mais avec autant de souvenirs bons que douloureux : une édition dans la neige, le froid et, avec à la clé, un abandon, au bord de l'hypothermie après 12 heures de course. Une version plus courte m'avait ensuite redonné le sourire deux ans plus tard.

Avec Christian et Sabine, ce projet, nous l'avions déjà eu, mais des blessures avaient contrarié nos plans et remis le projet à plus tard, avec une TDS mémorable en attendant.

Cette fois nous sommes inscrits les tout premiers, avant même l'ouverture, et héritons du dossard n°2... comme sur l'affiche ! (le n°1 est réservé aux tenants du titre).

« LA MORDOR RIRE(S) TEAM »

Nous sommes 5 Kikoureurs qui partageons d'innombrables aventures depuis quelques années déjà, y compris sur de grands Ultras (courses de plus de 24 heures) :

Christian, alias **Bubulle** : orienteur hors pair, il multiplie les gros Ultras (TDS, Montagn'Hard, Échappée Belle), est devenu un très bon Marcheur Nordique (vainqueur de l'Eco-Trail), s'entraîne ardemment et est un grand organisateur. Bref, il sait tout faire ! C'est le capitaine bis.

Sabine, alias **Sab** : passionnée, elle enchaîne les courses comme d'autres enfilent les perles et

multiplie podiums comme premiers Ultras (TDS, GRP, Templiers).

Fabrice, alias **Fafa** : pompier, il porte haut l'esprit d'équipe et s'y connaît aussi en Ultra (Grand Raid du Morbihan). Avec Sab, ils forment l'équipe dans l'équipe.

Yann, alias **Raya** : coutumier des grands Ultras (GR Morbihan, Montagn'Hard, UTMB), il a une capacité hors norme à ne rien lâcher... comme lors du dernier tour du Mont-Blanc où il fut un incroyable « survivor » !

L'équipe à l'entraînement, en conditions réelles !

C'est aussi un créatif et metteur en scène hors pair, comme l'atteste son incroyable teaser annonçant notre course.

http://goo.gl/i1RHv7

De mon côté, on pourrait dire... que je cumule un peu de tout ça ! Ma « sagesse » et mon expérience, y compris du Raid 28, me valent d'être promu « Capichef ».

Mes ambitions sportives, limitées par un emploi du temps surchargé et des genoux trop mous depuis 3 ans, m'obligent à compenser la vitesse par un peaufinage au mieux de la gestion d'ensemble. Et, là, ce rôle me va très bien.

Priorités sur la cohésion, la santé et la forme générale : appréhender et partager au mieux le rôle de chacun et assurer l'homogénéité sur tous les plans. Secondairement j'espère aussi faire un bon reportage de nos aventures.

Quant au nom de l'équipe – une tradition incontournable au Raid 28 - il s'agit d'une vieille blague entre nous sur le surnom donné aux Yvelines, pour son côté « coin perdu », couplée à un mauvais jeu de mots.

En tout cas, nous nous connaissons de longue date et, pendant presqu'un an avant l'épreuve, nous parlons de nos projets... quotidiennement ! Messenger est notre premier canal d'échanges. Nous nous voyons également souvent, lors de courses, de sorties « Off2Ouf », voire d'entraînements spécifiques « Raid 28 ». Un soir de novembre, de 22 heures à plus de 3 heures du matin, nous nous mettons même en conditions de course, sur la base d'une ancienne édition.

Vous l'aurez compris, nous sommes très unis et motivés. Mais aussi avec de l'appréhension, car ce sera une première ! En effet, il ne faut pas sous-estimer la difficulté du Raid 28.

Je suis bien placé pour le savoir, ayant été « traumatisé » par le froid (au bord de l'hypothermie) et contraint à l'abandon au trois quarts d'une édition antérieure. Sur la version longue on ne peut pas venir en touriste, pensant juste vivre « une longue promenade - chasse au trésor ». La boue, le froid, la nuit, la distance... savent user les organismes.

Régulièrement j'inonde l'équipe de recommandations... numérotées (!) pour leur plus grand plaisir (?), avec, pour finir, à J-7, un dernier « questionnaire » général de forme.

En effet, début janvier, l'équipe souffre de diverses blessures (dos pour Fafa, tendons d'Achille pour Raya et genou pour moi). Et malgré les soins, il y a de l'incertitude, sachant que nous devons TOUS franchir la ligne pour réussir. Chacun d'entre nous est clé !

Une chose est sûre, nous nous sommes bien mis en condition : tous prêts mentalement à 200 % !

JOUR J

Tandis que mes compagnons s'organisent pour rejoindre Épernon en train, je laisse ma voiture à l'arrivée (Bures-sur-Yvette) et prends la navette de l'organisation de 17 heures. Mes nerfs sont d'entrée mis à l'épreuve car le chauffeur se plante complètement. Originaire d'Eure-et-Loir et ayant repéré un minimum Épernon (Nord-Est), j'arrête le chauffeur qui s'apprête à finir à... Châteaudun (Sud-Ouest) ! Quand je le persuade de son erreur, il faut faire un demi-tour de plus de 40 km. Pire, il se trompe régulièrement et je dois finir par devoir jouer les orienteurs... Avec une bonne heure de retard, ce « test » m'a un peu énervé mais la joie de nous retrouver me

calme vite. Une bonne pizza (et même une bière) nous met tous d'excellente humeur. Derniers préparatifs dans cette jolie salle gothique des « Pressoirs » et nous passons à la traditionnelle photo et mini-interview avec Harry, le meilleur speaker de courses de l'Hexagone.

ÉPERNON

Samedi 21 h 08.

Top départ, je fonce récupérer puis transmettre les documents à Chris. Avec Sab, ils sont vite à pied d'œuvre pour reporter les premières balises. J'en profite pour étudier les documents annexes des « spéciales » (balises avec énigmes spécifiques) afin d'essayer de gagner du temps ultérieurement. La n°4, avec 5 balises bleues, est par exemple entièrement déchiffrée avec l'aide de Raya et Fafa.

Seulement un quart d'heure et nous voilà déjà quittant la salle ! Notre tactique est de faire plusieurs reports pendant la course plutôt que de perdre trop de temps au départ.

Nous sortons donc gaiement et attaquons la descente pavée. Déjà 50 m, et il est temps que je démarre l'application de course de mon Iphone... sauf que je ne le trouve pas dans mes poches ! Panique...

En bas de la côte, après 100 m, je vitupère contre moi-même et songe l'avoir oublié dans la salle. Ça commence bien ! Je remonte en courant et

trouve Harry. Il comprend la situation et tente de m'aider. Appel de mon téléphone, message au micro : en vain. Et puis finalement il le retrouve coincé dans le bazar de mes poches ! Cinq minutes de perdues, je ne suis pas fier mais soulagé quand même.

Pendant ce temps, Chris a déjà habilement organisé les recherches des premières balises. Résultat nos troupes ont attaqué sans attendre et déjà pointé les 2 premières.

Cette fois-ci on est bien tous partis. L'organisation que nous avons préalablement définie est simple : orientation et pointage sont les fonctions qui nécessitent un supplément d'énergie. Ce sont respectivement Bubulle et Sab qui s'en chargent car ils s'annoncent les plus compétents et/ou en forme.

Fafa va démarrer prudemment (et plus si affinités) et Raya, le plus « blessé », a pour première mission de s'accrocher et serrer les dents. Enfin, de mon côté, je suis chargé de porter le roadbook, relire les instructions autant que nécessaire et surveiller la gestion générale (temps de passages, forme de chacun). Evidemment, en fonction des évènements nous prévoyons de nous adapter.

Dès les premiers kilomètres, mon genou gauche me tiraille un peu. C'est léger mais guère prometteur car la douleur ne disparaît pas après l'échauffement... Dire que c'est une douleur liée à une mauvaise chute 15 jours plus tôt, me semble particulièrement ballot !

En tout cas, sur les 8-10 premiers km, on court quasiment tout le temps. Tout semble assez facile mais c'est la moindre des choses pour une course aussi longue. Notre stratégie est simple pour commencer : prendre toutes les balises, bleues comprises, soit aucune impasse pour le moment. Il y a beaucoup de forêt cette année et cela change des longues traversées de la Beauce. On subit moins les intempéries, mais davantage la boue aussi...

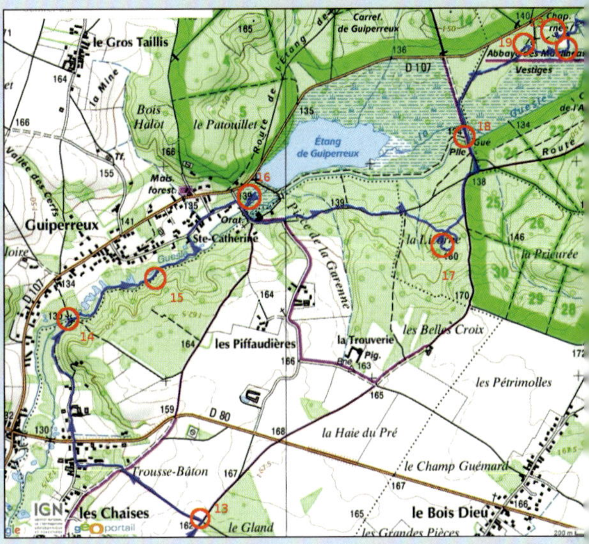

Après deux heures de course tranquille, le rythme devient plus haché. Le parcours est un peu plus accidenté et on commence à rentrer dans un mode de course qui ne nous quittera plus : un fractionné interminable ! On court, on marche, on s'arrête, on accélère, on ralentit...

C'est sans fin et, même si l'intensité n'est pas celle d'une séance de VMA, il faut sans cesse s'adapter au terrain, aux balises... Bref, ces éternelles relances vont nous user à petit feu...

Notre rythme est bon et la preuve nous est fournie par l'équipe n°7 de Cap Bollène - conduite par nos amis Kikoureurs Françoise et Xavier - que nous croisons sans cesse. Comme ils ont fini 4e l'an passé, ils sont une excellente référence pour nous... qu'on aimerait bien devancer ! Malgré la « concurrence », nous plaisantons à chaque rencontre et une traversée délicate d'un cours d'eau (entre balises nos 15 et 16) sera même l'objet d'un peu d'entraide. À ce propos, je suis content de constater l'efficacité de mes « sacs-bottes » qui me permettent de garder mes pieds au sec. Un bon recyclage de mes sacs de délestage de la TDS / UTMB !

Jusque vers 3 heures du mat', nos chemins vont régulièrement se croiser, même si nous prenons parfois des directions opposées !

Nous abordons maintenant le site des Moulineaux avec l'accès à différentes ruines perdues en pleine forêt. Le terrain est un mélange impraticable de boue, bosses et branches mêlées. C'est à se demander comment on fait pour progresser là-dedans ? Une sorte de Barkley, le célèbre Ultra impraticable américain ? Par endroits, on se demande vraiment...

Après une balise trouvée tout en évitant astucieusement d'attirer l'attention des équipes concurrentes, nous continuons de patauger et longeons l'enceinte en ruine d'une Abbaye. Nous trouvons enfin un accès vers l'intérieur, et là, surprise, des bougies sont posées au sol, indiquant le chemin vers la chapelle ! ...

Dans cet endroit décidément mystique, nous découvrons une fente au ras du sol, permettant de « ramper » vers l'intérieur... « Qu'est-ce que c'est que ce truc ? »

À l'intérieur, une grande salle, très haute, avec toujours des bougies et la balise n°23. Sur un autre pan de mur, deux directions s'affichent : Enfer ou Paradis ! La sortie est malheureusement dans l'axe du premier...

Les balises bleues qui suivent sont en plein marécage/étang et Chris propose de s'en affranchir pour la première fois. « Curieusement », tout le monde est immédiatement d'accord !

Nous poursuivons donc notre périple et finissons par atteindre le CP2 où nos amis et bénévoles (Jay, L'Bagnard, Michel et Audrey) nous attendent de pied ferme... et au sec.

Surtout ne pas glisser !

CHECK-POINT N°2

Après balise n°26 (16 km, 3 h 15) Dimanche 00 h 15.

Le comité d'accueil est nombreux et avec le sourire aux lèvres... Je comprends : nous allons traverser un tunnel... les pieds dans l'eau ! Je ne perds pas un instant et sors aussitôt mes sacs magiques que j'enfile aux pieds comme des bottes. Tout le monde m'observe... et finit vite hilare car ceux-ci sont vite percés, et l'eau me mouille comme tout le monde !

J'enfile mes bottes magiques !

Nous poursuivons nos pérégrinations, jonglant entre boue, chemins boueux et arbitrages des balises à prendre. La tactique s'impose idéalement : souvent les bleues sont au nombre de 5-6 d'un coup. Christian suggère que l'on se concentre sur celles les plus proches du chemin obligatoire (pour faire les vertes), ce qui permet d'optimiser le rendement effort/gain. On en laisse du coup juste 2 ou 3 à chaque fois.

Le roadbook nous indique par ailleurs les temps de passage optimaux à chaque CP (pour ceux qui ramassent toutes les balises). Cela nous fournit un excellent repère permettant de s'assurer qu'on ne se met pas en danger face aux différentes barrières horaires, tout en affinant régulièrement notre tactique.

Par exemple, aux abords des bleus n°s 30 à 35, nous zappons les trois plus éloignées et, tandis que Raya et moi faisons une pause en amont pour calmer nos douloureuses chevilles et genoux, une expédition des 3 autres se concentre sur la dernière bleue.

Raya joue aux terreurs !

Pour la première fois, la pêche est infructueuse, tandis que Cap Bollène traverse imperturbablement devant nous. Mais cela n'entame pas notre bonne humeur tandis que Raya joue aux terreurs...

Le terrain devient ensuite de plus en plus fou et impraticable. On y perd même parfois ses chaussures qui restent engluées (2-3 fois pour moi). On glisse, on patauge...
« La gadoue, la gadoue, la gadoue... » sous toutes ses formes !

http://goo.gl/x6JQ3C

Il me vient aussi un parallèle avec le Marathon des Sables, où j'avais pu découvrir la grande multitude de formes que le sable peut prendre. Et bien le Raid 28, c'est un peu pareil : on pourrait le renommer « Marathons des Boues » !
OK c'est moins poétique et vendeur... Mais demandez aux enfants où ils préfèrent jouer : dans le sable ou la boue ?

CHECK-POINT N°3

Après balise n°40 (26 km, 5 h 15) Dimanche 02 h 15.
Le roadbook nous indique trois quarts d'heure d'avance sur « l'horaire conseillé » : tout va bien ! Enfin faut le dire vite car les organismes commencent à être un peu fatigués à 2h du mat'.
La n°41 est vite avalée et... la suite devient un peu rocambolesque :
Les piles de ma frontale commencent par abdiquer, les chemins se compliquent, et c'est l'esprit de Chris qui finit par s'embrouiller. Il doute même de sa boussole ! Je cherche la mienne... et vais plus vite à tester celle de ma montre un instant. Le chemin est extrêmement boueux... Bref, en quelques minutes, nous pataugeons. Nous multiplions les changements de direction, pour finir par être perdus ! Arrêt.

Comme si cela ne suffisait pas, je me rends alors compte avec horreur que je ne tiens plus le roadbook dans ma main droite. Gros stress ! J'embarque Raya avec moi pour faire demi-tour.

Quelques dizaines de mètres et un croisement… où tout se ressemble ! L'ambiance est très humide, la visibilité mauvaise et c'est une impression de labyrinthe. Là, je suis au bord de la panique : mais comment va t'on faire ? Si je continue d'explorer au hasard, on va finir par tous se perdre !

Et puis, incroyable, je repère miraculeusement au loin un arbre qui me parle…

Ok, il ne m'a pas dit « viens par ici », mais avec la grosse flaque d'eau entourant ses racines apparentes, il avait eu la bonne idée d'attirer mon regard à l'aller. Finalement, 100 mètres plus loin, au carrefour, le roadbook m'attend tranquillement par terre : « Ben, alors, tu pensais te passer de moi ? », me souffle t-il d'un air moqueur.

Nous nous regroupons et je suis scié par le calme général pendant l'incident. Personne ne s'est énervé. Même pas un « merde » spontané ! Manifestement, Chris était déjà assez absorbé par la compréhension de notre localisation, tandis que les autres étaient plus hilares qu'inquiets.

Nous finissons par récupérer la fameuse 42. Le chiffre fétiche de Chris nous aura donné son lot d'émotions.

La suite est plus tranquille, jusqu'à la zone… du *Coupe-Gorge* ! Son étang, son carrefour, sa forêt… C'est charmant le Mordor, n'est-ce pas ?! On y viendrait sans hésiter en pleine nuit d'hiver… sans que nos parents ne s'inquiètent le moins du monde…

Et évidemment, on « jardine » un peu pour trouver cette fichue balise verte n°51 ! Une autre paire de manches… surtout qu'on ne la trouvera pas et ce sera la seule verte qui manquera au tableau de chasse. C'est mort pour le « grand chelem » vert…

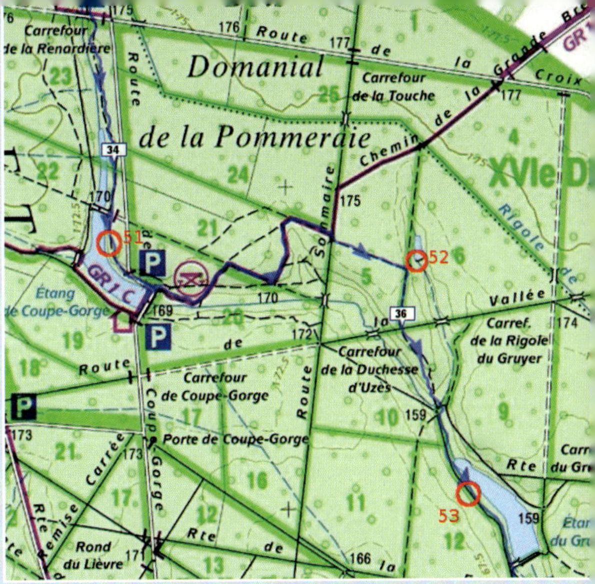

Ce n'est pas la fin du monde et il faut finir par se résoudre à poursuivre. Surtout que le Ru du *Coupe-Gorge* nous attend : la spéciale de l'annexe 4. Chris songeait à la zapper mais comme l'énigme est déjà résolue (cf. départ), il définit immédiatement la stratégie : on en fait 3 sur 5. Elles ne sont pas si faciles mais on s'en tire bien.

Fini le *Coupe-Gorge* ! Et voilà comment toute l'équipe rejoint le 4e point de contrôle.

CHECK-POINT N°4 + 5

Après balise n°59 (40 km, 8 h 10) Dimanche 05 h 10.

Situés au bord d'une large route, ces deux points sont très rapprochés afin de sécuriser la traversée de ces routes qui nous ramènent à la civilisation.

C'est surtout l'occasion d'avoir un point d'eau en sécurité. En réalité, on boit tellement peu que ce n'est même pas indispensable (je consommerai seulement 2,6 litres pendant l'épreuve).

Je peux enfin me débarrasser de mes sacs TDS pourris, et après un rapide plein d'eau, nous nous éloignons. Un petit coucou à Jay tandis que notre ami L'Bagnard ronfle dans sa Kikoumobile.

Il pleut et nous visons le tunnel de croisement des voies rapides pour préparer notre report de balises à l'abri. Ambiance lugubre et… très bruyante quand une voiture passe. Mais à 5 heures, elles sont très rares et leurs conducteurs doivent se demander ce que font ces cinq clodos assis par terre.

D'après Chris, la suite s'annonce longuette avec quelques lignes droites interminables… Mais pour moi, cela va être une petite délivrance : j'ai tellement mal aux genoux dès qu'on court que, là, je décide d'aborder ces boulevards de boue en marche nordique (sans bâtons)… à fond ! Les chocs sont incomparablement moindres et, mieux, je sens la détente de mes muscles quelque peu crispés.
Je sens la troupe courir à mes côtés et suis également rassuré par ma vitesse. Bref, je suis à fond dans mon trip et la douzaine de minutes passe trop vite.

Après la balise n°62, le terrain redevient normal, c'est-à-dire, boueux, glissant, humide… empêchant tout rythme de progression rapide.

Un peu plus de 6 heures du mat' et je tombe de nouveau en rade de frontale. J'ai fait l'erreur de débutant de mettre des piles rechargeables et la différence se fait sentir. Heureusement Raya me dépanne avec sa lampe de secours.

La nuit touche à sa fin quand nous apercevons un champ plein de lumières qui nous interpelle.

C'est un étrange élevage de faisans qui nous laisse pantois sur l'élevage industriel « amélioré »… Finalement, malgré les douleurs et la fatigue, tout passe relativement vite pour nous amener après la balise n°67, directement au PC 8 !

CHECK-POINT N°8

Après balise n°67 (52 km, 10 h 20) Dimanche 07 h 20.

Petite pause ravito. Chacun se pose un peu et je sors un de mes deux bons petits sandwichs. Michel (mon capitaine de l'édition 2015 et grand coéquipier du Marathon des Sables) est bénévole cette année. Il me propose une dose de sa

fameuse gourdasse bleue. J'accepte le ti-punch au grand « désespoir » de mes co-équipiers et sans m'inquiéter d'être en plein effort sportif, à jeun, à 7 heures du mat' !

Vaux de Cernay avec lever du jour : ça me rappelle 2013, où j'avais déjà trouvé ça magnifique, au milieu d'un calvaire tout blanc.

Il y a une balise (n°73) qui se repère à travers les branches d'un arbre spécial. Chris juge la recherche vaine, mais j'aimerais bien la trouver et me mets à tout observer au cas où... Malheureusement, nous ne passons pas à proximité.

On continue de progresser sans relâche, avec Chris et Fafa qui vont aussi vite que nous qui traçons tout droit ! Même pas le temps de souffler ni bronzer. Plus loin, peu après la n°83, je reconnais la zone de Dampierre et de la fameuse Maison de Fer.

C'est le moment de faire mon « commentateur du Tour de France » : « *tout en métal, dans le style Eiffel, cette maison avait été présentée pendant l'exposition universelle de de 1889, préfigurant le concept de maisons assemblées en deux temps trois mouvements, facilement déplaçable et qui sera utilisée dans les colonies françaises* ».

En attendant, la longue descente à côté de cette demeure historique se transforme surtout en « descente aux enfers » ! Mes genoux hurlent avec le choc sur le bitume et je me fais vite distancer. J'ai l'impression d'être un papy et d'avoir passé l'âge de ces trucs de malade. Ce sera pour moi le seul véritable moment de doute pendant la course.

Heureusement l'approche de la n°84 va changer la donne : le tandem Chris/Fafa va s'attaquer aux deux prochaines balises, tandis que le reste grimpe par une autre montée parallèle : objectif se retrouver à un coude « clairement établi »... La notion de coude prend alors une tournure inattendue. Après une bonne montée, la forêt marque un virage, où se trouvent, accessoirement, de jolis rondins de bois, comme autant d'invitations au repos ?

La petite troupe de trois s'interroge et se remémore : Wikipedia : *« En géographie, le coude est un virage dans le cours d'une rivière qui ensuite change la direction (par environ 90 degrés) ».*
On abandonne vite l'idée de cours d'eau car là, en pleine côte, c'est forcément un piège !
Petite vérification sur « Google image » et là, l'évidence nous saute aux yeux...

Ça doit ressembler à ça : comme ça correspond parfaitement à la topologie, nous nous précipitons sur nos « fauteuils » en bois. Hum, que ça fait du bien ! Tandis que nous soufflons, quelques concurrents se succèdent dont l'équipe n°6. Un petit salut et je lance un bluffant « on peut se permettre, vu qu'on a tout, à deux balises près ! »

Malheureusement, la notion de coude n'est pas du tout la même pour tous car Chris et Fafa nous attendent plus haut... Un peu de temps perdu, mais combien de gagné avec cette pause salutaire pour le physique et le moral ?

CHECK-POINT N°9

Après balise n°86 (63 km, 13 h 10) Dimanche 10 h 10.
Nous passons Montigny, témoin de mon arrêt 3 ans auparavant : plus d'abandon cette fois ! !
Nous redoublons l'équipe n°6 qui « perd son temps » en interview. Cela augmente encore notre motivation : on va les distancer pour de bon !

Le reste n'en est pas moins dur. Les genoux sont momentanément un peu moins douloureux, mais la fatigue a pris le relais. Pourtant, Raya court maintenant sans cesse.
Et s'il court autant, malgré ses tendons douloureux, il n'y a aucune excuse à ne pas le faire non plus. Du coup, tout le monde court de plus en plus systématiquement, alors que l'envie de marcher n'a jamais été aussi grande.

En fait, personne ne veut endosser le rôle de boulet. Personne ne veut être à la traîne. L'effet de groupe nous pousse incroyablement. La solidarité générale est tellement évidente qu'il n'y a pas besoin de tergiverser plus que ça.

Sab semble quand même entamée par un manque de sommeil apparent. Fafa lui est vif comme jamais et s'amuse désormais à pointer les balises comme un fou. Chris est toujours à fond dans son orientation et le seul souci serait qu'il néglige de reprendre régulièrement des forces. Mais pas d'inquiétude car il n'a aucun coup de mou apparent.

D'ailleurs, j'abonde et le félicite régulièrement : « on gère très bien le timing et ta stratégie de pointage est géniale ». Décodages et arbitrages ont été nickels et je lui confirme que l'on peut désormais se permettre de ne plus lâcher aucune balise.

L'équipe continue de tracer sans relâche, avec Chris et Fafa qui font les détours nécessaires et vont toujours aussi vite que nous qui traçons tout droit ! Pas un instant pour souffler...

CHECK-POINT N°10

Après balise n°101 (76 km, 15 h 20) Dimanche 12 h 20.

Toujours 45 mn d'avance sur le planning de référence. Je rassure mes équipiers : aucun souci à se faire sur les barrières horaires (B.H). On maîtrise parfaitement depuis le début. Je leur « publie » alors les stats habituelles : maintenant, même en marchant uniquement, on arriverait encore à l'heure.

Nous approchons ensuite de la « station de Trail », (le premier tracé spécifiquement dédié en Ile de France). C'est superbe avec de jolies zones rocheuses et variées. Il faut rester très vigilants

Rien ne vaut un pompier pour les acrobaties de pointage !

car les balises sont de type C.O., beaucoup plus petites et donc faciles à rater, ce qui manque, de peu, de nous arriver.

En tout cas, plus que jamais nous courons, et à l'issue d'un long passage glissant, Raya et Sab sont moins pliés de rire que de fatigue.
À l'obsession des B.H succède celle du temps restant à courir. Quand j'annonce « plus que 4 heures » ou plus tard « plus que 2 heures », les yeux de Raya et Sab pointent le ciel... Pourtant

on est typiquement dans une course où l'inconnue ne se joue pas du tout sur la durée, qui sera de 18-19 heures, le jeu consiste depuis le début à pointer le maximum de balises en visant d'arriver l'après-midi entre 15 et 16 heures.

CHECK-POINT N°11

Après balise n°108 (85 km, 16 h 40) Dimanche 13 h 40.

En approchant du CP11, j'entends déjà Laurent (L'Bagnard) hurler en courant « place, place, je cours avec des bottes ! » MDR. Jay, Michel et Audrey sont là aussi à nous encourager et cela fait un bien fou.

De surcroît, avec toujours trois quarts d'heure d'avance sur l'horaire conseillé, et 2 h 20 pour faire 10 km, on ne peut pas échouer : ça sent bon l'écurie ! Je commence déjà à savourer un peu notre victoire...

Luminosité et températures augmentent régulièrement et nous sommes maintenant de plus en plus « en ville » ou presque.

Plus que 4 balises : avec Raya, nous avons envie de pointer les dernières afin de marquer un minimum notre contribution sur ce point. Mon coéquipier commence par aller avec Chris dans une de ces « chasses à deux » habituelles. Plus loin, je réussis à débusquer l'avant-dernière qui était bien planquée.

Enfin, Raya pique un sprint pour avoir la dernière que je réussis tout juste à immortaliser en sprintant également :

Voilà, il ne reste plus qu'à faire un joli finish. Nous prenons le soin de laisser passer deux équipes du Bures 28 (la version courte) pour franchir la ligne seuls, tous ensemble...

Youhou ! Dernière balise !

BURES-SUR-YVETTE

Après balise n°117 (94 km, 18 h 08) Dimanche 15 h 08.

Les bras sur les épaules des uns et des autres, nous passons en savourant cette arrivée longuement convoitée. Le photographe de la course va juste manquer l'instant.

L'émotion est forte et nous nous congratulons en formant un petit cercle et hurlant « Yes, nous l'avons fait ! » Puis, quelques échanges avec le speaker : je suis ému, surtout touché par la beauté de cette équipe qui a fait si joliment front d'un seul bloc. Chris intervient à son tour tandis que je rejoins le groupe avec la merveilleuse soupe habituelle.

Nous sommes fatigués mais radieux !

ÉPILOGUE

Dans le gymnase, le repas d'arrivée est savouré comme il se doit. La bière est délicieuse, mais une seule suffira. Quelques coups de barre, mais aussi la joie de débriefer à chaud et échanger avec nos nombreux amis présents. À Clément qui me demande mes objectifs de l'année, je réponds que c'était le Raid 28 ! Donc le reste ne sera que du bonus...

Un peu plus tard, cerise sur le gâteau, nous apprenons finir 5e au général (14 équipes engagées, 11 au départ, 10 finishers). Très content pour une première, même si Cap Bollène est juste devant nous.

Elisabeth, dont la joie est communicative, vient récupérer la troupe Mordorienne et promet des m&m's dans sa voiture. J'en ferais presque le détour...

Je rentre finalement avec Raya et fait le bilan à la maison : 5 ampoules au pied droit et un genou gauche qui gémit bien. Ça devrait aller...

Enfin quelques jours plus tard, j'ai le droit à une jolie surprise de Sab avec des m&m's personnalisés ! Cool et adorable.

Voilà en tout cas la fin d'un épisode comme j'adore... en espérant en vivre bien d'autres encore !

ANALYSE

SYNTHÈSE

▶ Le Raid 28 est une épreuve unique en son genre, mélange de trail, d'orientation et d'esprit d'équipe.

▶ Une course « hors saison » ... pour bien démarrer l'année !

RECOMMANDATIONS

▶ Face à cette épreuve originale, il faut d'abord disposer d'une équipe homogène et de préférence aguerrie aux longues distances et difficultés.

▶ Une bonne cohésion et complémentarité de l'équipe reste la première clé d'un grand plaisir partagé.

▶ Des débutants endurants et bien accompagnés peuvent faire bonne figure.

▶ L'épreuve est physique mais largement tactique dans le choix des options d'itinéraire.

▶ En démarrant par une nuit complète, arriver reposé sera un plus évident.

ÉVALUATIONS

Mythe ★★★★★

▶ Le Raid 28 est une épreuve historique (1994) très respectée dans le monde du trail et de l'orientation, qu'il faut avoir fait au moins une fois.

▶ Course amateur dans le noble sens du terme, elle ne cherche pas la notoriété à tout crin, mais n'en reste pas moins un succès en croissance régulière, grâce à un taux de satisfaction extrêmement élevé.

Difficulté ★★★★★

▶ L'épreuve est assez difficile de par sa longueur, ses conditions hivernales et nocturnes, ainsi que l'absence générale de confort (pas de zones de repos ou de lieux chauds).

Organisation et soins des coureurs ★★★★★

▶ L'organisation est très rodée, sans prétention et avec un sens permanent de l'humour.

▶ Chaque année, la direction de course trouve des nouveautés et imagine de belles surprises qui font le grand charme de l'épreuve.

▶ Le ravitaillement de l'arrivée est soigné et copieux, dans un gymnase ouvert aussi aux accompagnants, ce qui permet de terminer idéalement sa course.

▶ Les bénévoles assurent totalement, ayant souvent disputé l'épreuve eux-mêmes.

▶ Chaque année, un très bon petit film est réalisé et offert en DVD aux participants.

Paysages ★★★★★

▶ L'essentiel du parcours se fait à travers des chemins de campagne et de multiples forêts.

▶ La direction de course arrive régulièrement à trouver des passages originaux dans des lieux inattendus.

Technicité ★★★★★

▶ La technicité du parcours est surtout liée à l'état du terrain, à la traversée de cours d'eau et au besoin régulier de faire du « hors pistes » pour trouver les balises.

Ambiance ★★★★★

▶ L'ambiance vient quasi exclusivement des coureurs et bénévoles.

▶ Comme l'esprit d'équipe prévaut et que personne ne se prend trop au sérieux, la convivialité est excellente et crée une ambiance exceptionnelle.

GRAND RAID DU MORBIHAN

L'ultra
marin
j'y étais
177 km autour de l'une des plus belles baies du monde !
Le Golfe du Morbihan
2015

PRÉSENTATION

RÉSUMÉ

▶ Le Grand Raid du Morbihan est une des plus longues courses non-stop de France. Elle consiste à faire le tour du Golfe du Morbihan, « une des plus belles baies sauvages du monde », en longeant principalement la côte maritime.
▶ 178/180 km.
▶ 1000 m D+.
▶ 42 h maximum/
▶ 6 barrières horaires.
▶ 9 ravitaillements et 2 points d'eau.

QUAND ?

▶ Dernier week-end de juin, le Grand Raid du Morbihan débute le vendredi en fin d'après-midi et se termine le dimanche vers midi.
▶ Les autres épreuves se déroulent principalement le samedi.

PARTICIPANTS

Le Grand Raid du Morbihan a été imaginé par Bernard Landrein, après un échec à la Diagonale des Fous en 2003. L'altitude ne lui réussit pas et il songe à un défi plus « horizontal », chez lui en Bretagne. Quelques mois plus tard, il teste son idée en conditions réelles et sa conviction est faite. En 2005, la première édition apparaît sous sa conduite.
Au début la course part de Locmariaquer pour finir 177 km plus loin, au port du Crouesty, deux points très extrêmes à pied... mais seulement distants de 800 mètres à vol d'oiseau !
Puis, à partir de 2010, une traversée de l'entrée du Golfe en zodiac a été imaginée, permettant de centraliser la course sur Vannes. Ce franchissement très original est décompté du temps final des coureurs.
À l'origine, le faible relief a attiré prioritairement les coureurs spécialistes de 24 heures. Mais la gestion de course est quelque peu différente (relief et ravitaillements), ce qui a vite laissé la part belle aux trailers aguerris.

Le Morbihan est une course assez atypique, pour ne pas dire sans équivalent.

ALTERNATIVES (autres versions)

✷ Les autres épreuves empruntent quasi exclusivement des portions du Grand Raid et se terminent toutes à Vannes.

✷ Grand Raid en relais :	Equipes de 4, en même temps que les coureurs individuels			
✷ Raid 87 km :	87 km,	450 m	D+,	départ du Crouesty ou Locmariaquer.
✷ Raid 56 km :	56 km,	400 m	D+,	départ de Sarzeau ou du Bono.
✷ Ronde des Douaniers :	36 km,	80 m	D+,	départ de Séné.
✷ Marche Nordique :	28 km,	50 m	D+,	départ d'Arradon.

POINTS CLÉS À APPRÉHENDER

▶ Sauf à être d'un très haut niveau, la course va impliquer de nombreuses zones de marche rapide. La difficulté va être de bien gérer l'alternance d'efforts, tout en arrivant à s'alimenter et digérer correctement.

▶ Il faut bien appréhender le grand nombre de zones bitumées, sources de chocs supérieurs, mais aussi de renvois de chaleur plus importants, tant au niveau des pieds que sur l'ensemble du corps.

▶ Le Golfe du Morbihan bénéficie d'un microclimat très doux et assez constant toute l'année. Cependant, plusieurs éditions ont été marquées par la pluie ou la chaleur, accentuant la difficulté de l'épreuve.

▶ Le parcours suit majoritairement les contours de la côte, ce qui engendre fréquemment de grands kilométrages par rapport aux distances directes réelles. Il faut savoir rester mentalement patient.

▶ **Le site de la course : www.raid-golfe-morbihan.org**

L'Ultra Marin

Les chiffres clés

Distance totale : 180 Km **Dénivelé positif :** 1 000 m **Dénivelé négatif :** 1 000 m

Altitude minimale : 0 m **Altitude maximale :** 35 m

Profil altimétrique

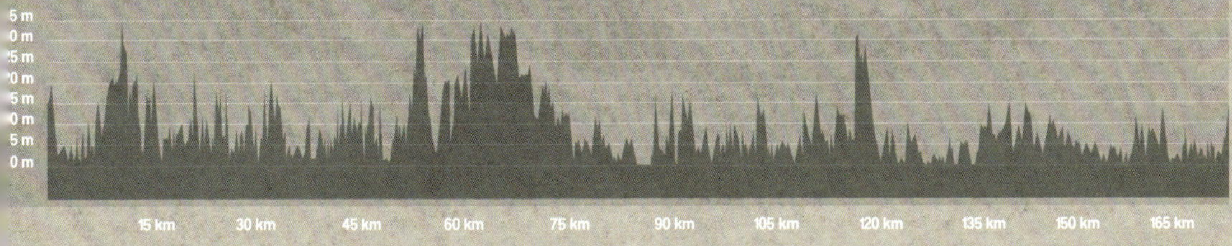

La course (180 km, 1000 m D+)

LE CONTEXTE

Le Golfe du Morbihan, c'est une sacrée longue histoire !

Tout a commencé par des sorties familiales à la voile dès l'adolescence. Cela s'est poursuivi en devenant Breton d'adoption, après des dizaines de séjours à sillonner régulièrement tous les recoins de ce petit paradis. En débutant la course à pied, j'ai ensuite eu envie de courir sur les chemins joliment aménagés le long de la mer. Enfin, au cours d'un séjour, j'ai découvert et récupéré par hasard la carte de cette nouvelle course incroyable : le tour du Golfe en près de 180 km !

L'expérience m'a fait immédiatement rêver... tout en pensant que cela avait toutes les chances de rester au stade du fantasme. L'épreuve est cependant rentrée dans un coin de ma tête...

Plus tard, après deux Eco-Trail de Paris 80 km assez réussis, quelques jolis résultats sur route et enfin la mise en œuvre de plans d'entraînement dignes de ce nom, le rêve m'est apparu possible. Pire, j'ai songé que ce n'était finalement pas très compliqué !

Après juste deux petites saisons de trail, je m'inscris donc avec confiance sur l'épreuve. En m'entraînant comme jamais, je suis même persuadé de pouvoir y faire un assez gros résultat... Un bon mois avant, la confiance ne baisse pas, avec en plus ma « sélection » pour courir aux côtés de Kilian Jornet, dans sa « Quest » des Pyrénées.

Bref, quand je dis à Marie qu'elle n'a pas de souci à se faire, que le Morbihan n'est qu'une épreuve où il suffit juste d'aller doucement... elle reste plus sceptique;

En réalité, pour moi, seul le doute sur le chrono existe ! Visant 24 heures avec ambition (Top 25), j'imagine mettre 26-28 heures au pire !

Les « hics » ne vont pourtant pas manquer.

À commencer par une grosse canicule le week-end venu, avec 30 degrés ! Du jamais vu, qui a de quoi faire peur. Puis ce sera un gros stress de dernière minute avec mes affaires, une déshydratation et une alimentation inadaptée, un rythme manquant quand même de prudence, et voilà comment surviennent des maux de ventre qui vont finir par ruiner totalement ma course. Bien que dans le Top 100, je dois m'arrêter à Port Nèze après 76 km et 10 heures de course : impossible d'avancer, même de marcher, sans d'abominables douleurs au ventre...

Pour la première fois de ma vie, je dois abandonner et la claque est belle ! Aucun regret, si ce n'est d'avoir brûlé un peu les étapes. Pendant les deux saisons qui suivent, je vais alterner d'autres réussites et semi-échecs et surtout beaucoup apprendre sur moi-même. Bref, le Morbihan fera partie des leçons qui permettent de progresser.

AVANT L'ÉPREUVE

Décidé à prendre ma revanche au plus tôt, les années se succèdent avec finalement d'autres priorités de courses. Jusqu'à ce que six ans plus tard, une opportunité se présente... deux mois avant l'épreuve ! Heureusement, ce n'est pas de l'improvisation totale car, outre une expérience de l'Ultra toute autre, je suis relativement bien entraîné aussi.

Après une longue absence dans le coin, j'ai même parcouru une partie des chemins lors du mois de février qui précède. Je pars aussi avec deux de mes meilleurs coéquipiers, Sab et Fafa, qui ont planifié l'événement depuis un an.

Pour cette édition, je reviens, toujours confiant, mais avec la volonté de profiter pleinement, sans me soucier du chrono. Je perds moins de temps à gérer la logistique et reste suffisamment alerte pour éviter les excès de confiance.

Mon idée est de viser 35-36 heures, avec un plan de route simplifié en 34 heures (le temps maximum autorisé est de 42 heures). Ces estimations sont surtout à titre indicatif. En effet, sans montre ni GPS, je compte avant tout me fier aux sensations et irai... au rythme de ma forme du jour !

Un bon logis chez l'habitant me met dans les meilleures dispositions. J'ai toutes mes affaires en double et, avec mon sac de délestage à mi-parcours, pourrais même envisager repartir de zéro s'il le fallait. En rigolant, je préviens d'ailleurs Sab et Fafa qu'il faut se préparer psychologiquement

à l'absence de ce sac à Arzon, phénomène accidentel déjà arrivé par le passé ! En tout cas, je suis paré à tout ou presque. Je n'ai que deux inquiétudes : la première vient des pieds... comment vont-ils supporter ? J'ose quand même une configuration inédite (chaussures neuves très amortissantes et pas de semelles orthopédiques)... qui va s'avérer plutôt judicieuse.

La deuxième vient de mon dossard : le 512 ! Quand on connaît Yohann Metay, finisher de l'Ultra-Trail du Mont-Blanc et auteur de l'hilarant one-man show « La Tragédie du Dossard 512 », on aurait peur pour moins que ça ! D'ailleurs, il m'écrit tout simplement : « Tu vas en chier, c'est le but » ! Un peu de stress est inévitable mais rien de méchant. Sans panique, tout est prêt dans le timing prévu, même la sieste d'une bonne heure, peu avant le départ.

VANNES

Vendredi 18 h 10.

Je rejoins la ligne seulement un quart d'heure avant et impossible de retrouver Sab et Fafa comme convenu. Un peu déçu, je croise mon ami Étienne avec qui démarrer ! Son côté un peu fantasque me détend tout de suite.

Dans une ambiance musicale et très festive, le coup de pistolet nous lâche pour... un petit tour supplémentaire d'un kilomètre, à travers la vieille ville et pour du beurre ! Je « grogne » car voudrais m'économiser et, du coup, y vais à deux à l'heure ! Il est 18 h 10 quand je franchis la vraie ligne, dans les dix derniers, parmi un peu plus de 800 participants.

Mon ami Étienne.

Mes nombreux amis de marche nordique (Michel, Chrystèle, Alain, Gilles, Sylvie, Henri, Ilze, Juris...) sont là et m'encouragent, ce qui fait chaud au cœur. Je double aussi un participant en marche nordique qui avance avec une belle technique.

Le début se fait à un bon petit rythme d'environ 7,5-8 km/h. Je double progressivement. Nous passons la piscine naturelle de Conleau et j'échange quelques mots avec les spectateurs. Plus loin, en avalant nos premières barres énergétiques, une jeune femme grimace en avalant sa compote... aux figues ! Je rigole... mais comprendrai plus tard, en découvrant et dégustant manifestement la même ! Le goût est pour le moins astringent...

En cette fin de journée, nous avons de la chance car la météo est parfaite, avec une température pas trop chaude (18 degrés) et déclinant doucement. Les bords de mer sont aussi magnifiques. De quoi progresser tranquillement sans effort.

Seul limite : le nombre élevé de passages sur du bitume.

ARRADON

(19 km, 2 h 33) Vendredi 20 h 43.

Après 2 h 30 de course, voici donc le premier ravito que je franchis juste derrière Louis-Marie (le marcheur nordique rapide que je ne connais pas encore). Ce chrono correspond pile au timing prévu, mais mes sensations me font réaliser que la marge risque d'être très faible sur l'objectif d'ensemble... Le temps d'avaler un peu de fromage et autres bricoles, tout en m'asseyant 3-4 minutes, et déjà il faut repartir.

Juste après, nous devons traverser une plage. Totalement immergée. Les premiers ont pu éviter la marée montante, mais pas nous.

Habitué à « nager » suite aux dernières inondations parisiennes, je me déchausse sans crainte et traverse avec de l'eau jusqu'aux chevilles.

Ce n'est pas désagréable mais il va falloir bien se nettoyer les pieds après : entre le sable et l'humidité, il faut prendre tout le temps nécessaire car cela pourrait coûter très cher plus tard. Enfin, ça fait quand même vite 10 minutes de perdues. La bonne humeur générale détend heureusement bien.

Nous enchaînons toujours avec de très jolies vues.

Vers Kerlevarec, le bras de mer est totalement vert et laiteux ! Les couleurs sont surprenantes et magnifiques en cette fin de journée. J'en prends plein les yeux.

Avant de faire demi-tour sur l'autre rive, j'aperçois Sylvie qui guette son chéri Philippe : ils disputent l'épreuve en relais à 4, mais celui-ci a déjà filé, sans doute trop pressé de lui passer la flamme au prochain ravitaillement ! Il est 22 h 00 et je profite

du coucher de soleil qui s'éternise pour admirer chaque jolie vue. Je retarde au maximum la sortie de la frontale et attends bien 23 heures passé avant de l'allumer. Il fait bon et c'est peu avant minuit que le ravitaillement de Larmor Baden est atteint.

LARMOR BADEN

(38 km, 5 h 30) Vendredi 23 h 40 (pause 20 mn).
La première impression est pour le moins mitigée : il n'y a déjà plus de soupe ! Grrr...

Je redoute l'effet d'être en queue de peloton. Il faut se nourrir au mieux car, malgré l'heure, il serait temps de dîner, non ? Des pâtes chaudes me consolent et, chose rare, le pain est bon. La pause assise de 15-20 mn est un peu plus courte que prévue mais appréciable : les pieds et genoux se sont déjà gentiment signalés et c'est le moment de les laisser souffler aussi.

Seulement on finit vite par se refroidir. Hop, je sors mes manchettes... avant de les faire glisser aux poignets, tant la douceur est encore très présente. À l'inverse, beaucoup de coureurs ont l'air de se préparer à affronter le Pôle Nord...

L'étape qui suit, avec ses 19 km, s'annonce relativement longue. La nuit est bien marquée cette fois. Nous entamons maintenant la remontée de la rivière d'Auray.

Heureusement le chemin est très cool et j'en fais un bout avec un coureur nommé Frédéric. Nous partageons notre expérience commune du Marathon des Sables de l'an passé ! Mon compagnon a aussi réussi plusieurs fois la Diagonale des Fous et l'UTMB. Mais il me confirme que chaque Ultra a sa vérité et combien, sans condition physique irréprochable, l'expérience ne suffit pas pour finir (ce qui sera son cas).

Nous nous quittons à un point d'eau où de nombreux spectateurs festoient en bord de mer. On a presque l'impression de faire partie du spectacle de leur soirée !

Peu après l'anse de Baden, nous redescendons au bord de l'eau et, juste avant, un panneau prémonitoire affiche : « Sans issue – Retournement Impossible »... Nous voilà condamnés à un voyage sans fin !

Il y a des lumières de coureurs sur la rive d'en face. Faute d'avoir révisé suffisamment le parcours, j'imagine que Sab et Fafa sont parmi eux... alors que ce sont les meilleurs, avec déjà plus de 30 km d'avance. Heureusement mon ignorance m'évite de prendre un petit coup au moral. Pour tout dire, la remontée de la rivière paraît vite d'une immensité sans fin ! Et vers 1 h 30-2 h du matin, je commence pour la première fois à me demander ce que je fais là... Déjà ?

Le bras de mer s'enfonce avec un passage sous un immense pont. Cela ressemble à la magnifique arrivée sur Auray, mais il ne s'agit que du Bono. De loin, une sorte d'immense et somptueuse ville fortifiée apparaît...
La réalité dévoile un petit port à marée basse, et des bâtisses beaucoup plus simples, mais non moins jolies.

LE BONO

(57 km, 8 h 53) Samedi 3 h 03 (pause 12 mn).

Je n'ai pas très faim mais mange un minimum, comme à chaque fois. Prendre des petites quantités pour tenir entre chaque étape... équivalente à une sortie longue de 2 à 3 heures.

Assis sur le marchepied d'un camion de secours, je change, comme prévu, de chaussettes et crème mes pieds. Une ampoule prend petit à petit forme sur la face externe du talon. La fatigue s'installe aussi, mais ça va.

Allez, c'est reparti et nous grimpons pour traverser un vieux pont en bois. Il est magnifique et le grand calme commence à envahir l'atmosphère. J'adore ce genre d'ambiance où le silence absolu domine. On a l'impression que la terre n'appartient plus qu'à soi. Mais, bon, il ne faudrait pas s'endormir et la musique vient à point nommé pour faire passer le temps et casser un peu l'isolement.

Je déboule vite sur Auray, la magnifique, vers 4 h du matin. Venu la première fois à la voile, ce lieu magique m'avait marqué. Le port et la ville semblent figés dans un autre siècle. Tout est ultra calme et superbe à souhait. Les éclairages donnent une dimension hors du temps.

Mais voilà déjà que nous attaquons le parcours sur l'autre berge. Voir de nombreux coureurs derrière soi a un côté rassurant...

Le jour commence à se lever quand mes compagnons favoris m'apprennent être juste devant au prochain ravitaillement. J'espère vivement les apercevoir...

CRAC'H

(72 km, 11 h 45) Samedi 05 h 55.

Sab et Fafa sont là et nous échangeons quelques instants. Puis j'aperçois Louis-Marie, le marcheur nordique, que je n'arrête pas de croiser. Cette fois nous repartons ensemble et échangeons enfin un peu. Sa facilité est déconcertante et il terminera en une trentaine d'heures seulement !

De mon côté, comme souvent quand le jour se lève, le moral grimpe en flèche malgré les douleurs aux jambes et aux pieds. Nous poursuivons tous les deux jusqu'à un point de contrôle destiné à s'assurer que personne ne coupe.

Puis, poursuivant seul, je retrouve un long chemin, encadré par deux hauts talus ainsi que de nombreux arbres. À travers, on devine de grandes surfaces planes très claires, avec une sorte de « coton totalement blanc » en suspension ! Mais de quoi s'agit-il ? Ne voulant pas ralentir, je n'arrive pas identifier ce que je vois :

Vers 8 h, la suite se transforme en gros coup de mou. Plusieurs bâillements sont révélateurs tandis que Locmariaquer est en vue. Je perçois le ponton à Zodiac tout proche... quand le chemin nous en écarte : enfer et damnation ! J'avais oublié qu'une boucle par la côte extérieure au Golfe, vers la baie de Quiberon, nous est imposée. C'est très joli et on aperçoit même l'île d'Houat et Belle-île au loin. Mais avec la fatigue, j'ai un peu de mal à profiter de ce plaisir.

Enfin, à 9 heures tapante, je pointe pour l'embarquement vers l'autre rive !

brume ? eau ? effet d'optique ? Avec la fatigue, je me surprends à ne pas comprendre ! Finalement, au bout de quelques centaines de mètres, je finis par réaliser qu'il s'agit de champs et que la lumière rasante donne cet effet blanc incroyable.

LOCMARIAQUER

(89 km, 14 h 50) Samedi 09 h 00.

L'organisation est parfaitement au point : arrêt du chrono d'abord. Puis des bénévoles nous mettent poncho et gilet sauvetage, sans le moindre effort à accomplir ! Enfin, même pas le

temps d'attendre plus de 2 minutes et le Zodiac nous emmène déjà vers Port Navalo.
La mer est légèrement agitée mais, assis confortablement à côté du pilote, je récupère déjà tout en profitant du spectacle. Mieux, j'échange avec une chargée de communication qui prend une bonne photo souvenir.
Suite à nos échanges, elle mettra même un petit mot sur la page de la course.

PORT NAVALO

(92 km, 14 h 50) Samedi 09 h 13.

En débarquant, une belle bouffée d'émotion me saisit ! Je revis en « débarquant sur mes terres ». Ce n'est pas la grande forme comme au récent Eco-Trail, mais retrouver un coin parfaitement connu apporte une grande force mentale. Cette visualisation est au-delà de ce que j'espérais.

Je reprends donc un bon rythme et retrouve vite ma petite plage préférée du Treno. Calme et mignone à souhait, c'est là que je m'étais refait le moral après mon échec du Grand Raid il y a 6 ans. Cette fois, je guide une poignée de coureurs qui cherchent la sortie peu balisée.

Avec Sab et Fafa.

Quelques sentiers plus loin, nous bifurquons enfin vers le gros ravitaillement d'Arzon.

ARZON

(97 km, 15 h 44) Samedi 10 h 07 (pause 60 mn).
Nouveau plaisir avec les retrouvailles de Fafa et Sab, posés en plein milieu de la salle de sport. Je vais aussitôt récupérer mon sac de délestage et… stupeur ! Ils ne l'ont pas. Arghh, mais comment est-ce possible ? Je fais alors partie des deux rares et mystérieux malchanceux…

La « tragédie du Dossard 512 » ?…

Malgré la grosse déception, je reste calme, positif et ne me laisse pas abattre. Tant pis, je me débrouillerai sans. De toute façon, j'avais justement bien souligné combien il faut savoir rester autonome. De surcroît, je ne prévois jamais quoi que ce soit de 100 % vital dans ce genre de sac. Juste des éléments de confort. À part l'absence de mes chaussettes de rechange, rien de très grave. Sab et Fafa me dépannent aussi de bricoles manquantes.

Sans perdre plus de temps, j'enchaîne avec le podologue car les soins sont indispensables ! En deux temps trois mouvements, il perce, soigne et strappe efficacement mes deux ampoules aux talons. Puis tandis que j'attaque un déjeuner chaud (coquillettes, purée), mes compagnons repartent. Comme planifié, la pause ne dépasse pas une heure et c'est bien requinqué que je redémarre.

Je me dirige vers « mes » chemins… mais me perds un peu dans les hautes broussailles ! Juste 300-400 m A/R en trop. Au lieu de tenter une percée hasardeuse, il vaut mieux faire demi-tour, même en connaissant les lieux.

Le chemin côtier est toujours aussi joli et, j'ai beau reconnaître chaque caillou, je m'attends à retrouver Porh Nèze en 2 secondes. Il faut juste rester patient car plus de 11 km sont à parcourir. Pourtant, avec la fatigue, j'en viens à me demander si Porh Nèze est vraiment sur le parcours ? En fait, ce point est attendu avec d'autant plus d'impatience que c'est un lieu très symbolique pour moi : témoin de mon abandon (quand la course tournait dans l'autre sens), il incarne plus ou moins consciemment l'idée de finir a minima ma boucle...

PORH NÉZE

(108 km, 18 h 57) - Samedi 13 h 15 (pause 20 mn).

Enfin nous y voilà ! Avec le soleil et l'effort, j'ai besoin d'une petite pause. Face à un coup de barre, c'est le moment idéal pour une micro-sieste de 10 minutes allongé sur l'herbe. Quelques petites collations, et c'est reparti pour 15 bornes. Encore une « sortie longue » d'un peu plus de 2 h 30 en perspective...

Le soleil tape bien mais la température reste raisonnable. Nous retrouvons le port du Logeo, avec son joli petit restaurant où il doit être agréable de se poser...

Le chemin est toujours très sympa mais finit par s'éloigner de la côte où le plaisir est moindre. Comme précédemment, au bout d'1 h 30-2 h, la fatigue m'envahit : je me perds encore et parcours 500-600 m en trop. C'est long, et je ne reconnais plus rien. Le chemin m'a l'air assez éloigné de mes souvenirs : mais c'est quoi cette campagne ? Quelles sont ces forêts ? Et où sont les habitations des hauteurs de Sarzeau ? Je grogne et, un peu épuisé, commence à me poser

bien des questions : il reste encore 55/60 bornes et ça va être aussi chaud que très long à terminer ! Les calculs mentaux sont effrayants : 12 à 15 heures plus les pauses : un truc de dingue ! C'est l'erreur à ne pas faire : se projeter sur l'arrivée au lieu de raisonner étape par étape...

Je songe à remettre la musique pour me changer les idées... mais préfère garder ça pour la nuit, quand ce sera vraiment dur. Il faut toujours garder des cartouches de réconfort...

Heureusement, le meilleur est à venir en arrivant, enfin, sur Sarzeau.

Il est 16 h 30, soit juste une demi-heure avant le départ de la course du 56 km. Et le millier de coureurs qui patientent, m'offre alors une longue et incroyable ovation ! J'en ai des frissons et suis vite pris par un flot d'émotions.

C'est l'esprit Trail dans toute sa splendeur, quand les coureurs s'encouragent et savent apprécier ce que les autres réalisent.

J'ai la larme à l'œil, saluant et remerciant au mieux tout le monde. Ce moment est clé car après un tel instant, il est inconcevable de ne pas finir !

SARZEAU

(123 km, 22 h 14) Samedi 16 h 37 (pause 65 mn).

Fourbu, je me précipite d'abord vers les podologues du ravitaillement. C'est l'occasion de faire d'une pierre deux coups : se reposer et faire soigner en même temps. Il sera temps de manger plus tard. Mes pieds sont dans un sale état car, en changeant d'appuis pour soulager les faces externes des talons, les faces internes sont touchées maintenant.

En m'allongeant, j'entends alors une voix sur le lit juste à côté : Mais ?... c'est Sab ! Fafa dort aussi à quelques mètres. La bonne surprise est de courte durée car j'apprends leur abandon ! Incrédule, je découvre que leurs bobos sont trop nombreux pour poursuivre. On en parle, même si insister ne changera rien.

J'enchaîne avec une indispensable micro-sieste de 20 mn avant que mes amis ne me quittent pour prendre leur navette de retour. Je suis triste pour eux, un peu déstabilisé, mais tente de ne pas me laisser emporter.

Allez, on reste concentré car il faut maintenant remettre un peu de charbon. Une bonne soupe, du fromage et du riz au lait rechargent idéalement les batteries.

À table, je discute et coache au mieux une coureuse avant de vite repartir : il faut positiver au maximum !

En route, je croise une concurrente qui a fait le Marathon des Sables l'an dernier aussi. Quel bon hasard et plaisir de partager nos expériences après coup. C'est la magie des rencontres improbables.

En arrivant sur la zone de Saint-Armel, je me détache un peu et retrouve des lieux sauvages, absolument superbe ! J'étais impatient de retrouver ces passages bordés de part et d'autre par la mer et les marais.

Dans la foulée je me retrouve à échanger avec un autre trailer, Jean-François. Le courant passe très bien et il me propose de faire équipe ensemble jusqu'au bout. J'accepte aussitôt l'idée car il va falloir être fort avec la deuxième nuit qui s'annonce...

La lumière décline et avec le seuil des 2 h, fatigue et maux de pieds sont déjà revenus... J'ai toujours cette sensation, bizarre et jamais rencontrée, d'avoir « les pieds écrasés sur des chaussures en bois » ! Des Hoka surdimensionnées pourtant ! J'ai alors la conviction que ma course aurait pu facilement être ruinée par ma « stratégie » initiale : des Salomon très souples et légères pour commencer, suivies par ces Hoka à Arzon, dans mon sac de délestage... que je n'aurais jamais récupérées ! Du coup, mes pieds et genoux n'auraient très probablement pas pu supporter la totalité du parcours avec des chaussures légères. Bref, une course peut facilement se jouer à un « détail ».

LE HEZO

(139 km, 26 h 37) Samedi 21 h 00.

Le Hézo est avant tout un bâtiment « point de contrôle ». Mais c'est une bonne occasion de s'asseoir 5 minutes sur une chaise. Pas besoin de refaire le niveau d'eau, il reste de quoi tenir les 5 prochains kilomètres.

Après une courte hésitation sur un gros rond point en travaux, nous passons sous la route principale à travers un petit tunnel. Le balisage est globalement très bon, mais sans vigilance régulière, une erreur peut très vite arriver.

NOYALO

(144 km, 27 h 49) Samedi 22 h 11 (pause 25 mn).

La nuit tombe quand nous arrivons à Noyalo. Jean-François et moi fonçons directement vers la tente de secours pour nous allonger. Deux lits de camp sont encore disponibles.

Malgré la couverture chauffante, j'ai tendance à me refroidir et m'interroge sur la suite avec mon t-shirt bien léger pour la nuit.

Heureusement, 15 minutes de micro-sieste et quelques bricoles avalées reboostent bien. Je mets mes manchons et prépare la frontale.

Allez ! Si on se faisait une nouvelle petite sortie longue de 2 h 30-3 h ? Avec Jean-François, nous discutons tellement bien que l'étape passe presque toute seule ! La fin est toujours difficile mais reste gérable. Et puis surprise, malgré l'heure très tardive, je continue de recevoir quelques petits messages nocturnes bienvenus.

SÉNÉ

(158 km, 33 h 02) Dimanche 02 h 10 (pause 75 mn).

À Séné, un grand gymnase permet de souffler. Je commence directement par une sieste de 10 minutes tandis que Jean-François se restaure. Puis nous échangeons et nous mettons d'accord pour une sieste de 20 mn. Il va falloir être forts pour affronter le dernier « semi-marathon » d'une traite. Autant le dire, l'appréhension d'une fin « galère » est très forte... Au bout du deuxième temps de repos, je négocie un dernier quart d'heure supplémentaire. Jean-François est cool et n'oppose aucune contradiction.

Cette fois-ci nous repartons pour de bon et je mets veste et couvre-tête. C'est juste, mais il faudra faire avec ! Quel contraste avec la première nuit, intégralement en t-shirt...

« Allez, encore 4 heures et si tout va bien, nous en aurons fini ! »

Au début pas de souci. En moins de 2 heures, nous passons un point de contrôle où on nous indique « plus que 13 bornes ». Mais la suite se transforme en chemins interminables qui ne semblent avoir aucun sens, du moins changeant tout le temps. D'ailleurs, un camion de secours cherche désespérément un coureur en difficulté, ce qui nous conforte sur le danger en cas de problème.

Bon sang, mais où sommes nous ? Je finis par sortir mon téléphone pour regarder le GPS : Et là, stupeur : nous sommes à... Séné !

À deux pas du ravito quitté il y a bien longtemps maintenant. Cela flanque un coup au moral et marque « le début de la fin »...

Fatigué, j'ai mal aux pieds et en ai marre des bâtons... J'ai froid dès qu'on s'arrête 2 secondes. Mon esprit tente de vaquer vers un sujet paisible mais rien ne me vient à l'esprit.

Des morceaux de musique de Dire Straits tournent en boucle dans ma tête et c'est à en perdre la tête, avec notamment le magnifique

mais révélateur « Where do you think you're going » :

http://goo.gl/Nj5o1N

Where do you think you're going ?
Don't you know it's dark outside ?

Where do you think you're going ?
I think you don't know...

There's really no place you can go...
(...) And now I'm sick of joking
You know I like you to be free...

Heureusement Jean-François est là et, à deux, j'évite de sombrer dans un « début de folie ».
Avec la fatigue, les hallucinations se multiplient aussi. Je perçois de nombreuses fresques au sol (!) et songe qu'une photo me ferait sans doute rire plus tard... Je titube aussi régulièrement. Plus grave, à un moment donné, je m'endors en marchant et rêve, un instant, d'un truc totalement hors sujet... avant de me réveiller subitement : mince, ça devient chaud... et vraiment dur.

Le jour se lève enfin et nous tournicotons toujours. Il fait encore plus froid avec l'humidité qui remonte et le moindre arrêt se transforme en glaciation. Alors que le port est quasiment en vue, on devine attaquer un énième gros détour. Désormais c'est la paranoïa qui s'installe : c'est clair, le parcours a été rallongé car nous devrions déjà être arrivés !
Sans montre, aucune idée du rythme ni de possibilité de connaître l'arrivée à une heure près. Un supplice, assurément. Et ce n'est pas faute d'avoir été prévenus par d'anciens finishers. Mais sur le moment, l'esprit tourne en boucle...

Heureusement, mes amis de la Mordor Rire(s) Team m'envoient des messages qui font beaucoup de bien. Raya m'invite à battre son chrono (37 h 45) ce qui me semble totalement impossible... et le cadet de mes soucis !

Finalement, au bout d'un temps interminable, c'est la dernière ligne droite vers le port. On avance mais avec un tout petit peu de mal à savourer, tellement impatients d'en finir. Le jeune fils de Jean-François nous rejoint 500 m avant la ligne. Ces jolies retrouvailles sont belles à voir.

Dernier virage et nous décidons de finir en trombe les 150 derniers mètres (à plus de 8 km/h), histoire de dire qu'il nous en reste encore sous le pied ! Il n'y a que 3 spectateurs pour nous applaudir... mais on s'en fout. On l'a fait !

VANNES

(179 km, 37 h 56) Dimanche 08 h 19.

Waouh ! Je ne réalise pas du tout, mais n'en suis pas moins heureux d'avoir réussi. Un très joli polo exclusif (réservé à l'Ultra) nous attend en récompense. Technique et assez classe, je l'enfile aussitôt. Une petite photo et voilà de quoi rassurer (via Facebook) les fans qui font la grasse matinée et découvriront bientôt la nouvelle...

Je file ensuite directement à mon Bed & Breakfast pour une douche et 2 h 30 de sommeil de plomb. Au réveil, j'apprends avoir mis officiellement 37 h 56. J'ai fini 426e sur presque 900 inscrits, et même 3e au Challenge par équipe (avec Kikouroù).

ÉPILOGUE

Le constat de tant d'abandons (plus de 40%) m'a d'abord surpris. Mais de toute évidence, il s'explique déjà par les longueurs et difficultés à bien gérer l'épreuve. C'est forcément très compliqué de bien doser la proportion de course et marche, qui plus est par forte chaleur.

Beaucoup se mettent exclusivement à marcher ou presque dès le 40e-50e kilomètre. La réalité est que les relances sont très usantes et pas toujours bien rentables en termes de dépense énergétique. Il y a aussi beaucoup de bitume (manifestement un bon tiers) et les chemins sont assez cassants avec leurs innombrables petites montées et descentes.

Du coup, la difficulté du Morbihan est clairement de trouver la bonne stratégie. En tout cas, il me semble impératif de bien savoir marcher, car à partir du 100e km, la majorité du peloton ne fonctionne plus qu'en marche ou presque. Lors de ma première tentative, j'avais commencé par courir beaucoup trop et cela n'avait pas été la meilleure idée. Bien sûr, tout ceci est aussi une question de niveau...

Bref, malgré l'expérience, la difficulté a encore réussi à m'étonner quelque peu. Il ne faut vraiment pas se griller, bien se connaître et avoir un mental très affuté. Comme pour tout grand Ultra, en somme...

P.S : le tour du Golfe en voiture... est donné pour 66 km et à peine plus d'une heure !

ANALYSE

SYNTHÈSE

▶ Une épreuve idéale pour découvrir ou se perfectionner en trail, dans un des plus jolis bords de mer de France.

▶ Une épreuve en milieu d'année qui peut constituer l'objectif central et majeur de la saison.

RECOMMANDATIONS

▶ Le Grand Raid est une course très ouverte, mais destinée d'abord aux coureurs ayant de l'expérience sur les efforts d'ultra-endurance. Les autres versions offrent la possibilité de progresser par étapes.

▶ Le peu de dénivelé et la largesse des barrières horaires laissent à penser que la course est très accessible. En réalité, il faut se méfier des apparences car les incessant petits changements de reliefs sont usants, tout comme la difficulté à trouver et gérer le bon rythme d'effort.

▶ Savoir bien marcher est extrêmement utile sur la deuxième partie de la course.

ÉVALUATIONS

Mythe ★★★½☆

▶ Le Morbihan est devenu une des rares épreuves, à la fois très populaire (+5000 participants) et offrant un Ultra relativement difficile.

▶ Avec un taux de finishers limité, et de nombreux coureurs avouant être finalement plus à l'aise sur les courses de montagne, la réputation de la course parmi les grosses épreuves françaises n'est pas usurpée.

Difficulté ★★★½☆

▶ L'épreuve est accessible grâce à la variété des formats proposés.

▶ Par rapport aux épreuves de montagne, les variations de température sont sensiblement moindres, mais l'excès de chaleur ou de pluie peut faire facilement beaucoup de dégâts.

Organisation et soins des coureurs ★★★★½

▶ Les participants sont manifestement placés au centre de l'événement avec un objectif de satisfaction maximale.

▶ L'organisation est très au point avec des équipes locales rodées, gérant efficacement les multiples lieux de départ.

▶ Un système qualité permet une amélioration constante année après année.

▶ Les ravitaillements sont particulièrement réussis et confortables, avec une très bonne variété gustative et des gymnases aussi fréquents que bien aménagés.

▶ Le balisage a beaucoup progressé mais reste cependant un peu juste par moment, en particulier lorsque l'on passe de nuit.

▶ Enfin les bénévoles sont très nombreux et bienveillants.

Paysages

▶ Le Golfe du Morbihan a la réputation d'être parmi les plus belles baies du monde.

▶ Difficile de tout lister, mais certains passages en bordure de mer sont particulièrement réussis, comme les portions Port Navalo-Sarzeau, Arradon-Auray et les zones sauvages du Parc Natura 2000.

▶ Les traversées du Bono et d'Auray sont également typiques de la Bretagne traditionnelle.

▶ Depuis la mise en place d'une liaison en Zodiac entre Locmariaquer et Port Navalo, l'épreuve alterne régulièrement le sens de son parcours. Cela permet de découvrir l'ensemble des paysages à différentes heures et angles de vue.

▶ La vieille ville et le port de Vannes valent également le détour.

Technicité

▶ Le parcours est relativement peu technique, mais avec quand même d'innombrables petites montées et descentes.

▶ De nombreux passages sur du bitume (estimé à 30-40 %) sont à appréhender.

Ambiance

▶ L'ambiance est très variable suivant les lieux et horaires de passage. On sent toutefois toute une région mobilisée positivement.

La Diagonale des Fous.

L'Ultra-Trail du Mont-Blanc.

ULTRA TRAILS LES PLUS MYTHIQUES

Le Marathon des sables.

Chaque Ultra a son incroyable histoire, ses particularités bien spécifiques, sa ferveur, ses héros et bien d'autres détails qui marquent le Trail de façon hors norme.

EN QUELQUES ANNÉES, les « Ultra-Trails » se sont multipliés. L'appellation, revendiquée par Catherine Poletti, co-fondatrice de l'UTMB, s'est vite démocratisée au point de devenir un terme générique des plus courants.

Avec la création de l'Ultra Trail World Tour (UTWT), une quinzaine de courses, parmi les plus emblématiques, se sont regroupées en un championnat du monde, original et prisé. Cela n'en fait pas pour autant de chacune d'elles une épreuve de légende.

L'aura d'une course se mesure à son **histoire**, l'**enthousiasme** qu'elle suscite, la **difficulté** d'accès et surtout les particularités de l'épreuve, de son environnement…

À ce titre, les Marathon des Sables, Grand Raid de la Réunion, UTMB, ou encore Western State, font figure d'épreuves du **Grand Chelem du Trail**. Comme au Tennis avec les spécificités des différentes surfaces, il est difficile de maîtriser toutes les épreuves de la même façon. Chaque Ultra a son incroyable histoire, ses particularités bien spécifiques, sa ferveur, ses héros et bien d'autres détails qui marquent le Trail de façon hors norme.

Aussi diverses qu'exceptionnelles, ces courses sont le fer de lance de l'Ultra-Trail mondial. Vous découvrirez ainsi :

- Le **Grand Raid de la Réunion** : une des courses les plus difficiles, sur une île unique au monde tant ses variétés géologique et humaine sont hors norme.
- L'**Ultra-Trail du Mont-Blanc** : probablement l'Ultra le plus universellement disputé, avec un niveau sportif très élevé et un cadre mythique. Le Wimbledon du Trail ! ?
- Le **Marathon des Sables** : plus qu'un Ultra très sportif, une aventure où les valeurs humaines prennent une dimension exceptionnelle.

WWW.GRANDRAID-REUNION.COM
LA DIAGONALE DES FOUS
18 AU 21 OCTOBRE
20ÈME ÉDITION
LA DIAGONALE DES FOUS 170 km 10845 m D+
LE TRAIL DE BOURBON 93 km 5035 m D+
LA MASCAREIGNES 63 km 3151 m D+
CARNET DE ROUTE
SFR
LA RÉUNION
edf
Tereos Océan Indien
INTERSPORT

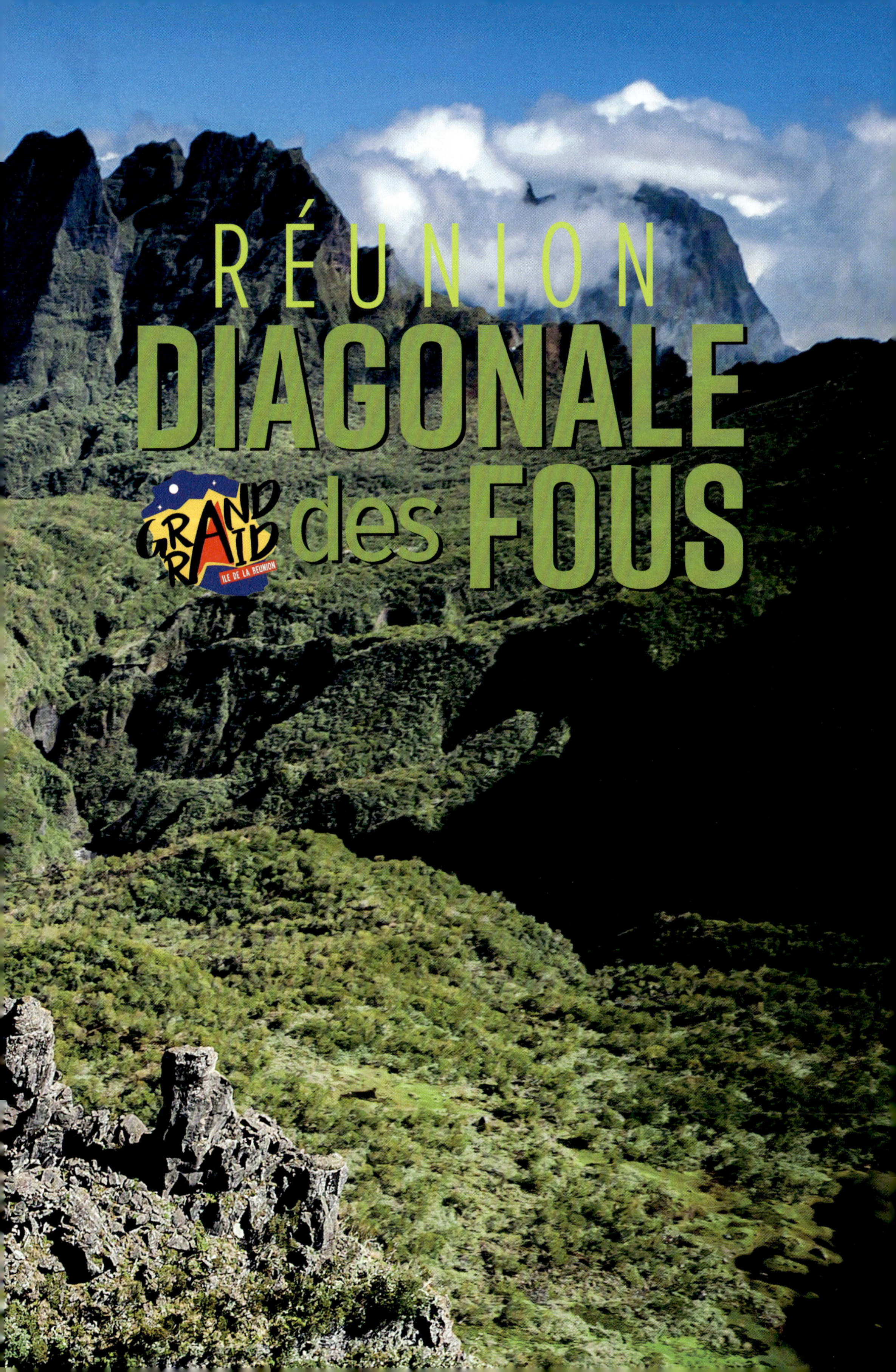
RÉUNION
DIAGONALE
des FOUS
GRAND RAID
ILE DE LA REUNION

PRÉSENTATION

RÉSUMÉ

▶ Traversée de l'Ile de la Réunion, à travers son volcan et ses trois cirques.
▶ 165 à 170 km (parcours modifié en partie chaque année).
▶ 9 à 10 000 m D+ .
▶ 66 à 70 heures maximum.
▶ 22 barrières horaires.
▶ 20 ravitaillements.

QUAND ?

▶ Troisième semaine d'octobre, la Diagonale des Fous démarre le jeudi soir à 22 h et se termine le dimanche en début d'après-midi.

PARTICIPANTS

▶ 2500 à 2800 inscrits, la moitié des inscriptions est réservée aux Réunionnais.
▶ 1300 à 1700 finishers (50 à 70 % suivant les éditions).
▶ 40 nationalités représentées (10 % des participants).

UN PEU D'HISTOIRE

Les premières courses traversant l'île ont lieu de 1989 à 1992 et vont connaître divers succès, avec plusieurs organisations, appellations et formats, allant de 112 à 125 km.

La naissance du Grand Raid démarre véritablement en 1994, après une épreuve 1993 à deux doigts d'être annulée. Grâce à Jean-Pierre Charron, qui a sauvé et lancé la course, l'organisation se stabilise. Un des ses adjoints, Robert Chicaud, prendra le relais à partir de 1999. Le nouveau format en semi-autonomie attire plus de coureurs et les médias commencent à s'y intéresser : le magazine « Jogging International » la baptise « Diagonale des Fous » tout en la qualifiant de deuxième plus belle course du monde ! La légende est en marche...
Les difficultés restent cependant multiples et régulières : gérer la croissance, se professionnaliser tout en restant amateur, faire la chasse aux autorisations, adapter un parcours complexe face à des passages parfois impraticables, lutter contre des dissensions internes. Ces phénomènes sont classiques, surtout quand l'engouement s'en mêle. Car la Réunion est une île attachante, comme passionnée dans tous les sens du terme !

À l'origine, le Grand Raid se dispute sur 120 à 130 km, avec différents lieux de départ comme d'arrivée. À partir de 1998, cette dernière s'installe définitivement au stade de la Redoute à Saint-Denis (chef-lieu, au nord-ouest). De 2003 à 2012, la légende prend un peu plus forme avec un somptueux parcours qui se stabilise entre le Cap Méchant de Saint-Philippe (extrême sud-est) et Saint-Denis. De plus en plus long et difficile, celui-ci passe progressivement de 130 à 170 km. En 2013, face à des difficultés d'accès au mythique volcan, le départ doit migrer à Saint-Pierre (milieu sud).

D'institution, la course a pris régulièrement de l'ampleur et l'essor du Trail n'a fait qu'accroître son attrait. Sur une île extraordinaire, entre bords de mer et cols à plus de 2000 m d'altitude, avec un terrain cumulant jungle, désert, boue, racines et rochers, et un climat alternant humidité, froid et fournaise... les participants sont aussi courageux que fous ! Ce n'est pas un hasard si les finishers locaux bénéficient d'un énorme respect et d'un atout sur leur CV...

En 2012, pour la 20e édition, un cap est franchi avec plus de 2800 inscrits. La venue de Kilian Jornet et des conditions particulièrement difficiles renforcent la légende de l'épreuve. Après plusieurs années pendant lesquelles les Réunionnais ont trusté les victoires, le prestige de la course a progressivement attiré les tout meilleurs mondiaux. La « Diag » fait aujourd'hui partie de l'Ultra Trail World Tour et la course s'internationalise progressivement de plus en plus.

Parmi les grands noms récents du palmarès figurent également : François D'Haene (3), Julien Chorier (2), Pascal Parny (2), Antoine Guillon et Vincent Delebarre chez les hommes. Marcelle Puy (5), Nathalie Mauclair (2), Émilie Lecomte (2), Karine Herry (2), Nuria Picas et Andrea Huser chez les femmes.

La victoire se joue habituellement en 24 heures chez les hommes et 28 heures chez les femmes.

ALTERNATIVES (autres versions)

Trail de Bourbon 111 km / 6400 m D+ (45h maxi).
Autrefois appelé « semi-raid » (60 km en 2000), sa distance a suivi l'inflation de son aînée et enchaîne Cilaos, Salazie, Mafate et Saint-Denis.

La Mascareignes 65 km / 3400 m D+ (18 h maxi).
Créée en 2011, elle part de Salazie et va directement vers Saint-Denis.

POINTS CLÉS À APPRÉHENDER

▶ Le parcours évolue régulièrement chaque année avec certaines bases constantes néanmoins, notamment une incursion minimale vers le volcan et dans les 3 cirques.
▶ L'absence d'un GR sur la totalité du parcours et certaines complexités d'autorisations de passages ne facilitent pas la tâche. La météo s'en mêle aussi parfois et des solutions de replis doivent alors être trouvées malgré le peu de marge de manœuvre.
▶ Depuis 2013, il faut désormais se qualifier pour pouvoir participer et les tirages au sort ont fini par s'étendre à tous.
▶ La notion d'autonomie prend tout son sens pour les coureurs, vite livrés à eux-mêmes.
▶ Avec un parcours très accidenté par endroits, la course peut s'avérer dangereuse. Quelques rares accidents mortels ont malheureusement été déplorés.
▶ Les barrières horaires semblent larges mais sont facilement trompeuses, faute d'être bien régulières et surtout assez serrées jusqu'aux trois quarts de la course.
Cilaos (40 % de la course environ) cumule 50 à 75 % de tous les arrêts et abandons.
Maïdo/sortie Mafate (75 % de la course) cumule 90 % des arrêts et abandons.
▶ Le passage du Piton Maïdo est le juge de paix : il doit être atteint en 45 heures environ (65 % du temps maxi). Les barrières sont beaucoup plus larges ensuite et le taux d'échec s'amenuise fortement. Sortir « vivant » de Mafate sera donc la clé du succès.
▶ Autre point à appréhender : l'épreuve est longue en temps, 50 % des finishers ont besoin de plus de 50 heures pour boucler leur épreuve (75 % en 2012).

▶Le site de la course est : www.grandraid-reunion.com

Diagonale des Fous

Les chiffres clés

Distance totale : 167 Km

Dénivelé positif : 9 700 m

Dénivelé négatif : 9 700 m

Altitude minimale : 5 m

Altitude maximale : 2 200 m

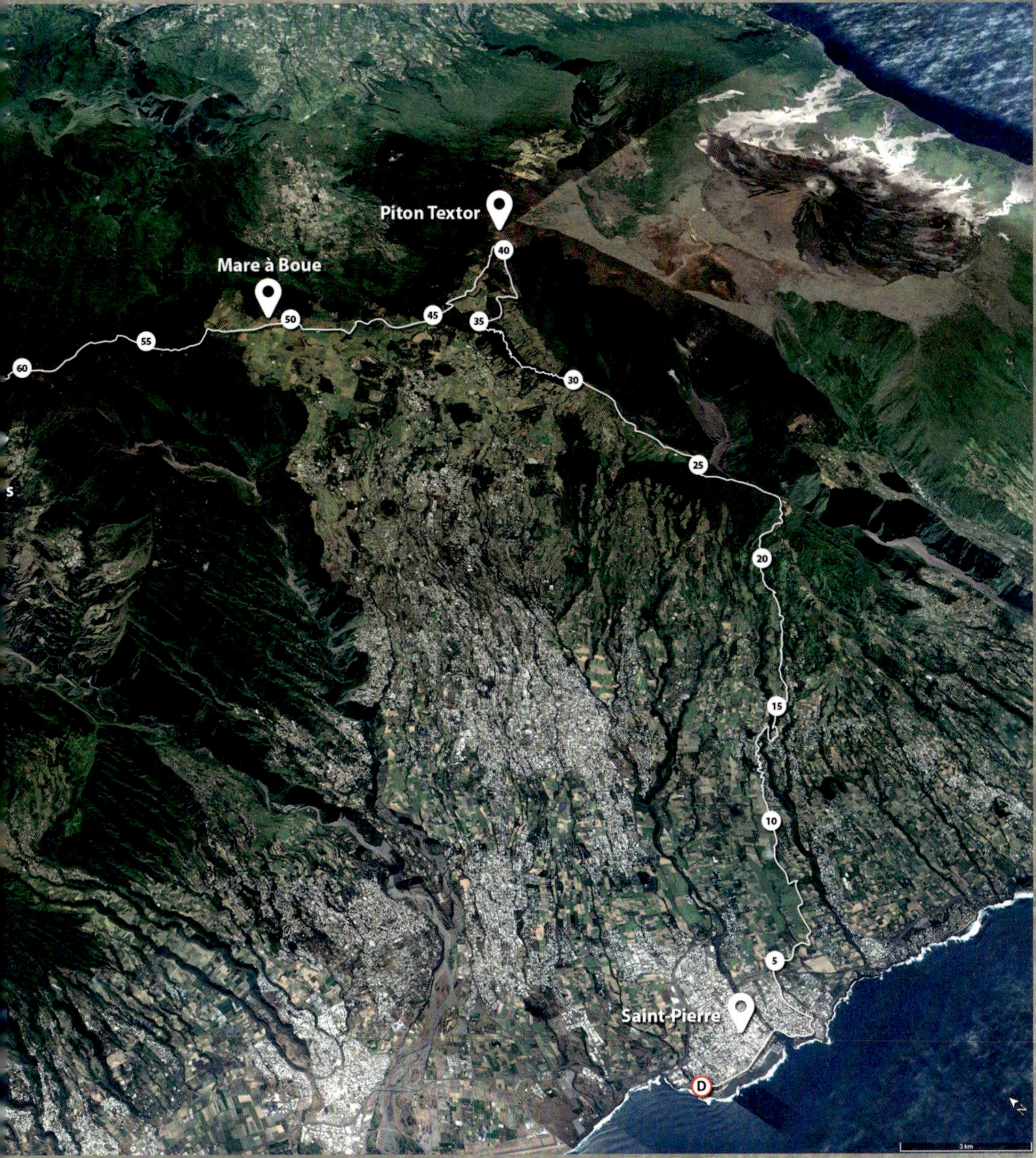

Profil altimétrique

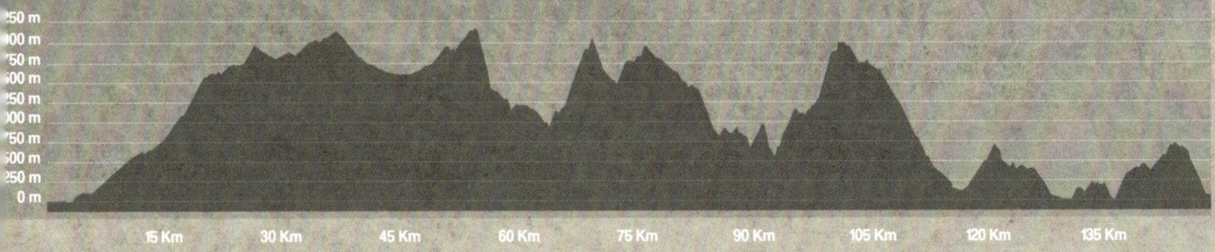

La course (170 km, 10 000 m D+)

LE CONTEXTE

UNE PENSÉE d'abord pour ce samedi 11 août, où, à l'amorce du dernier gros cycle de préparation, je dois subitement renoncer à une grosse sortie. Mon genou me fait mal depuis une semaine déjà. À ce moment, je ne le sais pas encore, mais d'ici la course, je ne courrai même pas 20 kilomètres en cumulé...

Il y a aussi ce dimanche 30 septembre, date limite que je me suis fixée pour valider ou renoncer à mon rêve... tandis que le Paris-Versailles démarre, pour la première fois depuis 10 ans, sans moi, toujours incapable de courir !

Dans ces conditions, ma présence sur la ligne de départ, ce jeudi 18 octobre, tient presque du miracle. Je n'ai pourtant pas renoncé et à force de soins (merci mes ostéopathes/acupuncteur/coach, Marie et Tristan) et d'entraînements adaptés (vélo notamment), je pense être « raisonnablement » prêt. Au programme également : étirements quotidiens pendant des semaines et suppression des sucres raffinés dans l'alimentation. J'ai enfin revu mes ambitions et n'ai qu'une idée en tête, me ménager et tenter de finir. J'espère juste que l'expérience ne va pas tourner court au bout de 10 kilomètres... Enfin, à défaut d'une préparation physique poussée, rarement je n'aurai passé autant de temps à tenter de peaufiner les détails, que ce soient mes affaires ou le roadbook en particulier...

L'engouement pour l'épreuve est croissant, que ce soit dans l'entourage (y compris professionnel) ou sur place. Dans les jours qui précèdent, nous séjournons dans un gite tenu par un sportif d'exception, Sébastien, champion de Tennis et plein d'ambitions pour sa deuxième participation (il finira 17e). Il m'apporte plusieurs précieux conseils et son délicieux pain maison pour la course.

Les jours qui précèdent servent de repérage sous un temps magnifique. Malheureusement, depuis le week-end, l'inquiétude monte chaque jour avec l'arrivée d'un cyclone, Anaïs, annoncé pour le jour du départ. La course est à deux doigts d'être annulée...

Fort heureusement, il se décide enfin à passer un peu au Nord. La perturbation pluvieuse ne sera quand même pas du tout anodine le jour J.

La course, ce sont aussi de multiples retrouvailles. La communauté de Kikouroù est la première source de soutien. Entre ceux restés en Métropole et les amis qui participent, les échanges sont nombreux. Dès le pot d'accueil, je retrouve Viktor et ses amis suédois. Sur la ligne de départ, ce sera Clément, avec qui je partage de nombreux défis, et grâce à qui je suis là (il a réussi à m'inscrire alors que j'étais loin de toute connexion web).

JOUR J

2795 inscrits. À peine moins au départ. Le Cap Méchant est noir de monde en ce jeudi soir ! Dans le sas, je suis calme et enfin soulagé : tout est prêt. La logistique n'est jamais une mince affaire car la moindre erreur peut être fatale. J'ai quand même encore droit à un énième coup de stress avec la préparation en catastrophe de mes sacs d'affaires de rechange… tandis que l'organisation m'annonçait à la dernière minute n'avoir toujours pas ceux prévus à cet effet !

Dans la zone de départ, je suis assis dans les premières lignes, tranquille avec Clément. Les quelques deux heures d'attente passent finalement assez vite, devant des enchaînements de mini-concerts.

SAINT-PIERRE (Cap Méchant)

jeudi 22 h 00.

22 h 00. C'est parti ! Dès les premiers mètres, l'ambiance est totalement folle et électrique. La pluie se mêle déjà à la partie mais le début est facile avec 5,5 km de route. Pourtant, après 500 m seulement, mon genou envoie son premier signal d'alerte ! Non, ce n'est pas possible, pas déjà ! J'essaye de penser à autre chose et

observe notamment la ferveur fantastique des spectateurs. Mon ami CapCap me double et je ne le reverrai plus (il fera une course énorme, dans les 200 premiers). Je cours à 10-11 km/h environ et c'est facile.

Les 20 premiers kilomètres sont en fait très tranquilles ! Les sols sont assez « roulants » et le dénivelé aisé. Bref, sans forcer, je n'ai pas de mal à être légèrement en avance sur le programme (3 h 10 contre 3 h 20). En tenant compte du dénivelé, nous avons fait... 10 % de la course. Autant dire, rien du tout ! Je change de t-shirt, transformé en serpillère, et finis par sortir ma veste.

KIOSQUE

(21 km, 850 m D+, 3 h 10) Vendredi 01 h 10.

La suite - la montée du volcan - c'est carrément autre chose : une grimpette très raide et technique, dans une ambiance de jungle, au propre et au figuré. Végétation luxuriante et bouchon interminable (comme prévu). On croirait progresser en Amazonie.

J'ai l'impression de ne faire aucun effort... jusqu'à la lecture de mon cardio qui affiche tout le temps 130 (75 %), signe d'une intensité légère mais établie, au lieu de 115-120 comme imaginé.

Il fait extrêmement humide, et la pluie est toujours très présente. Nous devons sans cesse nous adapter et ma veste North Face est parfaite au niveau des possibilités d'aération : je ne cesserai de remercier Adnane, vendeur et conseiller hors pair. Nous grimpons toujours et, vers 2000 m d'altitude, la forêt tropicale se transforme en arbustes, puis en roches désolées. Il fait bien noir et de plus en plus froid. Le terrain est difficile. La visibilité est très mauvaise : entre mes lunettes sans cesse pleine de gouttes, la frontale qui faiblit et le mélange bruine/brouillard, on a vu meilleur à vivre à 4-5h du mat' !

Je change en aveugle les piles de ma lampe, en priant de ne pas me tromper ni les faire tomber, et continue. Enfin, le sommet de la ceinture du volcan est proche. Le jour tout comme les nuages commencent à se lever quand j'y parviens. Il est 5 h 19. Nous sommes à plus de 2300 m d'altitude et c'est le choc. Une grosse masse noire surgit : le sommet du volcan apparaît comme par enchantement ! Cette vue me procure beaucoup d'énergie.

Nous longeons ensuite la crête qui ceinture le volcan, avec une immense falaise à quelques mètres seulement. Un coureur me double et je reconnais... le short bleu (« suédois ») de Viktor ! Voilà une bonne surprise qui me donne la pêche. Nous atteignons Foc Foc avec 40 mn d'avance sur les prévisions. La nuit fut dure mais le moral est très bon.

FOC FOC

(29 km, 2450 m D+, 7 h 34) Vendredi 05 h 34.

C'est maintenant un paysage lunaire, voire martien, qui s'offre à nous, tant la roche est colorée malgré le brouillard intense. Sous l'impulsion de Viktor, nous courons à un bon petit train.

Il est 6 h 28 (contre 7 h 15 prévu) quand arrive le ravitaillement du volcan. Nous sortons de ce paysage désolé pour attaquer une montée courte mais raide vers l'oratoire Sainte-Thérèse, un autel comme on en trouve beaucoup à la Réunion. Sans le savoir, c'est le début d'innombrables kilomètres et marches taillées dans les rochers, la boue et l'eau ruisselante.

Déjà le fameux Piton Textor qui n'était planifié que pour 9 h 00. Le soleil apparaît enfin... mais pas pour longtemps. Mes lunettes de soleil ne font qu'une très courte apparition.

Aussi, le ravitaillement (atteint à 10 h 35 contre 11 h dans le plan) va être mis à profit pour faire une pause et quelques soins.
J'ai de belles crevasses mais, grâce aux conseils de Pierre, mon grand podologue, un peu de sa crème magique et tout va bien. Avec le temps pris pour manger un peu, l'arrêt est juste un peu long (presque une demi-heure).

Dans la confusion devant la foule de coureurs, je repars pensant devoir rattraper Viktor qui est... resté derrière moi !

PITON TEXTOR

(42 km, 2750 m D+, 10 h 23) Vendredi 08 h 23.

La suite du parcours descend en direction de Mare à Boue et le chemin est plus qu'annonciateur... Pluie et fort vent de face : serions-nous en Tasmanie ?
Tout est aussi usant que glissant, mais à trois, avec Viktor et Friedrik, nous résistons raisonnablement bien. Nos pieds sont pourtant déjà bien détrempés...

quents. Je gère l'effort aussi régulièrement que possible mais suis déjà épuisé. Il faut dire que je n'arrive pas à m'alimenter et ai même du mal à boire. Toujours plus ou moins nauséeux, je sens bien que ce manque de carburant nuit au fonctionnement de la machine...

Pour tout dire, je commence à songer à l'abandon. Le plaisir de la course est assez mitigé et le parcours d'une lassante répétition. Dans mon esprit, c'est simple : « même si j'y arrive, je ne

MARE À BOUE

(52 km, 2820 m D+, 12 h 35) Vendredi 10 h 35 (pause 25 mn).

Les kilomètres de montée dans la boue, l'eau, les roches et autre rondins de bois se succèdent maintenant sans fin. Damned, je glisse et accroche ma belle veste sur des barbelés.

Viktor finit par me rattraper et nous slalomons pendant des heures interminables. J'avais prévu 5 heures pour atteindre le refuge du Piton des Neiges. C'est bien ce qu'il faudra, mais à quel prix. L'effort physique est redoutable.

Je n'en peux plus. Viktor a fini par me lâcher sur la fin et mes arrêts sont de plus en plus fré-

crois pas que j'aurais envie de refaire une telle course un jour ! »

Enfin, après ce terrible Côteau de Kerveguan - qui ne rappelle en rien la Bretagne (!) - le fameux refuge est en vue : à 15 h 54, je pointe au Piton des Neiges (contre 16 h dans le plan) situé à près de 2500 m d'altitude. Malgré la précision de mon roadbook, j'espérais surtout y arriver beaucoup plus frais !

PITON DES NEIGES

(65 km, 3950 m D+, 17 h 54) Vendredi 15 h 54.

Avec le retour du soleil, je reprends quelques couleurs et me remotive pour la suite. La descente vers Cilaos est le seul bout de parcours connu et déjà fait avec Marie... il y a 18 ans déjà ! Ça me motive fortement, mais je déchante vite. J'avais oublié à quel point la descente était raide : 1100 m de dénivelé négatif en 4,6 km ! Bien qu'étant naturellement plus à l'aise en descente qu'en montée, la surprise vient de mes jambes qui, malgré la fatigue, œuvrent quand même sans se plaindre.

Voilà finalement Cilaos que j'atteins à 18 h 05 (au lieu de 17 h 45). C'est une surprise d'être étonnamment bien dans le tempo annoncé. J'ai aussi le plaisir de retrouver, comme prévu, Laurent, un ami de Sébastien, aux abords du stade.

CILAOS

(72 km, 4000 m D+, 23 h 00) Vendredi 18 h 05 (pause 2 h 55).

Confiant, sans être euphorique ni m'en rendre bien compte, je vais pourtant « perdre » la course là... Le site est particulièrement mal organisé. Tout est bien présent, mais réparti sur au moins 2 hectares, sans la moindre indication. Résultat, je perds systématiquement beaucoup de temps pour chaque chose (récupération de mon sac, toilettes, ravitaillement, tente de repos...).

De plus, mes sacs poubelles improvisés, avec affaires de rechange en vrac, me prennent un temps incroyable à gérer. Bref, au lieu de m'arrêter 1 h - 1 h 15, je perds vite 1 h 30 de plus, tout en me « reposant » à peine 2 x 15 mn (la tente est juste à côté de la sono !).

Viktor arrivé 45 mn avant moi est encore plus désorganisé et... je dois même l'attendre ! Alors que j'avais presque 3 heures d'avance sur la barrière horaire, je repars... en ayant tout gaspillé !

D'ailleurs, je ne crois pas si bien dire à propos de la gestion du temps, en évoquant le sujet à une journaliste, venue m'interviewer et filmer juste au moment de repartir. Un gâchis incroyable...

Du coup, nous n'avons que deux heures pour rejoindre la base du sentier menant au célèbre col du Taïbit, le passage entre les cirques de Cilaos et Mafate. Le chemin est tortueux et accidenté, et il nous faut nous « speeder » quelque peu afin de pointer à temps au contrôle suivant...

COL DU TAÏBIT (bas)

(79 km, 4500 m D+, 24 h 55) Vendredi 22 h 55.

Ce contrôle est atteint à 22 h 55, soit 5 minutes avant la limite ! Les bénévoles nous pressent de nous dépêcher... pour nous annoncer aussitôt après qu'une heure de plus est « offerte ».
On nous l'offre à Marla aussi (4 heures du mat' maxi au lieu de 3 heures), afin de tenir compte des conditions très difficiles... mais, tout en précisant aussi, que la barrière de 7 heures à Sentier Scout reste inchangée !
Un drôle de vrai-faux cadeau empoisonné...

Avec Viktor, nous attaquons l'ascension du Taïbit sans attendre. À deux, nous devrions être plus forts pour affronter cette deuxième nuit. Je suis cependant bien crevé. Il faut noter qu'à la Réunion, la proximité de l'équateur rend les nuits particulièrement longues : de 18 h à 6 h du matin environ.

Peu après minuit, le besoin de dormir un minimum se fait sentir de façon pressente. Viktor continue tandis que je sors ma couverture de survie et m'allonge dans un coin, avec une alarme à 30 minutes. Elle n'a pas le temps de sonner car, à peine 20-25 minutes plus tard, je me réveille brutalement... tétanisé par le froid !

Grand moment de solitude : mais qu'est-ce que je fous là ? Je suis gelé, épuisé et tout seul ! Que faire ? Demi-tour vers Cilaos et arrêter cette folie ? Le chemin en sens inverse serait tellement abrupte à redescendre que cela en devient dissuasif...

Et puis, NON ! Sans réfléchir plus longtemps, je range ma couverture et attaque ce satané col. À ma surprise, le sommet est relativement vite atteint, ce qui me redonne un peu confiance.

C'est l'heure maintenant de la descente vers Marla, en plein Mafate, le célèbre cirque que j'aspire tant à découvrir... Tout commence pourtant par une première hallucination : une forme noire et blanche étonnante. Je reconnais bien une tente un peu bizarre... jusqu'à découvrir, de près, une énorme et magnifique vache !

MARLA

(85 km, 5370 m D+, 28 h 39) - Samedi 02 h 39 (pause 50 mn).

Samedi, 2 heures du mat' : Marla, me voilà ! J'ai atteint les 50 % de la course et regagné un bon quart d'heure sur la limite. Mais, depuis Cilaos, il m'aura fallu 5 h 45 (contre 4 h 30 prévus).

J'ai grandement besoin de manger et me reposer... et commence d'abord par l'invitation faite par les bénévoles à tous les coureurs : s'allonger et profiter d'un bon lit... fait de deux couvertures de survie à même le sol. Malgré les apparences rustiques, avec la fatigue prononcée, c'est un vrai bonheur !

Un chien aboie avec obstination. Mais que se passe-t-il ? On ne peut pas avoir la paix ? Gloups, c'est l'alarme de mon Iphone qui sonne depuis... un quart d'heure ? En effet, il est déjà 3 h 30 ! Je bondis et repars aussi sec.

Les hallucinations se poursuivent : je vois des bâtiments partout. En fait, à chaque fois, j'espère distinguer ce qui serait le point intermédiaire suivant. Du coup, je passe sans cesse mon temps à me demander si ce que je vois est réel ou pas... toujours suffisamment lucide pour rire de cette folle expérience. Nous grimpons maintenant vers le « col de la Fourche », situé à près de 2000 m d'altitude, quand le jour commence à se lever.

Comme la veille, c'est un moment magique. La lumière apporte assurément la vie et le panorama est grandiose. J'en prends plein les yeux avec ces cirques extraordinaires.

À droite, Salazie est déjà couverte par une mer de nuages.

COL DE LA FOURCHE

(90 km, 5840 m D+, 31 h 40) Samedi 05 h 40.

À côté de ces rêveries, la dure réalité du terrain reste bien présente : les glissades se succèdent et ma deuxième paire de chaussures s'avère bien moins performante que mes Sportiva, laissées à Cilaos. L'épuisement reprend aussi vite le dessus. Bientôt le ravitaillement du sentier Scout. Le chemin déborde de boue comme jamais ! On se croirait au Vietnam ! Cette fois-ci, je suis à bout, décidé à arrêter les frais !

J'allume mon portable et 5 minutes après, un SMS tombe : c'est un message de félicitations de Léo pour ma « performance et régularité ». Je lui réponds aussitôt que malheureusement l'abandon est proche. « Allez Papa ! Allez Papa ! » arrive en retour... Je suis interpellé par l'échange et m'interroge sur ces encouragements (à ne pas arrêter ?).

En fait, je suis victime d'une autre forme d'hallucination... car ces messages ont plusieurs heures et ce n'est pas du tout un dialogue en direct qui se joue : juste une succession de réceptions, au gré du captage du signal dans cette zone très isolée. Je devrais quand même trouver bizarre que mon ado soit levé un samedi à 5 heures du matin pour m'encourager ! Mais là, faute de comprendre, cela me touche particulièrement et m'incite à ne pas laisser tomber.

SENTIER SCOUT

(94 km, 5960 m D+, 32 h 47) Samedi 06 h 47 (pause 25 mn).

En tout cas, au ravitaillement de Scout atteint juste un petit quart d'heure avant la limite, deux coureurs me convainquent de ne jamais lâcher tant que je suis en course. Il n'y a rien de pire que de regretter plus tard...

Ça serait pourtant plus simple car c'est l'un des très rares endroits où la route ne passe pas loin. Le lieu est cependant tellement éloigné qu'il serait bien peu pratique pour une éventuelle récupération par Marie. Dans Mafate, il faut quand même être sûr de soi car un abandon vous oblige à en ressortir par vos propres moyens, dans des conditions extrêmement difficiles, face à une ab-

sence totale d'accès. Sur ces réflexions, je réussis enfin à manger : un plat de coquillettes et une petite soupe sont idéalement engloutis ! Il est 7 h 10 et... je repars, totalement décidé !

Finalement, je me verrais bien tenir jusqu'au Piton Maïdo. Les deux prochains points de contrôle sont très jouables. La double ascension pour sortir de Mafate avec notamment 1900 m de dénivelé au programme s'annonce terrible mais je n'en suis pas là, et les regains de forme sont classiques en Ultra...

Je pressens qu'atteindre le Maïdo dans les délais sera très difficile mais que si j'y arrive... Eh bien, après 80 % du parcours, les plus grosses difficultés effectuées et des barrières horaires élargies, je serai alors en position de réussir cet impossible défi ! Bref, la victoire se joue maintenant.

En attendant, il faut enchaîner des parcours toujours très techniques. Nous traversons une crête bien spectaculaire à la frontière entre les cirques de Mafate et Salazie.

Pire, un étroit passage le long d'une falaise se présente ! Pas question de prendre le moindre risque, je m'accroche au câble d'acier longeant la paroi. Mieux vaut ne pas avoir le vertige. Après coup, je serai d'autant plus choqué en apprenant que c'est l'endroit où a eu lieu le terrible accident de Thierry Delaprez une poignée d'heures avant. R.I.P. grand coureur.

Dans l'immédiat, le parcours est toujours casse-pattes et la température bien élevée malgré l'heure matinale. La journée s'annonce horriblement caniculaire cette fois !

Des coureurs s'inquiètent toujours des barrières horaires. Je reste confiant même si je sais que c'est juste.

Je ne peux imaginer autre chose qu'arriver quelques minutes avant... comme d'habitude depuis le départ de Cilaos, il y a plus de douze heures ! De toute façon, il m'est impossible d'accélérer. Je garde aussi en tête qu'à défaut de gérer au maximum mon effort, ça ne marchera jamais. Il reste quand même potentiellement encore au moins 24 heures à faire...

« La Plaque » marque le 100e kilomètre et les encouragements d'un bénévole. Je suis déjà « cent bornard » ! Il doit rester environ 2 km à faire en une demi-heure jusqu'au point de contrôle d'Ilet à Bourse. Je croise une goélette dont les porteurs s'écartent et m'encouragent

avec force. Tout le respect est pour eux qui accomplissent un incroyable effort.
De mon côté, difficile de savoir où j'en suis exactement. D'après mon altimètre, ça devrait être assez plat jusqu'au prochain point de contrôle.... La vérité est autre lorsque je découvre un énième dénivelé positif « de la mort » ! Celui-ci me met en nage et me fait comprendre que le retard sera inévitable au prochain rendez-vous. Mais j'ai entendu parler d'une tolérance de 10 minutes au contrôle précédent...

ILET A BOURSE

(102 km, 6250 m D+, 35 h 38) Samedi 09 h 38.

Las, j'arrive enfin à 9 h38 au lieu de 9 h 30 maxi. Malheureusement, la marge autorisée n'est en fait que de 5 minutes et suis donc éliminé pour 3 minutes ! Et il n'y a strictement rien à faire car le pointage est verrouillé électroniquement... Je peste car ils pourraient au moins enregistrer mon passage ! Me voilà donc 1590e après 35 h 38 de course, 102 km et près de 6300 m D+. Une coureuse qui me suit refuse pourtant d'abdiquer et poursuit son parcours. Je découvrirai plus tard dans le règlement, qu'une absence à un pointage n'est pas éliminatoire. Mais il faut quand même atteindre les autres points du parcours, et j'ignore si elle s'en est sortie. En tout cas, de mon côté, c'est vite un mélange de déception et soulagement.
« Bon, ben c'est fini ! Ça devait arriver », songe-je, fataliste. Les 5-6 autres coureurs comme moi ne sont pas aussi philosophes ! « À quoi bon ? », il ne faut d'abord s'en prendre qu'à soi-même.
Et puis, je suis tout de même fier d'avoir réussi autant de chemin alors que, plus d'une fois, la raison aurait voulu que je ne prenne pas le départ ou que j'abandonne.

Maintenant, ce n'est pas fini pour autant ! Il faut encore continuer le parcours (seul chemin possible) jusqu'à Grand Place qui marque le 106e kilomètre. Je repars avec Jean-Alix, un Réunionnais ralenti par une blessure. C'est un ancien grand marathonien (2 h 26) qui disputait sa 14e participation à la course. Pour la première fois, il ne sera pas finisher.

La terrible montée du Maïdo.

À **Grand Place**, nous sommes gentiment invités à déjeuner par les bénévoles avec qui nous prenons le temps d'échanger. Après une bonne pause, nous poursuivons notre route. Mais, au lieu d'enchaîner avec la terrible montée via **Roche Plate** vers le **Piton Maïdo**, nous continuons en « coupant » par le bas du cirque de Mafate. Heureusement que mon compagnon connaît bien les lieux car je n'ai pas de carte.

Pour nous, l'objectif est le même qu'en course : rejoindre in fine la Rivière des Galets, mais en sensiblement plus simple et direct ! Les jambes continuent cependant de bien souffrir car les descentes n'en restent pas moins redoutables. L'environnement de Mafate est toujours somptueux. Ce cirque est totalement sauvage avec son absence de toute route… qui oblige les ravitaillements des habitants par hélicoptères ! Le relief d'origine volcanique n'offre que des terrains extrêmement accidentés.

En bas du cirque, nous longeons aussi les très impressionnantes et majestueuses falaises de plus d'un kilomètre de haut ! Visiter Mafate

faisait partie de mes rêves et, bien qu'étant désormais hors course, j'en profite pleinement et avec grand plaisir. Les jambes sont certes moins « motivées », mais en compagnie de Jean-Alix, le temps passe agréablement.

Notre chemin le long de la rivière est parallèle et « proche » de celui de la course... mais situé 1500 m plus bas ! La portion est longue, mais nous arrivons finalement au pont de la Rivière des Galets peu avant 16 h.

RIVIÈRE DES GALETS

(120 km, 6500 m D+, 41 h 50) Samedi 15 h 50.

À cet endroit précis (à la pointe nord-ouest de l'île), notre chemin retrouve celui de l'épreuve, dont c'est le 130e kilomètre, avec des coureurs plus très loin d'atteindre le bout de leur peine. Il leur reste un peu moins de 40 km et 2000 m de dénivelé, et surtout une bonne vingtaine d'heures devant eux.

SANS SOUCI/Rivière des Galets ⇨ SAINT-DENIS

(35 à 40 km, 2000 m D+)

Côté course, le gros point de ravitaillement, à l'école « Sans Souci », est généralement l'occasion pour beaucoup de faire un break, manger de bonnes crêpes (!) et dormir un peu. Après deux jours de course intense, ce n'est pas du luxe. Ensuite, de l'avis de la grande majorité des coureurs, le parcours n'est pas des plus passionnants... mais à peine moins reposant. Ajouté à l'épuisement, chacun n'a plus qu'une obses-

sion : finir ! Quoi qu'il en soit, le tracé est un peu plus accessible et comprend toujours quatre « moments clés » : la montée vers **RATINEAU** (10 km, 600 m D+) : un tronçon qui apparaît surtout comme un passage de « transition ».

Après, vous avez un enchaînement de dénivelés, passant par la **POSSESSION** et finissant par une grosse descente vers **GRANDE CHALOUPE** (14 km, 500 m D+ / 900 m D-), avec la longue montée du célèbre **CHEMIN DES ANGLAIS**. Plus que le dénivelé, ce sentier, fait de pierres plus ou moins ordonnées, est dur. Il est même souvent

perçu comme un enfer si vous devez le traverser en plein cagnard.
Le parcours se poursuit ensuite avec une longue montée menant à la fameuse grande « boule blanche », à savoir la station météo du **COLORADO** (9 km, 800 m D+).
Là, il ne « reste » plus qu'à descendre sur 4-5 km, pour rejoindre l'arrivée tant attendue du **STADE DE LA REDOUTE**.

Dans ces moments-là, bien que le corps se plaigne davantage des descentes que des montées, la perspective d'en terminer décuple toujours (ou presque) l'enthousiasme des futurs finishers.

Clément, finisher !

J'aurai le loisir de le constater le dimanche matin, retrouvant au passage mon ami Clément, tout heureux d'avoir survécu.

ÉPILOGUE

En attendant, au bout de la Rivière des Galets, c'est d'abord avec joie que je retrouve Marie qui me récupère, pile pour mon arrivée.
À ma grande surprise, je n'ai quasiment rien aux jambes. Quelques très légères courbatures mais rien de significatif. Seul souci, une perte légère mais durable de sensibilité aux gros orteils !... Il faut dire qu'avec le déluge subi, ceux-ci ont été mis à bien rude épreuve. Je suis tout de même bien fatigué, pour ne pas dire, épuisé : un bon bain, un rapide dîner et je m'écroule comme une masse de 21 h à 8 h.

Le premier aperçu à chaud de ma course est aussi assez positif, depuis l'optimisation de mon sac jusqu'au fait d'avoir donné mon maximum en passant par ma gestion très régulière de l'effort. Dans les jours qui suivent, je fais le bilan de tous les points importants à méditer et revoir :

- Alimentation : pourquoi ai-je eu autant de mal à m'alimenter, ce qui m'a fortement coûté en énergie ?

Les dernières arrivées au Stade.

• Gestion de course : je m'en veux aussi d'avoir perdu autant de temps à Cilaos et laissé des plumes face à une organisation un peu trop souvent approximative et déconcertante.

• Autre leçon : les courses « par équipe » ont autant d'avantages que d'inconvénients et il faut savoir se concentrer sur soi-même en premier (ce que j'aurais dû faire à Cilaos).

• Mental : face aux soucis de santé des trois mois précédents, le travail s'est tellement focalisé sur ma présence au départ, que les accroches destinées aux moments clés de la course ont parfois été un peu oubliées : garder en tête tous ces efforts et espoirs… afin de ne jamais lâcher face aux inévitables difficultés.

Malgré la frustration, il faut aussi savoir relativiser, car il ne manquait quand même pas grand-chose…

Le dernier finisher est arrivé 1360e : cela ne fait que 200 personnes d'écart, à comparer aux 1200 abandons ou arrêts m'ayant précédé. Et surtout, les conditions météo très difficiles ont fait de cette édition, la plus ardue de son histoire (à peine 50 % de finishers). Dans un autre contexte, ce serait probablement passé. Même Kilian Jornet a remporté l'épreuve avec un temps sensiblement plus long qu'habituellement.

Enfin, dernière mise en perspective positive : mine de rien, après 42 heures d'efforts, j'ai quand même réussi à traverser toute l'île en diagonale, du sud-est au nord-ouest !

Et puis, en tout état de cause, cette expérience restera à jamais mémorable, s'annonçant même extrêmement profitable pour mon prochain défi, l'UTMB… avant la Réunion, une autre fois !

ANALYSE

SYNTHÈSE

▶ Une course unique en son genre, exigeante et terriblement riche en émotions.

▶ La Diagonale des Fous possède une dimension « aventure » supérieure à de nombreux Ultras plus classiques dans le genre.

RECOMMANDATIONS

▶ Connaître et s'entraîner sur ce parcours atypique est un vrai avantage, mais difficile à mettre en œuvre étant donné la localisation de l'île en plein océan Indien.

▶ Au départ, il faut essayer de rester dans la première moitié de course. C'est un avantage car des bouchons se forment inexorablement dans la première longue montée menant au Piton Textor, ce qui engendre parfois des « blocages » considérables.

▶ Bien gérer le temps au ravitaillement de Cilaos car tout y est très étendu. Des tongs dans votre sac de délestage pourront être utiles pour se déplacer tout en laissant les pieds au repos.

▶ Viser d'atteindre d'abord Mafate avant d'envisager souffler un peu.

ÉVALUATIONS

Mythe ★★★★★

▶ La « Diag » fait partie de ces grandes courses incontournables qu'il faut avoir fait au moins une fois, si ce n'est plusieurs !

▶ Sa notoriété est énorme et, autour de vous, beaucoup de non sportifs vous évoquent spontanément ce monument.

▶ La force de cette course est d'être très complète avec des passages faciles comme difficiles, des paysages et des rencontres uniques, une variété météorologique incroyable et un parfum d'aventure tant votre autonomie doit être forte.

▶ L'arrivée au Stade de la Redoute est toujours très émouvant et le tee-shirt jaune « J'ai Survécu » un joli symbole mérité.

Difficulté ★★★★★

▶ Le parcours sera plus ou moins technique en fonction de la météo : certains passages pourront être secs comme très boueux.

▶ Les microclimats sont aussi multiples entre les lieux : froid, sec, humide, tempéré, chaque zone a ses spécificités.

▶ Le cirque de Mafate est particulièrement exigeant car technique et enchaînant sans cesse de forts dénivelés. Ce n'est pas un hasard si cette très vaste zone ne possède aucune route.

▶ Les barrières horaires ne sont pas totalement équilibrées et il faudra s'en méfier jusqu'à la sortie de Mafate, où la marge devient alors beaucoup plus importante.

▶ Avec un départ de nuit le jeudi soir tard, beaucoup de coureurs passent trois nuits d'affilée, ce qui nécessite de bien gérer les temps de repos.

▶ La météo est un facteur qui peut faire chuter le taux de finishers de 70 à moins de 50 %.

Organisation et soins des coureurs ★★★★★

▶ L'organisation est tout juste correcte, mais reste en dessous des « standards ».

▶ Les bénévoles sont motivés et bienveillants, de surcroît pour les locaux.

▶ Les ravitaillements sont relativement limités, surtout pour la deuxième moitié du peloton.

▶ Sur la fin de course, le staff médical fait son maximum pour vous aider à finir.

▶ En cas d'abandon, les participants sont totalement livrés à eux-mêmes.

▶ In fine, avoir un peu d'assistance n'est pas du tout un luxe.

Paysages ★★★★★

▶ L'île regorge de points de vue mémorables : du volcan (parfois en éruption !) à Mafate, la nature sauvage est impressionnante.

▶ Désert rocailleux, jungle, boue, cols vertigineux, végétation variée, brumes, rochers... il y en a pour tous les goûts !

Technicité ★★★★★

▶ L'île de la Réunion est très technique, même si certains passages peuvent être relativement roulants.

▶ Les points habituellement exigeants : la montée jusqu'au Piton Textor (2165 m d'altitude), Mare à boue, la descente vers Cilaos (5 km, 1000 m D-), les incursions humides vers Salazie, le Col du Taïbit, la montée au Piton Maïdo (11 km, 1800 m D+) et le chemin des Anglais sur la fin.

Ambiance ★★★★★

▶ La musique est très présente au départ avec une succession d'artistes sur un podium.

▶ Pendant la course, toute l'île est en effervescence pour « sa » course qui est au centre des discussions. Radio RER retransmet l'épreuve en direct non-stop pendant trois jours !

▶ Les Réunionnais sont assez chauvins, mais tout se passe généralement dans un très bon esprit.

▶ Entre coureurs, l'ambiance est propre aux ultras et la connivence croissante au fil de la course.

THE NORTH FACE®
ULTRA-TRAIL DU MONT-BLANC®
UTMB®
THE NORTH FACE
4273
Bertrand
LELLOUCHE
CHAMONIX
MONT-BLANC
FRANCE
4273
LELLOUCHE Bertrand
Tél. Organisation : +33 (0)4 50 53 47 51
Tél. Médical : +33 (0)4 50 47 40 23
REPAS
F C B

UTMB MONT-BLANC
PRESENTED BY
Columbia
UTMB®
ULTRA-TRAIL DU MONT-BLANC

PRÉSENTATION

RÉSUMÉ

- 3 pays traversés (France, Italie, Suisse).
- 168 km (155 km lors de la première édition).
- 9 700 m D+.
- 46 h 30 maximum.
- 13 barrières horaires.
- Franchissement de 8 cols à +2000 m d'altitude.
- 11 ravitaillements.

QUAND ?

- Dernière semaine d'août, l'UTMB démarre le vendredi et se termine le dimanche.

PARTICIPANTS

- 2500 à 2600 inscrits (après tirage au sort parmi environ 6000 coureurs postulants pré-qualifiés).
- 1200 à 1600 finishers (suivant les éditions).
- 90 nationalités représentées.

UN PEU D'HISTOIRE

Le principe de la course est de faire le tour du Massif du Mont-Blanc en courant. Plusieurs versions ont tenté de voir le jour de 1987 à 2002 (solo en 3 ou 4 étapes, puis non-stop par équipe), mais avec des succès très limités (moins de 200 participants en moyenne).
En 2003, l'UMTB a été créé sous la conduite de Catherine et Michel Poletti.
D'entrée de jeu, la course a pris une dimension internationale et profité des moyens modernes de communication. Outre une première édition mythique avec seulement 10 % de finishers (750 participants), une organisation exemplaire et un momentum idéal, correspondant aux nouvelles aspirations de nature des coureurs, l'UTMB a connu un succès croissant sans précédent.

Le Mont-Blanc, toit de l'Europe, est aussi une donnée essentielle qui concourt à l'attrait général de l'événement.
L'épreuve n'en reste pas moins difficile. En venir à bout constitue souvent le Graal de tout coureur.

Pour les plus grands champions, un titre à Chamonix est également une consécration très recherchée : Kilian Jornet, François D'Haene, Xavier Thévenard, Marc Olmo sont les plus titrés chez les hommes. Lize Hawker domine le palmarès chez les Femmes.
La victoire se joue en 20-21 heures environ chez les hommes et 24 heures chez les femmes.

ALTERNATIVES (autres versions)

TDS (2009)	« Sur les Traces des Ducs de Savoie » (Courmayeur-Chamonix par le Sud). 120 km/7500 m D+.Version « sauvage » et plus technique.
CCC (2005)	« Courmayeur-Champex-Chamonix » 100 km/6000 m D+.Très similaire au parcours de l'UTMB à partir de Courmayeur.
OCC (2014)	« Orsières-Champex-Chamonix » 56 km/3500 m D+. Course d'entrée et initiation aux épreuves de l'UTMB.
PTL (2008)	« La Petite Trotte à Léon » 280-300 km/20 à 24000 m D+. Par équipe de 2 ou 3, en autonomie complète. Sélection sur dossier/Course extrêmement difficile sur 5 jours.

POINTS CLÉS À APPRÉHENDER

▶ Depuis 2010, il faut se qualifier en cumulant des points sur des trails lors des deux années précédentes ⇔ finir des courses permet de postuler aux épreuves de l'UTMB.

▶ Malgré des barèmes restrictifs, il faut souvent faire 2 ou 3 tentatives avant d'être tiré au sort.

▶ Les barrières horaires sont une des grosses difficultés <=> il faut un rythme régulier et rapide.

▶ À titre de comparaison, des randonneurs en bonne forme ont besoin de 7 à 10 jours pour faire un parcours similaire quand moins de 47 heures sont exigées ici.

▶ Près de 60 % des finishers ont besoin de plus de 40 heures pour boucler l'UTMB.

▶ La météo conditionne le taux de finishers qui varie habituellement de 50 % à 67 % environ.

- Courmayeur (45 % de la course) cumule 50 à 60 % de tous les arrêts et abandons.
- Champex (75 % de la course) cumule 90 à 95 % des arrêts et abandons.

▶ 4 parcours de repli existent en cas de météo très difficile : Parcours uniquement dans la vallée côté Chamonix en cas de très mauvais temps (cf. 2012) ou en utilisant le tunnel du Mont-Blanc suivant les difficultés sur la partie Sud ou Nord du Massif.

▶ Il existe des stages de reconnaissance et entraînement sur 4 jours.

▶ Le site de la course est très complet, et inclut les résultats détaillés de toutes les éditions : **www.ultratrailmb.com**

Ultra-Trail Mont Blanc

Les chiffres clés

Distance totale : 170 km Dénivelé positif : 9 700 m Dénivelé négatif : 9 700 m

Altitude minimale : 800 m Altitude maximale : 2 670 m

Profil altimétrique

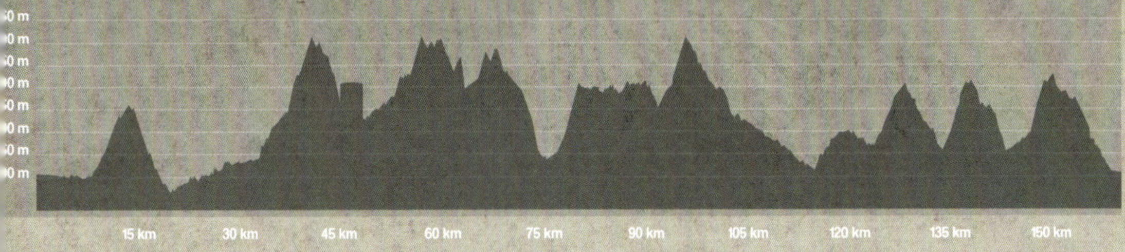

La course (168 km, 9700m D+)

Dix jours plus tard, je participe quand même au Raid 28. Mais sous un climat polaire, je suis contraint d'abandonner, au bord de l'hypothermie, après de 12 heures de course et un genou trop douloureux. À ce moment-là, après une Diagonale des Fous avec un petit goût d'inachevé, ma confiance face au défi du Mont-Blanc est proche du néant. La perspective d'avoir atteint définitivement mes limites prend terriblement corps...

Réussir l'UTMB est déjà un challenge difficile en soi, mais là, en plus, il va falloir être simultanément extrêmement motivé et ingénieux dans la préparation. Ce coup du sort apparent, au lieu de me décourager (sauf vers avril-mai), a le mérite de totalement clarifier les idées : il faut bosser, bien gérer et ne rien lâcher pendant 8 mois ! Rien ne sera simple, mais même un sérieux accident de vélo fin juin ne va pas réussir à me freiner. En fait, depuis le début, je prends mon attitude de judoka : rester souple et s'adapter face à l'obstacle pour mieux le contourner.

Vélo, rameur, marche nordique, semelles orthopédiques, étirements, alimentation : voici les bases du changement. Et la saison va finalement s'avérer incroyable, alors que je craignais la fin à tout moment de l'année.

Une victoire inattendue à l'Eco-Trail de Paris (Marche nordique), un super stage de répétition du Tour du Mont-Blanc en juillet avec Vincent

LE CONTEXTE

EN JANVIER, malgré mon billet en poche pour disputer cet UTMB qui me fait rêver depuis plusieurs années, la perspective d'en voir le bout semble proche de zéro...

Le projet paraît hautement improbable car, au même moment, Olivier mon chirurgien m'annonce, à la vue détaillée de mon genou... qu'il faut vraiment arrêter la course à pied... et tout de suite même ! À tout le moins, étant lui-même également inscrit sur l'épreuve (!), il comprend parfaitement l'enjeu et m'encourage à préparer ce « dernier challenge », ce « dernier Ultra », sans jamais courir (!)... et en croisant les doigts...

Delebarre, et enfin une course marquante fin août-début septembre. Bref, un parcours bien au-delà de mes espérances.

JOUR J

J'arrive à garder ma chambre d'hôtel assez longtemps pour m'allonger et bien me reposer. Je quitte finalement les lieux à 13 heures. Le temps de déposer mon sac pour Courmayeur et de rejoindre la ligne de départ, j'ai deux heures d'avance, ce qui me permet de trouver une très bonne place, près de la ligne, contre un muret et à l'ombre. Il doit y avoir déjà une petite cinquantaine de coureurs présents.

Peu après, je retrouve Olivier, mon cher chirurgien, qui s'installe à mes côtés. Puis Lise également (ma capitaine du Raid 28). On discute avec nos voisins, dont un V2 qui a l'air parfaitement zen... déjà multi-finisher de l'UTMB ! La voie de la sagesse sans doute...
Je reçois de nombreux SMS et en profite aussi pour envoyer les ultimes news.

Une marée de coureurs s'est accumulée comme jamais au moment où je m'éclipse pour une petite pause technique.

À un moment, Catherine Poletti, radieuse, fait un passage entre les coureurs et leur serre les mains. Je suis heureux et touché de partager ce petit instant de communion.
L'ambiance est de plus en plus festive avec la musique, et tout le monde danse lorsque le tube « Get Lucky» des Daft Punk passe. Cette mise en chauffe est super et on a du mal à croire que l'épreuve va bientôt commencer...

J'ai établi un roadbook en 42 h 30, soit 3 h 30 de moins que la limite, avec des temps intermédiaires à chaque étape (basés sur mes capacités et les temps constatés lors de mon stage UTMB de juillet). Ce plan doit me servir de repère ainsi qu'à quatre autres personnes : Marie, mes deux suiveurs (Olaf et Bubulle) et mes amis Australiens (Rebecca qui accompagne Tristan). L'objectif est d'avoir toujours suffisamment de marge sur les barrières horaires et d'aider ceux qui me suivent à « sentir » comment je m'en sors...

En attendant, je suis posé, très zen. Être sur la ligne a le don de m'apaiser car tout est prêt ! Mais je n'oublie pas non plus avoir déjà eu cette même sensation avant la Diagonale des Fous... Et puis d'un coup, la musique de Vangelis démarre. Déjà ! On a beau s'y attendre, ce « Conquest of Paradise » provoque un mélange de grand frisson et d'émotion saisissante. Waa-ouh ! On part faire l'UTMB !

CHAMONIX

Vendredi 16 h 30.

La foule est incroyablement énorme et enthousiaste. Partir dans les premiers permet de trottiner tout de suite et s'imaginer tels des conquérants à l'assaut du monde.

C'est encore plus géant que je l'imaginais. Les yeux écarquillés, j'ai envie de taper toutes les mains qui se tendent. C'est tout bonnement extraordinaire de se faufiler à travers cette foule si proche et bienveillante. Je tente de capter chaque seconde et profite à fond.

En passant devant mon hôtel, je prie de ne pas le revoir avant 48 heures ! C'est très roulant et même en se freinant, ça va vite. Aucune idée de la vitesse mais je laisse filer les coureurs devant moi. Première surprise, je retrouve Catherine, coéquipière de la reco-UTMB de juillet. Elle est malheureusement blessée et, bien que ne se faisant guère d'illusion, essaye d'en profiter quand même.

Après seulement 45 minutes, au lieu de 55, voilà déjà les Houches ! Cela fait près de 11 km/h. Mais à la Réunion, le départ n'était-il pas presque similaire ? Le village est bien animé et je rate l'incroyable : son plus célèbre citoyen venu en simple spectateur... Kilian Jornet!

LES HOUCHES

(8 km, 120 m D+, 0 h 45) Vendredi 17 h 15.

La montée s'attaque tranquille. Dans un virage, un enfant distribue des bonbons Haribo et je prends deux crocodiles. Un grand drapeau australien dénote aussi sur une maison.

En tout cas la montée est facile car le terrain n'est pas technique. Après deux heures de course, peu avant le sommet, une surprise avec mon ami Bikoon qui me rejoint. Avec son plan 32-35 heures... au bout d'un moment, je sais qu'il faut laisser filer ! Le soleil chauffe un peu mais avec l'altitude ce n'est pas gênant.

LE DELEVRET

(14 km, 900 m D+, 1 h 49) Vendredi 18 h 19.

J'ai 25 mn d'avance sur le plan, mais ne m'arrête pas au ravitaillement pour autant. La descente qui suit est bien raide (1000 m D-) et sur les conseils d'Olivier, je descends gentiment, en essayant de ne pas me lâcher, pour éviter chocs aux genoux et soulager les muscles. Ça va quand même re-

lativement vite. Benoit, Kikoureur et gros marcheur, me reconnaît et nous faisons une partie ensemble. Son plan de course en 32 heures me conforte dans le besoin de ralentir encore ! À l'approche de St-Gervais, l'ambiance est géniale et les encouragements tout bonnement fantastiques.

J'arrive au ravitaillement avec près de 40 mn d'avance. Pas besoin de faire le plein d'eau car je peux tenir jusqu'aux Contamines. J'avale juste 2-3 bricoles, prends un verre d'eau et repars déjà.

SAINT-GERVAIS

(21 km, 950 m D+, 2 h 41) Vendredi 19 h 11.

La montée s'annonce longue avec une majorité de passages aux allures de faux plats. Je gère course et marche rapide.

La lumière décline et je suis à deux doigts de perdre mes lunettes de soleil en les changeant avec celles de vue. Moi qui ne supporte pas les fortes luminosités, je n'ose imaginer comment me passer de cet article aussi important pour moi que la couverture de survie.

Je retrouve avec plaisir divers endroits familiers, comme celui de notre premier pique-nique en stage, ou la traversée de Saint-Nicolas de Véroce, capitale de la Montagn'Hard.

La nuit finit par devenir trop présente et la frontale apparaît nécessaire juste avant d'arriver aux Contamines.

LES CONTAMINES

(31 km, 1500 m D+, 4 h 44) Vendredi 20 h 50 (pause 24 mn).

Presque une heure d'avance en apparence... mais il faut se ravitailler avant de pointer. C'est un peu le bazar. Je commence par le plein d'eau puis une soupe... Il manque juste un banc pour se poser. Quelque 20 mn plus tard, je suis prêt à partir mais... quelqu'un m'a piqué mon bidon de boisson énergétique posé sur mon sac et laissé le sien pourri à la place ! Un peu énervé, je perds du temps à le nettoyer et refaire le plein. Finalement je repars avec une demi-heure d'avance sur le programme.

Je me couvre, mange quelques provisions tout en marchant, puis me remets à courir jusqu'à Notre Dame où j'espère retrouver Jean-Luc, alias Tonton Trailer.

NOTRE DAME DE LA GORGE

(35 km, 1550 m D+, 5 h 15) Vendredi 21 h 45.

L'accueil y est très agréable avec de jolis éclairages colorés et une grosse ambiance : de la musique, de forts encouragements...

Je salue *Tonton* et attaque la « Voie Romaine », faite de grosses roches.

Le chemin devient progressivement plus technique que dans mes souvenirs... En fait ce sont surtout les premiers signes de fatigue qui apparaissent : ça va un peu moins vite.

LA BALME

(39 km, 205 0m D+, 6 h 22) Vendredi 22 h 45 (pause 7 mn).

Le ravitaillement de la Balme s'avère beaucoup moins charmant qu'en stage. Déjà la nuit et le froid n'aident pas. Les tentes, au lieu de l'accès au refuge, sont aussi moins attirantes. Il fait frais et l'appétit manque. J'ai 25 minutes d'avance sur le roadbook et surtout 1 h 40 sur la barrière horaire.

La montée m'apparaît ensuite plus technique, voire difficile (single track, beaucoup de roches). Je suis moins à l'aise et ça me semble beaucoup plus long qu'un mois avant où je pétais la forme au même endroit. Seul grand moment, : une évasion magnifique et planante avec les huit minutes de la chanson « Kashmir » de Led Zeppelin. Le col apparaît enfin avec 10 minutes de plus que prévu : il ne fait pas chaud ! Pas d'arrêt possible à la petite cabane, mais névés directs sans plus s'attarder. De toute façon, j'ai retenu la leçon de Vincent Delebarre : il ne faut jamais traîner dans les cols, toujours exposés aux vents...

COL DU BONHOMME

(42 km, 2650 m D+, 7 h 45) Samedi 00 h 15.

Maintenant, le chemin de liaison qui me semblait hyper court s'avère bien longuet ! Je m'attends à rejoindre le refuge en deux secondes, mais ce ne sont que froid, sentiers cassants et visibilité médiocre.

Enfin il finit par être atteint après plus de 20 minutes.

REFUGE DU BONHOMME

(44 km, 2820 m D+, 8 h 07) Samedi 00 h 37.

La descente qui suit se révèle aussi moins facile de nuit que de jour, qui plus est avec déjà 8 heures de course dans les jambes (contre démarrage au réveil en stage) et surtout des douleurs au genou !

Ça c'est la mauvaise nouvelle... Et plus la descente avance, pire c'est : je me traîne terriblement et boucle la portion en 1 heure au lieu de

45 minutes. Le moral est moyen car mon genou me gêne sérieusement après seulement 30 % de l'épreuve !...

LES CHAPIEUX

(49 km, 2800 m D+, 9 h 06) Samedi 01 h 36 (pause 27 mn).

Au ravitaillement, Petzl offre des piles de rechange et je négocie le changement des miennes, bien que testant une frontale concurrente. Nous échangeons deux mots à ce propos. Et puis surprise, j'aperçois Tristan mon ami australien !

Le temps de se restaurer un peu (soupe), je retrouve aussi mon ami suédois Viktor. Deux très bonnes retrouvailles qui font beaucoup du bien au moral.

Avec Tristan, mon ami australien !

Après le contrôle des sacs, nous repartons tous les trois ensemble dans la bonne humeur. Tristan et Viktor font connaissance et je profite du passage sur bitume pour donner des cours de marche nordique.

Après quelques kilomètres faciles, les lacets de l'ascension du col de la Seigne débutent.

La Lune passe au-dessus du col et ferait une superbe image. Les frontales des coureurs montrent aussi combien le sommet est encore bien haut !

Cette montée est longue, fastidieuse et à 3-4 heures du matin, la fatigue se fait sentir. J'ai l'impression de ne pas y être... Tour à tour, Tristan et Viktor me rattrapent et me déposent.

Je me traîne, mais près du sommet, j'ai le loisir d'admirer le flot incroyable de quelque 10 km de frontales depuis les Chapieux : c'est totalement féerique et mon regret est de ne pas pouvoir capter une telle image. J'arrive enfin péniblement au col à 4 h 30, soit 20 mn de retard sur le plan.

COL DE LA SEIGNE

(60 km, 3800 m D+, 11 h 59) Samedi 04 h 29.

J'ai mis 30 mn de plus que prévu (essentiellement dû au ravitaillement précédent). Mais à ce moment-là, je constate surtout que j'ai pris une heure dans la vue depuis le début de la nuit.

Au col de la Seigne.

Pire, je me sens en dedans et la descente s'annonce comme un petit enfer : j'ai mal au genou, me traîne et manque même d'énergie sur le plat où je peine, voire où je suis incapable de courir. Au lieu de 35 mn, je mets près d'une heure pour rejoindre le point de contrôle du Lac. J'ai beau me remémorer les bons moments de juillet dans cette zone, notamment les descentes en glissant dans la neige, là, à 5 heures du mat', dans le froid, c'est 10 fois moins joyeux !

LAC COMBAL

(64 km, 3800 m D+, 12 h 57) Samedi 05 h 27 (pause 8 mn).

Au ravitaillement, après juste un plein d'eau, je ne trouve aucune place pour m'asseoir deux secondes ! Bien fatigué, il faut que je me pose et décide de m'allonger quelques minutes à même le sol. Je souffle, somnole, sans crainte de m'endormir tant le froid me saisit vite. Même pas 10 mn après, je repars. Je devrais courir mais n'ai absolument pas d'énergie. L'inquiétude grandit : la sensation de perdre de plus en plus de temps alors qu'il reste tant à faire !...

La montée aux Arêtes du Mont Favre est assez éprouvante avec ses quelque 500 m de dénivelé. Le moral est en chute libre malgré le lever du jour. J'ai maintenant 1 heure de retard sur mes prévisions et suis surtout sur un interminable déclin... depuis 8 heures non-stop !

Ça cogite dur et je vois le spectre de l'élimination se profiler à vitesse grand V : si je ne redresse pas la barre, les barrières horaires vont vite me frapper de plein fouet !

Je me morfonds dans cette perspective et songe sérieusement au pire... avec la gestion de cet échec annoncé (!).

« C'est foutu !... Il va falloir trouver un hôtel, expliquer à tant de monde pourquoi ça n'a pas marché... » Ce qui me pousse plus que jamais à faire le bilan :

❄ Problème Physique ? « Ok j'ai mal au genou ».

❄ Problème de Niveau ? « Prépa un peu trop juste. J'aurais dû mieux diversifier (trop de vélo) ? ».

❄ Problème d'alimentation ? « C'est vrai que j'ai toujours du mal à m'alimenter suffisamment, surtout depuis quelques temps ».

En résumé, diverses explications... mais rien d'ultra-évident ! Bref, je ne me trouve aucune véritable raison ni « excuse » : c'est donc qu'il faut se battre et trouver la solution !

À 6 h 42, j'envoie deux SMS « d'appel au secours » à Christian et Olaf, chargés de me suivre et coacher si nécessaire...

ARÊTES MONT-FAVRE

(68 km, 4300 m D+, 14 h 25) Samedi 06 h 55.

Le lever de soleil a été magnifique et le paysage est extraordinaire. Je tente de puiser des forces en admirant le sommet du Mont-Blanc et l'interminable glacier du Miage, témoins d'un ancien passage et marqués à jamais dans ma mémoire...

sante mais malgré les douleurs au genou et une chute qui m'érafle bien un bras, je me sens de mieux en mieux. J'ai l'impression de revivre enfin quelque peu.

Tout en serrant les dents, car le genou grogne, j'anticipe le ravitaillement de Courmayeur qu'il va falloir gérer parfaitement avec la récupération de mon sac. L'ayant déjà longuement muri avant la course, je peaufine dans ma tête précisément le déroulé pour optimiser le timing :

Sur le chemin de Chécrouit, isolé sur le sentier, je réfléchis à ce qu'il faut faire pour m'en sortir et sens de plus en plus... qu'il faut que je me pose et que je m'alimente !

CHÉCROUIT

(73 km, 4300 m D+, 15 h 17) Samedi 07 h 47 (pause 8 mn).

Mon retard s'est encore accentué : 1 h 10 de retard par rapport au roadbook. Il faut pourtant prendre le temps de s'arrêter et recharger les batteries. Bien que brève, la pause est étonnamment profitable. Je décide de prendre quelques bricoles à manger en marchant et embarque aussi un verre de thé bien chaud et sucré.

Cela me fait beaucoup de bien et je retrouve enfin un peu plus d'énergie dans la descente vers Courmayeur. Celle-ci est très technique et glis-

1. Récupération du sac de délestage.
2. Enlever chaussures et veste.
3. Recharger batteries des téléphone et ipod.
4. Longue et bonne pause déjeuner.
5. Changement complet de tenue.
6. Récupération affaires diverses pour mon sac à dos + plein d'eau.
7. Lavage et soins des pieds car leur état est déjà inquiétant.
8. Dépôt de mon sac de délestage.

Tandis qu'Olaf me conforte au même moment sur la stratégie de pause alimentaire à faire, je réussis à parfaitement gérer la coupure en pile une heure. Je repars remotivé comme jamais... et, surtout, avec encore 1 h 10 d'avance sur la barrière horaire !

J'ai juste le temps de saluer Lise, arrivée peu après moi. Elle n'est pas au mieux mais, avec son endurance et son expérience (finisher à la Réunion), si elle ne perd pas le rythme, doit pouvoir y arriver.

COURMAYEUR

(77 km, 4300 m D+, 16 h 18) Samedi 08 h 48 (pause 58 mn).

La traversée de Courmayeur se fait à bon rythme et le soleil ambiant contribue à me remettre en selle. L'ascension est assez raide et technique, mais je sympathise avec deux autres coureurs, dont l'un me regardait avec envie allongé par terre au lac Combal, cinq heures plus tôt ! Et à force de discuter, le temps passe bien plus vite. L'ascension prend 1 h 20, exactement comme prévu.

Massif du Mont-Blanc vue de Courmayeur.

BERTONE

(82 km, 5100 m D+, 18 h 43) Samedi 11 h 13.

Depuis Chécrouit, mon retard par rapport au plan de marche s'est maintenant bien stabilisé, ce qui est réconfortant. J'ai aussi fait 50 % de la course, en un peu moins de 19 heures. Et puis, nous allons maintenant aborder des parties magnifiques. Après une pause de 5 minutes à Bertone, je repars donc à l'assaut du refuge Bonatti. Tout en reprenant enfin du temps sur les prévisions sur cette portion roulante, je profite de la vue superbe sur le massif du Mont-Blanc. Je prends même quelques photos.

Bonatti, je m'y suis également préparé avec envie... pour déguster le meilleur café de tout le Tour du Mont-Blanc ! Le stage de juillet m'y a laissé un excellent souvenir et je suis impatient d'y arriver. Malgré de belles grimpettes à faire quand même, nous y voila !

BONATTI

(89 km, 5400 m D+, 20 h 15) Samedi 12 h 45 (pause 20 mn).

Je pose mon sac et rentre dans ce magnifique refuge pour commander au comptoir mon expresso plus un jus de pomme. Tout est délicieux, tant au goût que pour le moral... et cela ne me coûte que... 3 € ! On croit rêver.

En sortant, je rencontre... Jacques ! Un Kikou qui immortalise l'instant pour cette première ren-

contre de visu, après s'être bien croisé sur le net. J'ai pris mon temps et du plaisir, pour mieux repartir plein d'envie. Le corps et la tête prêts à faire face !

Le tronçon se déroule à la vitesse prévue, voire légèrement meilleure : je suis bien dans le rythme, sans forcer ni effort particulier.

En ce beau samedi, on croise pas mal de touristes, en mouvement ou pique-nique. Cela nous vaut questions et encouragements. C'est cool de partager ces moments avec d'autres. Arrive un joli pont à traverser : je m'arrête 2 secondes pour une photo. Avec les félicitations d'un montagnard qui regrette que tant de coureurs ne prennent pas le temps d'apprécier les jolies choses.

ARNUVA

(94 km, 5500 m D+, 21 h 39) Samedi 14 h 09 (pause 11 mn).

Il fait chaud sous ce cagnard ! C'est le moment d'un bon ravito, avec une petit pause déjeuner (pâtes), où je croise de nouveau mon ami Viktor. Même si j'ai 1 h 30 de retard sur mon planning, j'ai surtout et toujours deux bonnes heures d'avance sur les barrières horaires.

C'est reparti ! D'entrée de jeu, un vent fort se fait sentir et va être présent pendant toute l'ascension. Après une petite course, la montée arrive très vite et s'avère sacrément raide. Le paysage est somptueux : j'immortalise le Mont Dolent qui marque le triple point de frontière entre la France, l'Italie et la Suisse. Avec une pente moyenne de 17 % sur 4,5 km, la montée du Grand Col Ferret ressemble par endroits à un mur ! Mais au bout d'une grosse heure et demie, le col est franchi. Je gagne encore 10 mn sur mon plan de route.

Une longue et difficile montée !

Pas le temps de prendre une photo (comme suggéré par SMS par little sister Sophie), car au point de contrôle, avec le vent, on nous « intime » de ne pas nous arrêter (même pour poser une simple question!). Nous quittons donc l'Italie pour rejoindre la Suisse.

GRAND COL FERRET

(99 km, 6250 m D+, 23 h 24) Samedi 15 h 54.

Il n'y a plus de neige comme fin juillet et la descente s'annonce assez roulante et... interminable ! Pensez donc : près de 18 km non-stop avec -1600 m au programme !

La Peule puis la Fouly : je gère en essayant notamment de limiter les impacts pour mes genoux. Encore un quart d'heure de gagné sur le roadbook et moins d'une heure de décalage par rapport au programme. J'ai surtout presque 3 heures d'avance sur la barrière horaire.

Le moral est au beau fixe. En plus, à l'approche de la Fouly, j'entends crier « Allez Bertrand» au loin. Une formidable surprise m'attend : David (ancien coéquipier de la TDS 2011) et Anouk, que je n'ai pas vus depuis deux ans déjà. Nous avions formé une incroyable équipe pendant 120 km à quatre, avec également Anne et Corinne ! Corinne que je manque d'ailleurs d'un rien alors qu'elle est bénévole à cet endroit.

LA FOULY

(108 km, 6400 m D+, 25 h 23) Samedi 17 h 53 (pause 35 mn).

En tout cas, j'ai envie d'en profiter et de prendre un peu mon temps : je fais ma demi-heure de pause « non utilisée » précédemment à Arnuva. Tout en me ravitaillant et apercevant encore Viktor, je discute avec grand plaisir avec mes deux amis supporters. On repart même ensemble sur quelque 200-300 m avant de se quitter.

Il est 18 h 30 et la suite s'annonce particulièrement plaisante : dénivelé pas trop violent, chemins faciles, chalets suisses charmants. On se prend à rêver dans cet environnement bucolique, à la tombée du jour.

À Praz-le-Fort, quelques échanges avec les propriétaires de l'immanquable chalet aux innombrables nains de jardin, puis l'admiration d'un joli chalet rénové laissant découvrir un intérieur superbe. Et voilà comment, de fil en aiguille, on se retrouve au pied de la montée vers Champex... Fini la rigolade, il faut grimper maintenant !

Initialement je visais d'arriver à Champex juste avant la tombée de la nuit, mais avec ma petite heure de retard, c'est à la frontale que je finis par rejoindre ce magnifique site. Malgré la nuit, il y a une très belle ambiance pleine de son de cloches comme j'avais entendu dire. Avec la CCC qui nous a précédés, cela fait pourtant plus de 24 heures que des coureurs se succèdent !

CHAMPEX

(122 km, 7000 m D+, 28 h 53) Samedi 21 h 23 (pause 1 h 24).

Juste avant de rejoindre la grande tente de contrôle et ravitaillement, la foule nous acclame et j'entends quelqu'un crier mon nom. Le temps de pointer, je fais demi-tour et tente de retrouver mon supporter... C'est la mère de Théo (tout juste brillant Top 30 de la CCC) qui avait proposé de m'assister.

Je sors alors mon « bon magique » d'assistance, « rouge - spécial Champex » (tout est très réglementé), et elle peut venir à mes côtés. C'est très agréable et positif pour le moral : aux petits soins avec moi, nous échangeons un peu pendant que je dîne et j'en profite pour faire le ménage dans mon sac : bon an, mal an, je retire 3 ou 400 g inutiles (provisions principalement).

Je fais aussi une mini-sieste de 10-15 mn, bien au calme, pour essayer d'être en forme en vue de la deuxième nuit. Ma nouvelle gestion de course depuis l'aurore est simple : s'arrêter plus et mieux, pour mieux courir !

Après 1 h 20 de pause (contre 1 heure prévu) et 2 heures d'avance sur la barrière horaire, je repars bien requinqué et paré pour le dernier quart de la course et ses trois grands cols.

Tout démarre par quelque 6-7 kilomètres de course relativement faciles. Cela fait drôle car cette fois, je me retrouve tout seul, à traverser des forêts.

Je me sens bien, regonflé par ma dernière pause et une journée bien ensoleillée au propre comme au figuré. Je n'en reste pas moins concentré et avec de l'appréhension pour la prochaine difficulté qui m'avait marqué en juillet comme le plus dur moment... l'ascension de Bovine !

C'est très raide (500 m de dénivelé sur 2 km) et technique. Ce coin me fait même penser à la Diagonale des Fous. C'est dur mais raisonnablement long sur le moment. La variante de la course est même légèrement moins difficile que la voie prise un mois plus tôt où il y avait eu un long passage plein de racines.

Enfin, la zone de contrôle est située avant la Bergerie, ce qui permet de pointer 10 minutes plus tôt que prévu ! Je n'ai plus que trois quarts d'heure d'écart cumulé avec mon roadbook, ce qui est particulièrement encourageant.

BOVINE

(132 km, 7700 m D+, 32 h 44) Dimanche 01 h 14.

Le passage du col qui suit est assez venté et sinistre comparativement au lever du soleil vécu un mois plus tôt. C'est fou comme les sensations varient suivant les circonstances. D'un autre côté, l'expérience précédente m'aide énormément à bien gérer et appréhender.

C'est parti pour une longue descente ! Elle est plus ou moins technique. Mais surtout les descentes cassent de plus en plus les jambes. Pas trop le loisir de somnoler avec le terrain. Pourtant la frontale se met en mode « sommeil brutal ». Avec la fatigue je mets un peu de temps à comprendre qu'il faut vraiment changer les piles ! Pas facile dans le noir. Heureusement je hèle un coureur qui m'éclaire 30 secondes pour réussir la manœuvre. Je sympathise avec deux autres et nous nous suivons jusqu'à Trient. Discuter aide à passer le temps et penser à autre chose que les difficultés du parcours.

Et puis, voilà le Col de la Forclaz : nous ne sommes plus très loin. On ne tarde pas à surplomber le village. Il reste pas mal à descendre mais, petit à petit, l'agitation et l'animation nous attirent inexorablement. Je pense à Vincent Delebarre qui nous disait en stage : arrivez à Trient... et c'est gagné ! Il n'y a quasiment plus d'échecs à partir de là... Ce n'est pas tout à fait vrai (48 d'entre eux ne verront pas Chamonix cette année) mais ma conviction est faite.

TRIENT

(139 km, 7900 m D+, 34 h 59) Samedi 03 h 29 (pause 37 mn).

Au ravitaillement, il faut prendre le temps de se nourrir quelque peu (soupe), faire le plein d'eau. À 3 heures du mat' et après une première nuit blanche, le sommeil se fait sacrément sentir ! Je me pose donc 10 mn et somnole, assis sur le banc, tête contre la table. J'avais prévu de dormir une heure mais remets ça à plus tard... Pouvoir remettre ça, est une façon positive de se dire qu'on a de la marge ! Le relief remonte vite fort et il faut... tenir ! Plus de 800 m de dénivelé positif. Des pentes toujours à + 20 %, ce n'est vraiment pas de la tarte ! Les hallucinations deviennent de plus en plus présentes. Comme à la Réunion, je devine des constructions éclairées qui ne sont que des coureurs au loin. Pas de véritable inquiétude mais la domination flagrante de la fatigue. Pire, je me surprends régulièrement à ne pas assurer totalement mes pas. Pas au point de tomber ou se cogner, mais presque. À trois ou quatre reprises, je me surprends très limite...

Or certains passages, bien que raisonnablement larges, sont particulièrement abrupts. Ce n'est pas aussi dangereux qu'à la Réunion, mais une mauvaise chute aurait quand même des allures dramatiques. Il serait temps de se (re)poser un peu ! Le mieux est toujours de faire des micro-siestes quand le coup de barre tombe. Seulement, aucun lieu ne s'y prête.

En attendant, passer son temps à regarder les cailloux devant soi ou les chaussures du coureur qui nous précède : quel truc de dingue ! Avec mes compagnons nous partageons sur la folie de telles courses : « on est des malades !... »
J'avais prévu 2 heures sur cette portion et il me faudra une demi-heure de plus. Il est presque 6 heures du matin quand Catogne arrive enfin. Un point de contrôle, c'est toujours une victoire.

CATOGNE

(144 km, 8700 m D+, 37 h 25) Dimanche 05h 55 (pause 40 mn).
Même s'il n'y a pas de ravitaillement, il faut que je m'allonge ! Je m'enquiers d'un abri et une bénévole me propose la solution : me poser dans un petit chalet à quelques dizaines de mètres en contrebas.
Quand je pénètre à l'intérieur, une formidable sensation de chaleur m'envahit : je passe de 5 à 20° Celsius. Il y a 6 ou 7 bénévoles qui discutent à une table et, dans un coin, un petit matelas plus une couverture ! J'enlève chaussures et veste, mets une alarme à 30 mn. Je m'inquiète un instant sur le « bruit » de la discussion ambiante mais m'endors en moins de temps qu'Usain Bolt ne parcourt un 100 mètres ! Évidemment, une fraction de seconde après, mon alarme « chien » aboie : je me dresse aussitôt et tout en me préparant, constate le vide de la tablée. La bénévole débarque au même moment, après mes 30 mn annoncées. Je suis touché par toutes ces attentions. Le jour s'est aussi quasiment levé... avec la sensation d'avoir vaincu la nuit.
Je rattrape vite divers coureurs et, après 2 km de descente, retrouve... la France ! Bon, ça continue de descendre aussi raide que nous avons dû grimper : 20 à 25 % de pente. C'est particulièrement dur avec des quadriceps fatigués et des genoux qui demandent à être ménagés. Ça slalome aussi beaucoup entre cailloux, racines, terrains sablonneux...
Je guette l'atteinte de divers repères encore frais dans ma mémoire et puis voilà enfin les 200 derniers mètres de descente à travers un champ. Les applaudissements et encouragements font chaud au cœur et donnent de l'énergie.

VALLORCINE

(149 km, 8750 m D+, 39 h 22) Dimanche 07 h 52 (pause 19 mn).
Contrôle et une grande tente bien aménagée. J'avale une bricole et surtout me change, rangeant collant et veste pour éviter de perdre du temps inutile ou subir la chaleur plus tard.
Après un bon quart d'heure de pause et quelques dizaines de mètres, j'ai cependant vite froid car il est encore tôt et le soleil ne s'est pas encore montré. Je ressors donc mes manchettes.
Le programme maintenant ? Une grosse montée et une grosse descente : ça n'est quand même pas compliqué, surtout après en avoir déjà fait 9 de chaque !
J'ai certes « perdu » un peu de temps à Catogne, mais c'était un « investissement » indispensable. Et là, malgré cette dernière pause un peu longue, je quitte Vallorcine avec encore 2 heures d'avance sur la barrière horaire. Je suis rentré désormais en mode « gestion » : on assure et profite !

La grimpette au col des Montets est assez facile (environ 200 m, D+ sur 4 km) et je n'avance pas trop mal. Il est maintenant 9 h 30 et il ne reste plus qu'une quinzaine de kilomètres, 800 m de D+ et 1200 m de D-, le tout en 5 heures maximum : ça paraît simple sur le papier ! Le plus dur s'annonce quand même avec une belle grimpette. La montée se transforme vite en chemin de croix. C'est très frustrant car le parcours est magnifique, surtout sur la fin, et le soleil désormais présent. En jetant des coups d'œil vers le haut, on ne voit jamais la fin avec souvent, pour toute vue, que des coureurs beaucoup plus haut perchés… Certains passages sont particulièrement techniques. Il faut impérativement s'armer de patience.

Passé le cap des 2000 m d'altitude, la pente s'adoucit enfin un peu. Je me retrouve à discuter avec un randonneur éclairé et nous échangeons tout en partageant le même rythme. Il est beaucoup plus frais que moi et la fin de course laisse à penser qu'on ne va pas plus vite que n'importe quel touriste. En tout cas, j'apprécie ces échanges sympathiques qui aident à passer beaucoup plus vite le temps.

Dans la tête, tout va quand même très bien : je savoure et suis confiant à 200% pour finir la course dans les temps. Seule l'envie d'en finir domine outrageusement. Les échanges de SMS commencent à redoubler ! Je sens de très nombreux soutiens de toutes parts et cela permet aussi de garder le sourire. Tout le monde s'inquiète un peu… sauf moi.

TÊTE AUX VENTS

(157 km, 9600 m D+, 42 h 21) Dimanche 10 h 51.

J'ai encore perdu 20 minutes sur cette portion mais en profite pour admirer un peu le formidable paysage sur l'ensemble du massif du Mont-Blanc. Un coup d'œil aussi en contrebas : Chamonix, nous voilà (bientôt) !

La portion qui suit est relativement roulante, pour peu qu'on ait encore des jambes… et des pieds !

En effet, en plus du grand tiraillement des quadriceps, les pieds commencent à s'en mêler un peu trop sérieusement. L'échauffement est tel, qu'après la sensation de parties en feu (les gros

Col de la Tête aux vents.

Massif du Mont-Blanc vu du col de la Tête aux vents.

orteils en particulier), les bords externes des talons et le dessous des pieds me font maintenant bien souffrir. J'y avais jeté un coup d'œil au dernier ravitaillement et j'avais déjà constaté que je n'étais plus guère protégé par mon Compeed au talon, celui-ci s'étant décollé… Mais à quelques heures de l'arrivée, pas grand-chose à faire, sauf à serrer un peu les dents… C'est quand même juste l'horreur ! Chaque pas me coûte et mes appuis sont incertains. Et ce qui devait arriver arriva : sur un passage glissant je dérape et finis sur le dos. Cette fois-ci c'est mon bras gauche qui morfle et finit râpé. Rien de grave mais quand même la sensation de galérer.

Bref, sur une portion que j'aurais dû faire en 30 minutes, je mets… 1 h 10 ! À la frustration de ne pas avancer, j'ai celle de voir tout le monde me doubler. Sur l'instant, je me fiche un peu du classement mais, pour le moral, ce n'est pas terrible.

La Flégère arrive enfin au bout d'un très long sentier de crête.

LA FLÉGÈRE

(160 km, 9600 m D+, 43 h 28) Dimanche 11 h 58.

Bon, à ce moment-là, on peut dire que c'est fait ! La Flégère est la vraie dernière barrière horaire. J'avais entendu et vu, qu'après ce point, vous pouvez arriver à Chamonix une heure après l'heure limite, vous serez bien dans les finishers : on ne va quand même pas vous recaler sur la ligne d'arrivée !

Jusqu'à Catogne, j'étais finalement très bien dans mon plan (sur une base de 42-43 heures) mais ai bien décroché depuis : 1 h 30 perdue entre Catogne et la Flégère (6 h au lieu de 4 h 30). Bon ceci étant, je suis assez loin de ces calculs : 100 % sûr de réussir, ma seule préoccupation maintenant est d'en finir ! Mais j'ai mal aux pieds comme jamais et la descente (-930 m dénivelé) n'est pas des plus faciles. C'est vraiment infernal, douloureux et je me traîne totalement. Sans cesse doublé (quand même 300 places perdues depuis Catogne !), je ne vis pas la fin avec bonheur.

Les messages affluent et j'essaie de rassurer les amis et proches : « Sachez que s'il faut rouler jusqu'en bas, je le ferai ! »

J'apprends aussi que mon amie Sab a vécu et surmonté la même galère sur la CCC : ça aide à se sentir moins seul ! Et bien qu'allant très lentement, je rattrape quand même un coureur sur la fin : Naïm, (seul) représentant de la Martinique ; il subit exactement la même galère… avec ses pieds en feu aussi. On sympathise et, tels deux petits vieux, on fonce à coups de petits pas ! On passe le bar d'altitude où j'imaginais prendre un café, comme un pied de nez avant l'arrivée. Ça sera pour une autre fois !

Et puis, arrive enfin le bitume final : plus qu'un gros kilomètre à travers Chamonix. J'insiste auprès de Naïm pour profiter à fond du meilleur moment qui soit ! Très vite je retrouve David et Anouk qui m'attendent depuis un bout de temps

alors qu'ils doivent repartir : jolie attention et retrouvaille. Le terrain étant enfin plat et facile, il est temps de finir en courant non-stop désormais ! L'énergie et les applaudissements continus sont un délice. Ça s'amplifie et densifie à l'approche de l'arrivée et j'aurais envie que ça ne s'arrête jamais...

Et puis, je récupère enfin Anne (coéquipière TDS) pour parcourir ensemble le dernier kilomètre. Trop cool de retrouver deux ans après une si belle amie pour finir à mes côtés.
Tout en savourant, rue Valot, j'aperçois Lise sur le bord qui m'encourage et a l'air heureuse de me voir finir. Dans la même fraction de seconde, je comprends qu'elle n'a pas pu aller au bout de sa course et suis attristé pour elle... (éliminée à Vallorcine par la barrière horaire, à 15 places seulement du dernier finisher). J'essaye de profiter de chaque seconde, de ces applaudissements aussi fabuleux que ceux accordés aux vainqueurs. Mais c'est bien ça : finir une telle course est forcement une grande victoire personnelle pour chaque concurrent !

Dernier détour, dernier virage et maintenant il ne reste plus qu'un faux plat d'une centaine de mètres pour passer la ligne. J'ai pris un peu le temps de réfléchir à la façon de terminer et n'ai qu'une envie, remercier tout le monde pour l'énergie qui m'a été donnée face à ce défi !

Tandis que je laisse Naïm finir devant, la réponse vient d'elle-même : j'adresse des bisous tour à tour de la main gauche puis droite afin d'exprimer ma gratitude et amour pour tous ces chers qui m'ont soutenu (la caméra live sera malheureusement juste coupée à cet instant, empêchant plusieurs amis de partager l'instant).

Qu'importe, j'entends le speaker annoncer mon arrivée, serre le poing devant les photographes et passe enfin la ligne après 45 h 36 mn. Waouh ! C'est juste fantastique.

CHAMONIX

(168 km, 9700 m D+, 45 h 36) Dimanche 14 h 06.
Toujours pas de Catherine Poletti pour la traditionnelle bise, mais je récupère fièrement ma polaire de finisher, et retrouve Naïm. Le temps d'immortaliser l'instant avec quelques photos, de faire un coucou à la webcam. Je retrouve Anne et ses amis sur les marches de l'église, face à l'arrivée. Je suis fourbu avec super mal aux pieds... mais heureux !

Anne part me chercher la bière promise tandis qu'on me prépare un bon sandwich. Je récupère sous un ciel radieux, tandis qu'Anne assiste à la remise des prix et notamment celle de son ami Xavier Thévenard, vainqueur de l'UTMB la veille ! Nous partons prendre une glace et nous nous quittons la tête pleine de souvenirs. Je m'abstiendrais volontiers de marcher mais il me faut désormais traverser un peu la ville, en chaussettes tant mes pieds souffrent, pour récupérer mon sac, puis retourner à l'hôtel. Il est déjà plus de 17 h quand je passe devant une terrasse... où se trouvent Tristan, Rebecca et Scotty ! Pause obligatoire, bière et commande d'un bon hamburger-frites comme tout le monde.

Tristan est arrivé une bonne heure avant moi et Scotty a aussi bien souffert pour finir en 41 heures. Nous sommes ravis de nos expériences. Autre jolie surprise, Vincent Delebarre, assis pas très loin, débarque pour me féliciter. C'est un vrai plaisir et honneur, même s'il est bien trop court. Je finis enfin par rentrer à l'hôtel, et peux me délester de tout ce bazar pour prendre un bon petit bain.

Pour clôturer cette grande journée, je retrouve Olivier (mon chirurgien) pour le diner avec sa petite famille. Il a aussi très bien réussi son pari et malgré l'heure tardive, j'apprécie beaucoup ce partage.

ÉPILOGUE

Le retour se fera dès le lendemain en voiture et la reprise du travail le jour d'après. Les 8-10 jours suivants seront bien difficiles pour récupérer de cette grosse fatigue et je serai très régulièrement pris de fringales. Les pieds mettront aussi une bonne quinzaine de jours pour s'en remettre...

J'ai accompli un rêve... Et après ? Grosse question ? À chaud, il apparaît difficile de se résoudre à devoir arrêter de vivre d'aussi grands moments et expériences... Mais pas question de recourir pour autant, du moins sans écouter de très près mes genoux. Courir juste les jours de grands évènements ? Pourquoi pas ? En tout cas, l'idée est de se donner quelques mois, le temps de murir les réflexions.

Par ailleurs, à la lecture des chiffres, je retiens un partage sans précédent avec... quelque 200 SMS échangés (75 % reçus) pendant la course ! Mon téléphone a souvent bipé et j'attendais généralement chaque ravitaillement pour les lire, comme une source de récompense et motivation supplémentaire à les découvrir.

Des encouragements, des conseils, de la passion, de l'humour... Un lien fort et permanent qui aura beaucoup aidé à relever et vivre ensemble le défi.

BONUS - BÉTISIER

Un petit mois après ce périple, je vais faire les courses chez Auchan, étrennant fièrement ma belle polaire de finisher hors de la maison. Mais quel n'est pas mon désarroi quand je me retrouve, à de nombreuses reprises, alpagué par des clients... qui me prennent pour un vendeur...

Tout cela pour ça ! ;)

ANALYSE

SYNTHÈSE

▶ Une course spectaculaire, extrêmement bien organisée, devenue une grande référence mondiale en très peu de temps.

▶ L'UTMB est aussi un modèle d'innovation avec une gestion de l'événement la plus complète possible.

RECOMMANDATIONS

▶ Une connaissance ou reconnaissance minimum du parcours est un gros plus (les stages sont particulièrement utiles).

▶ La préparation à ce type d'épreuve est classique mais doit intégrer une notion de vitesse, en plus du travail d'endurance et de dénivelé.

▶ Bien étudier la météo juste avant le départ ⇔ en cas de risque de mauvais temps, il ne faut pas se focaliser excessivement sur l'allègement du sac et privilégier une bonne protection.

ÉVALUATIONS

Mythe ★★★★½

▶ Le tour du Mont-Blanc existe depuis des décennies et la course est devenue très vite une référence des épreuves nature de longue distance.

▶ Pour passer au stade de mythe, plusieurs facteurs se sont cumulés, dont un lieu, déjà très célèbre à la base, le Mont-Blanc. Théâtre des premiers Jeux Olympiques d'hiver en 1924, Chamonix bénéficie d'une aura mondiale depuis largement plus d'un siècle.

▶ Que ce soit pour figurer au palmarès ou simplement faire partie des finishers, l'UTMB constitue une aventure personnelle très forte.

▶ L'arrivée dans Chamonix est organisée pour être spectaculaire et valoriser les coureurs.

▶ La polaire de finisher est devenue en elle-même un petit symbole très prisé.

Difficulté ★★★★★

▶ La vitesse est la principale difficulté de l'épreuve : le rythme doit être tout le temps soutenu car les barrières horaires sont exigeantes.

▶ Pour la majorité, tenir deux nuits d'affilée en ayant tout au plus le temps de faire une ou deux micro-siestes est un challenge.

▶ La météo peut être un facteur faisant chuter le taux de finishers de 67 à 50 %.

Organisation et soins des coureurs ★★★★★

▶ L'organisation est méticuleuse et veille à s'améliorer chaque année.

▶ Les bénévoles sont très motivés et généralement bien expérimentés.

▶ Les ravitaillements sont complets et correctement étudiés.

▶ Les soins médicaux sont bien gérés.

▶ En résumé, tout est fait pour mettre les coureurs dans les meilleures conditions et les soutenir, sans pour autant les pousser à se mettre en danger.

Paysages ★★★★★

▶ Le tour du Massif du Mont-Blanc est très spectaculaire avec de nombreuses belles vues dégagées.

▶ On retiendra en particulier les zones des arêtes du Mont Favre, le balcon entre Bertone et Bonatti, Champex et la Tête aux Vents.

▶ Évidemment, tout dépend des horaires de passages ⇔ du rythme de chacun et de la météo.

Technicité ★★★★★

▶ Le tracé évolue régulièrement par toutes petites touches, et mélange une dominante de parties « roulantes » avec divers secteurs plus difficiles.

▶ Le parcours n'est pas trop technique, à quelques exceptions près, comme l'ascension du col du Bonhomme, des Pyramides Calcaires et du secteur de Bovine.

▶ Les parties les plus raides se situent dans les montées de Bertone, du Grand Col Ferret, de Bovine, de Catogne et de la Tête aux Vents.

Ambiance ★★★★★

▶ La musique du départ, « Conquest of Paradise » de Vangelis, est particulièrement envoutante et met coureurs comme spectateurs en condition, créant une ambiance hors norme.

▶ L'animation est très forte à de multiples endroits et la passion des spectateurs s'affiche clairement très présente.

▶ Outre les zones de ravitaillements, plusieurs zones sont particulièrement spectaculaires, notamment : Les Houches, St Gervais, Notre Dame de la Gorge, Champeix et évidemment Chamonix (au départ comme au retour).

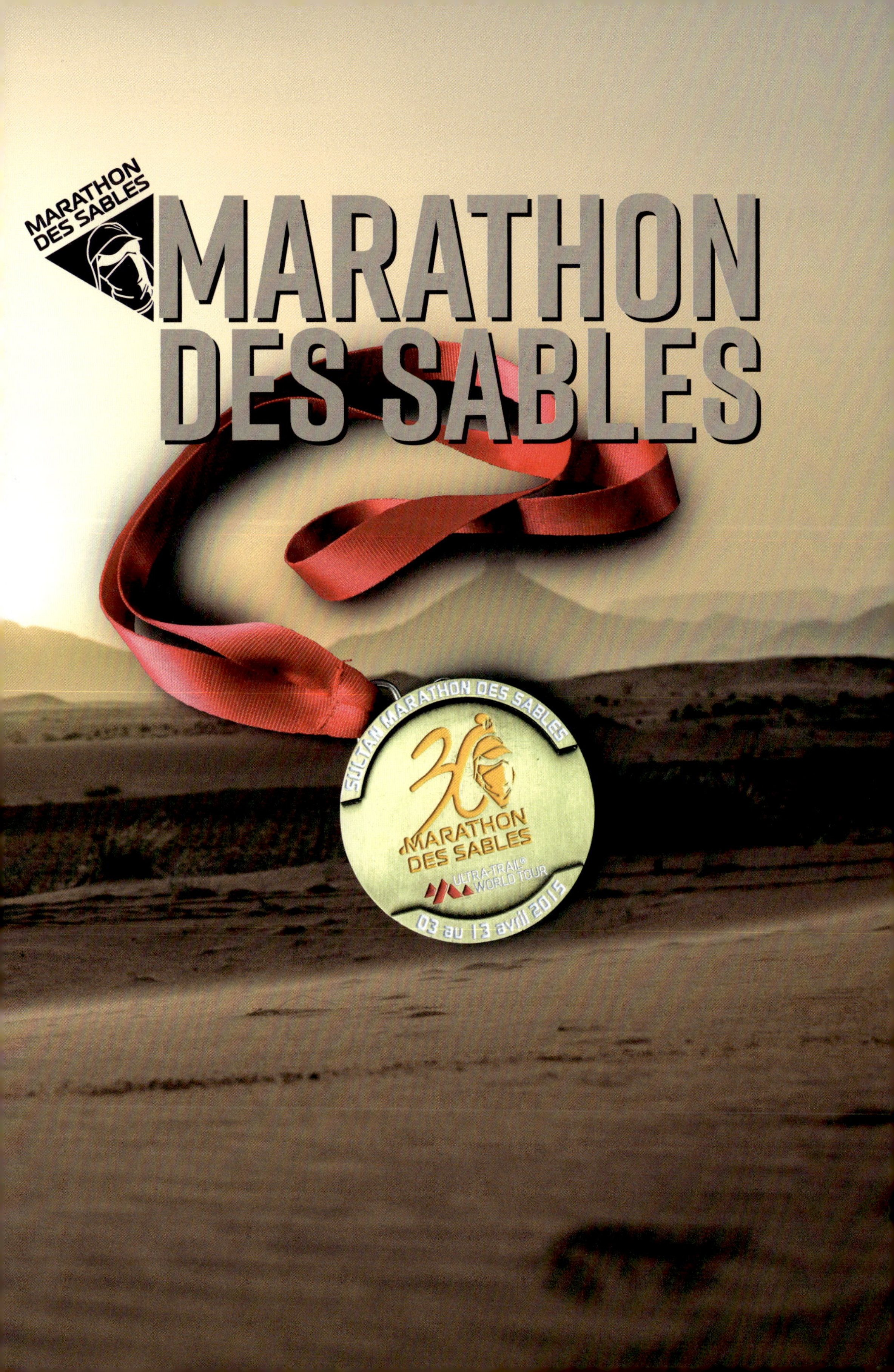
MARATHON DES SABLES
MARATHON
DES SABLES
SULTAN MARATHON DES SABLES
MARATHON DES SABLES
ULTRA-TRAIL® WORLD TOUR
03 au 13 avril 2015

PRÉSENTATION

RÉSUMÉ

- Ultra trail par étapes, en autosuffisance alimentaire, dans le désert marocain.
- 250 km (parcours changeant tous les ans).
- 1800 m D+.
- 6 étapes, dont 1 longue (75 à 95 km), 1 marathon (42 km) et 1 de « charité » (10-12 km).
- 78 heures maximum.
- 28 barrières horaires.
- 28 ravitaillements en eau.

QUAND ?

- Deuxième semaine d'avril, le Marathon des Sables démarre le dimanche et se termine le vendredi.

PARTICIPANTS

- 1300 inscrits, dont environ 25 % de français, le reste venant du monde entier.
- 90 % de finishers (légèrement variable suivant la météo des éditions).
- 50 nationalités représentées.

UN PEU D'HISTOIRE

Le concept remonte à 1984 lorsque Patrick Bauer, créatif et passionné, décide de se lancer dans une aventure folle : traverser le désert saharien à pied sur 350 km et en autonomie complète pendant 12 jours.

Marqué par son odyssée, il lance alors le premier Marathon des Sables en 1986 et convainc 23 « fous » de le suivre dans cette nouvelle aventure. Les principes d'origine vont être conservés : autonomie complète avec juste l'eau fournie, 6 étapes dont une longue et convivialité !
La suite n'est pas un long fleuve tranquille mais, malgré de fréquents obstacles financiers comme géopolitiques, l'épreuve réussit à se développer petit à petit.

La course va aussi connaître toutes sortes d'adversités de mise en œuvre, comme des tempêtes de sable (2002, 2012), des températures extrêmes (pics à près de 50 degrés en 2003), une humidité excessive (2006) ou encore des inondations (2009). Mais, chaque fois, l'organisation trouve le moyen de s'adapter.

Avec le temps, la course va progressivement gagner en difficulté, passant de 192 km à plus de 250 km trente ans plus tard. Le niveau va aussi s'élever, au point d'y voir la participation de champions internationaux. Depuis 2014, la course constitue une des épreuves phares de l'Ultra-Trail World Tour.

Malgré les difficultés inhérentes au concept, le MDS se veut ouvert au plus grand nombre, avec une sélection « raisonnable ». Les qualités sportives ne sont qu'une composante parmi d'autres. La préparation du matériel, la bonne gestion générale et le mental sont d'une importance primordiale.

La course va vite devenir une spécialité marocaine à partir de la fin des années 90. Avec 10 victoires, Lahcen Ahansal domine largement le palmarès, devant ses compatriotes Rachid El Morabity et Mohamed Ahansal, son frère (4 victoires chacun).
Chez les femmes, les Européennes dominent les débats avec Laurence Klein, Simone Keyser et Monique Frussote (3 victoires chacune).

ALTERNATIVES (autres versions)

▶ Semi-MDS Canaries (2017)	120 km	3 étapes	Fuerteventura.
▶ MDS Pérou (2017)	250 km	6 étapes	désert d'Ica.

POINTS CLÉS À APPRÉHENDER

▶ La préparation physique est évidemment essentielle, mais, à l'inverse d'autres grands Ultras, la largesse des barrières horaires offre la chance de finir à tout le monde.

▶ La préparation logistique en amont est essentielle : sac, alimentation, équipements... seront clés pour réussir son épreuve. Jamais l'expression « éviter le moindre grain de sable » n'aura été plus appropriée !

▶ Les problèmes de pieds sont fréquents. Il n'y a pas de recette miracle, mais l'équipe médicale est extrêmement bien organisée pour vous accompagner.

▶ Pour les chaussures, une demi-pointure de plus que d'habitude n'est pas du luxe, car les pieds gonflent plus fortement encore avec la chaleur.

▶ La chaleur sera plus ou moins bien vécue par chacun, mais avec un air généralement très sec, les températures restent plus facilement supportables.

▶ Il est possible d'envoyer et recevoir des messages à ses proches, ce qui est très positif pour le moral.

▶ **Le site de la course : www.marathondessables.com**

Marathon des sables

Les chiffres clés

Distance totale : 250 Km   Dénivelé positif : 1 800 m   Dénivelé négatif : 1 850 m

Altitude minimale : 620 m   Altitude maximale : 860 m

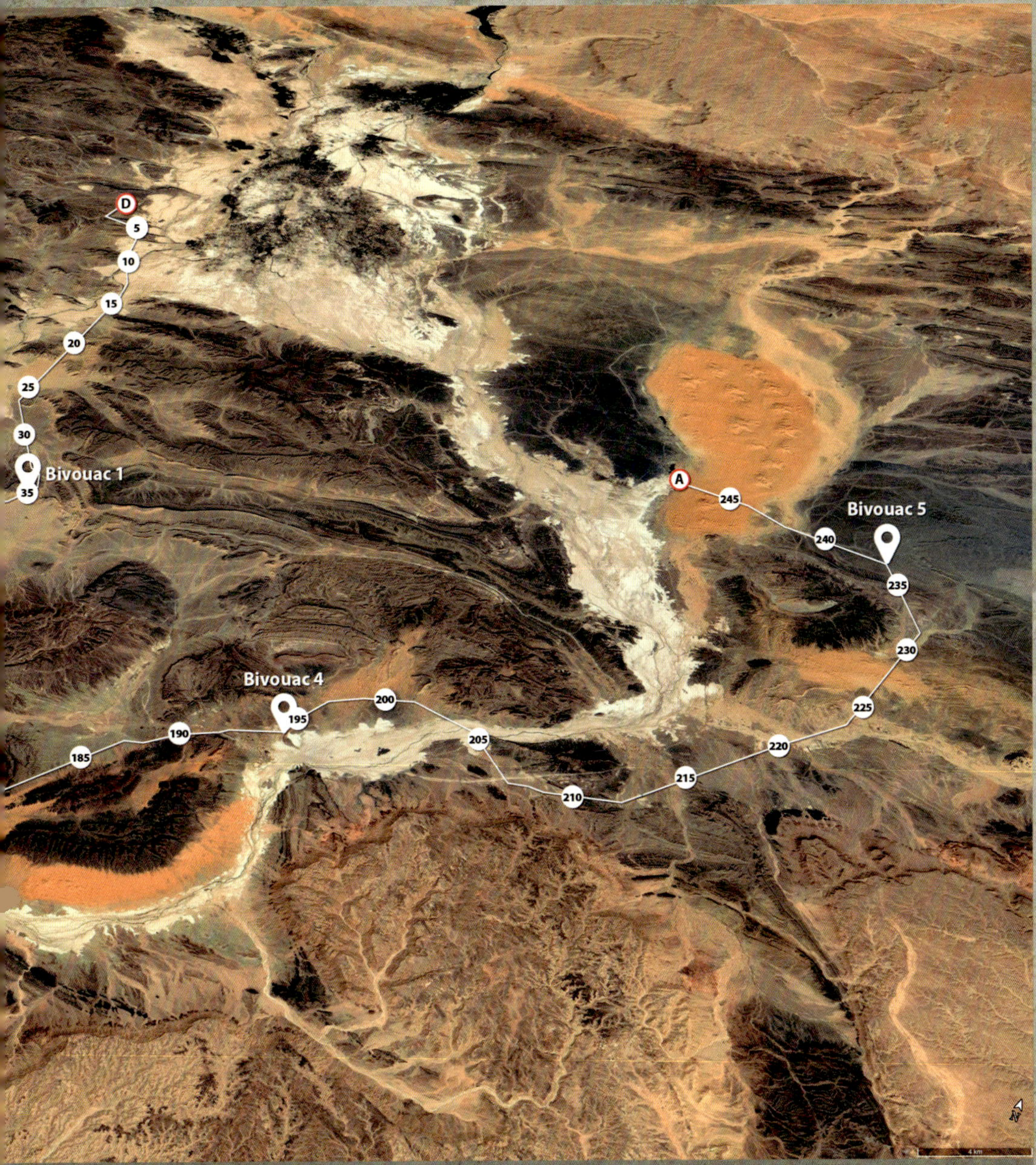

Profil altimétrique

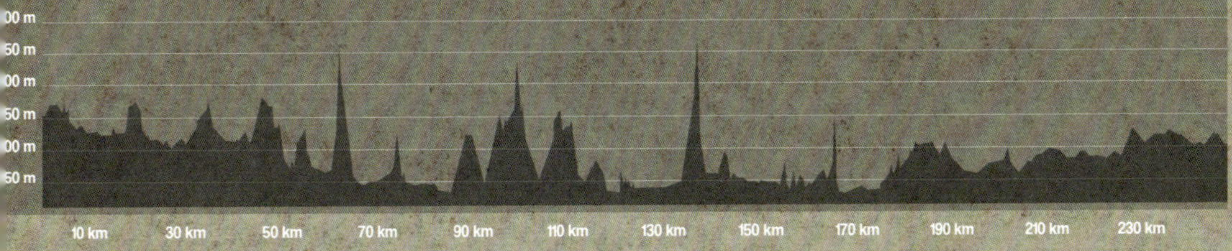

La course (250 km, 1800 m D+)

À PEINE RENTRÉ du MDS avec les joies du retour au tumulte parisien, le périple tout juste vécu garde un côté irréel. Ce n'est pas seulement une course, mais vraiment une aventure très différente de ce que l'on peut habituellement rencontrer.

Le Marathon des Sables, en résumé, ce sont 250 km, en 6 étapes, dans le Sahara occidental marocain et en autosuffisance.

Ce dernier point a toute son importance et caractérise fortement l'épreuve. On a beau être prévenu, passer une semaine complète avec toute sa maison dans un sac à dos de 20 litres n'est pas anodin.

Seule l'eau est fournie par l'organisation, et en quantité limitée. Un bout de toile de tente est également mis à disposition pour la nuit. Chaque concurrent assure sa propre subsistance. Ajouter à cela des températures passant d'un extrême à l'autre, alternant sans cesse chaud et froid, plus quelques petites pincées de sable en mode tempête, et vous y êtes.

Ceci étant, l'épreuve est proprement magique. L'environnement est spectaculaire, toujours varié, et l'ambiance entre coureurs aussi chaleureuse que multiculturelle, avec ses 4 coins du monde représentés. L'accueil général est aussi parfait, avec des bénévoles extrêmement attentifs et bienveillants.

L'épreuve a parfois la réputation d'être la « plus dure du monde ». C'est une perception toute relative. Elle peut effectivement devenir un enfer... mais reste quand même globalement très accessible, sportivement parlant. Du moins plus que certains Ultras au chronomètre impitoyable.

En fait, il faut surtout bien gérer. Tout gérer. L'effort physique comme la gestion des ressources et les soins du corps. Sur ce point, une attention toute particulière se focalise vite sur les pieds. Plus que toute autre partie du corps, ceux-ci sont mis à rude épreuve et personne, sauf exception, n'échappe aux traumatismes des ampoules qui peuvent tourner au cauchemar...

CONTEXTE & PRÉPARATIFS

Avant d'en arriver là, tout a commencé par mon projet de trilogie « Diagonale des Fous / UTMB / Marathon des Sables », dont le MDS s'annonçait comme la conclusion.

Un jour d'avril, après une sortie sportive avec mon ami Michel, nous projetons de participer à l'édition de l'année suivante. Partager ça en groupe s'annonce encore plus motivant et il faudra juste se décider très vite tant les inscriptions devraient être prises d'assaut pour la 30e édition. Et encore les Français (25 à 30 % des concurrents) sont chanceux car, au Royaume-Uni, il faut y penser deux ans à l'avance tellement l'engouement est élevé !

Une année pour se préparer, quand on s'entraîne régulièrement, suffit largement.
Ce n'est d'ailleurs pas tant sur le plan physique que cela se joue le plus. A contrario, la clé est de bien appréhender tout le reste et gérer avec minutie son sac.

Heureusement Michel va alimenter un blog spécifique, http://objectif-mds-2015.over-blog.com/, tellement pratique que l'organisation de course n'hésitera pas à mettre plusieurs liens sur sa page Facebook.

Personnellement, cela va me sauver car, à tout juste un mois du départ, je suis extrêmement loin d'être prêt : face à un emploi du temps surchargé, j'aborde le mois de mars avec quasiment rien côté sac, presqu'en mode panique.

Avec beaucoup de « copier-coller », j'arrive tout juste à boucler mes affaires à temps. La nourriture est une vraie complexité car même une fois le menu et les achats faits, il faut encore tout reconditionner pour que cela rentre dans le sac ! J'ai réussi à, « raisonnablement», tout rassembler et optimiser : mon sac WAA complet affiche 8,5 kg sans eau, dont 4,3 kg de nourriture pour la semaine. Tout est très accessible et réparti.

Mon podologue du sport, Pierre Lapègue, m'a aussi préparé des semelles spécifiques et fait des soins aux pieds...

AVANT-COURSE

Vendredi 3 Avril, c'est le jour du décollage vers Ouarzazate au Maroc, et je suis enfin et réellement zen ! Soulagé de savoir « qu'il n'y a plus qu'à » maintenant...

Après un vol, où la chef de cabine nous assure d'énormes rigolades, s'ensuivent 6 heures de bus pour rejoindre notre bivouac. Largement le temps de lire le Roadbook et prendre la température. Il fait déjà bien nuit et c'est un peu le chaos pour former les tentes, où nous aimerions regrouper la quinzaine de « Bledrunners», notre groupe.

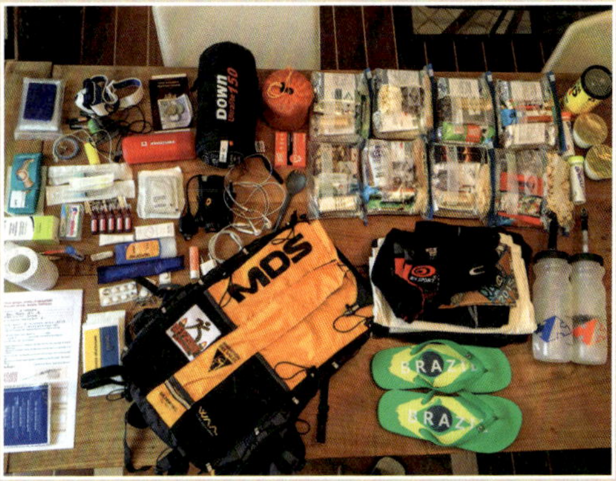

Nous serons finalement 7 dans notre tente n°86, venant étonnamment des quatre coins de la France, et même de Pologne. Celle-ci est composée de notre jolie capitaine, Elzbieta alias « Ela », Pascal le Marseillais, alias « Ratatouille », avec sa mascotte et ses drapeaux français sur la tête (que tout le monde a bien repéré !), Bruno, le Lorrain, toujours de bonne humeur, Laurent, le

Tourangeau, très expérimenté, double-finisher, Wiesek, notre champion et médecin polonais et enfin Jean-Charles, le Béarnais « fou » au béret, avec qui les délires partent très vite !

Cette première soirée sera aussi vite le moment de découvrir l'inconfort du sommeil à même le sol. Mon luxueux matelas d'un centimètre me paraît fin comme du papier à cigarettes !

Le Samedi 4 Avril est consacré à la découverte du camp, aux ultimes choix des affaires avant le contrôle technique des sacs et l'abandon de notre valise… en espérant la retrouver dans une semaine…
C'est aussi l'occasion de fêter mon anniversaire ! Assurément une célébration très inhabituelle, loin du confort familial. J'ai quand même amené deux bonnes bouteilles de champagne que je réussis à faire garder au frais : à quelques heures du départ, l'apéro du soir n'en est que meilleur.

ÉTAPE 1

(36 km, 180 m D+, 6 h 24) Dimanche 5 avril.
Réveil dès 5 h 45, suivi de ce qui sera le rituel : toilette, récupération de l'eau, petit déjeuner, préparation des affaires.

Le premier rendez-vous est fixé à 8 h pour former un énorme « 30 » avec les coureurs. Munis de drapeaux jaunes, nous sommes parfaitement placés sur le bas du « 3 ». On nous annonce la présence de 1350 « fous » cette année pour relever le défi.
Ensuite, chaque départ est précédé d'un speech de Patrick Bauer, fondateur de l'épreuve. Passionné et bienveillant, il a toujours un bon mot pour les abandons, les anniversaires, les cas spéciaux et adore redoubler de consignes avant de nous lancer sur le rythme « d'Highway to Hell » d'AC/DC ! Tout un programme...

http://goo.gl/dfNOIp

Cette première étape démarre peu après 9 h et il fait encore assez bon grâce au vent. On nous annonce une journée avec 34° à l'ombre... qui n'existe évidemment pas !
Je démarre en marche nordique, tandis que la majorité court déjà follement. L'étape nous offre un bon aperçu de la semaine avec toutes sortes de terrains. Elle nous révèle vite le style de la course : des parties roulantes, des revêtements très changeants avec de grandes variétés de sables, des dunes, des cailloux et des enchaînements de grandes lignes droites.

Je prends vite beaucoup de plaisir et croise déjà un Australien, Ronen, parti à l'aventure avec son père Éric, et avec qui je partage un grand ami commun, Tristan Miller, alias « Runlikecrazy » (auteur de 52 marathons en 52 semaines sur les 7 continents). Sur le parcours, je rattrape aussi successivement tous mes coéquipiers de tente.
Ce premier jour est nickel : je suis assez à l'aise et, à part la dernière heure, suis à peine fatigué. Mise en jambes de 6 h 24 parfaite... sauf

côté pieds où je découvre à l'arrivée deux ampoules, dont une grosse sur le côté droit du talon. Les creux des pieds ont aussi beaucoup chauffé... J'attrape enfin une belle crampe à la jambe droite en faisant le ménage des cailloux sous notre tente. Heureusement, Wiesek, notre champion polonais, est médecin et s'occupe aussitôt de moi avec efficacité.

À peine posé, je découvre alors les joies de l'emploi du temps et des queues interminables : une heure pour donner quelques brèves nouvelles par mail, avec une petite interview au passage.

http://goo.gl/LBL1WT

Puis direction les soins des podologues : 2 heures à nouveau ! C'est très long mais voilà

Fin d'étape en vue

une visite indispensable pour préparer la suite dans de bonnes conditions, surtout quand on manque d'expérience sur les meilleures techniques à appliquer.

Le hic est qu'il fait déjà nuit à mon retour à la tente et je peine à réussir mon feu : trop de vent, plus réchaud maison pas 100 % au point, plus… je suis nul et me brûle les doigts ! Bref, l'absence d'expérience et de test se fait cruellement sentir et je mange un plat à peine cuit et vaguement tiède…

AU CÔTÉ DE RACHID EL MORABITY, FUTUR VAINQUEUR !

Pas très brillant l'aventurier ! La consolation vient des premiers messages personnels délivrés et qui font chaud au cœur. Il est 21 h et je m'endors après avoir tout relu une deuxième fois.

ÉTAPE 2

(31 km, 350 m D+, 6 h 17) Lundi 6 avril.

Le Boss le dit lui-même, ce sera l'étape « UTMB » aujourd'hui ! Chouette, du dénivelé ! Trois cols à franchir qui s'avèreront aller crescendo en terme de difficulté.

Le départ est toujours aussi rapide et l'hélico virevolte au-dessus de nous pour réaliser des vues spectaculaires. Comme la veille, Michel et moi nous nous retrouvons « par hasard » au bout de 5 minutes et abordons tranquillement le **CP1** ensemble (1er check-point au bout de 13 km).

Nous franchissons donc le **premier col** qui est vraiment tranquille et nous permet d'aborder une longue crête spectaculaire, offrant une large et jolie vue dégagée.

Au ravitaillement, le rituel s'avère vite immuable : 1,5 litre pour remplir les bidons et 1,5 litre pour se rincer et humidifier le corps.

Le **deuxième col** est sensiblement plus corsé avec une montée raide, sablonneuse et parsemée de cailloux. Avec un pied maintenant bien exercé aux ascensions montagnardes, je m'en sors sans difficulté et seul le cagnard nous accable un peu. Sur la crête très rocailleuse qui suit, je croise Leslie qui tente une première féminine : le MDS en sandales ! Son joli vernis à ongles est toujours intact et elle gère parfaitement bien.

Nous traversons ensuite un long plateau facile avec un Djebel (montagne) au fond.

Au fur et à mesure qu'on avance, je m'interroge sur le point de passage. Puis, petit à petit, comprends que ce sera un vrai « Col du Tricot » (cf. massif du Mont-Blanc), c'est-à-dire, un mur ! Celui-ci démarre par une première moitié dans le sable et une deuxième dans les rochers ! Le **Djebel El Otfal** est tout simplement « l'Alpe d'Huez » de l'épreuve, un de ses très grands classiques. Il fait très chaud mais je grimpe assez bien. Du moins mieux que la moyenne. Je suis même très largement freiné par le monde dans la zone des rochers mais mets ça à profit pour récupérer tranquillement. Le final se fait à l'aide d'une corde. Derrière, on redescend via un splendide goulet creusé dans la roche et parsemé de mirifiques roches bleues. Le sac de plus de 10 kg (eau comprise) est déjà assez lourd comme ça... mais je finis par craquer et ramasser une pierre pour Marie, fana de jolis cailloux.

Cool !

Puis, tandis que je descends tranquillement, un cameraman officiel me dépasse avec une GoPro au bout d'un stick. Sous le coup de la plaisanterie, je me mets à le taquiner et le défier dans un improbable jeu : descendre en courant. Joueur, il me suit et filme pendant 2 mn la poursuite. « It's Time to Fly » comme me le disent mes Hoka ! Dans le délire, j'annonce l'arrivée de Kilian Jornet pour me frayer un passage entre les concurrents. J'accélère même progressivement au risque de me tordre la cheville (!). Mon compagnon de jeu finit par craquer et nous en sommes quitte pour une sacrée tranche de rigolade. Probablement le moment le plus fun de la semaine pour moi... Et je ne découvrirai que bien plus tard, le « succès » inattendu de cette vidéo sur la page Facebook de la course. **http://goo.gl/LQDjCI**

À la sortie du Djebel, comme la veille en fin d'étape, je retrouve la « fameuse » blonde néo-zélandaise, Anna... qui doit forcément s'appeler Frost ? (la n°1 mondial de Trail !)
Il faut savoir que nous avons deux dossards : un devant + un derrière et c'est génial pour faciliter la convivialité. La veille, j'étais intrigué et avais doublé, peu avant la ligne, ma célèbre « adversaire » (pensant au « classement féminin » cher à Christian).

Fin d'étape avec Anna.

Cette fois nous faisons connaissance et je découvre qu'elle est... avec mes deux autres amis australiens ! Anna assure bien et nous nous promettons de tenter de finir chaque jour de la sorte.
6 h 17 pour l'étape du jour et une nouvelle place au milieu du classement qui me va à ravir. Outre finir, le second objectif sportif est justement d'essayer d'atteindre la première moitié au général.

À l'arrivée, je retrouve Wiesek, toujours premier arrivé à notre tente. Je le quitte rapidement pour le traditionnel enchaînement mail et soins des pieds. C'est encore pire que la veille car cela va me prendre 3 h 30 au total !

Mais quand je vois leur état et comment je les aurais gérés par moi-même, je me dis que j'ai encore bien fait de voir un pro. Les creux des pieds sont maintenant bien atteints et le bord gauche du talon aussi. Je réalise aussi à quel point je suis très inexpérimenté pour me soigner seul correctement.
Le retour à la tente se traduit comme la veille par un décalage d'emploi du temps avec les autres et un repas encore froid et immangeable. Je me force quand même car il faut absolument se charger en calories. Nous sommes aussi en « alerte vent » quand je me couche à 21 h. Je fais mon habituel office de couche-tard car tout le camp semble déjà dormir.

ÉTAPE 3

(37 km, 380 m D+, 6 h 59) Mardi 7 avril.

L'étape démarre sous un soleil et un ciel bien dégagé. Michel, fidèle à ses habitudes, me récupère rapidement en route et nous faisons notre traditionnel **CP1** ensemble. Le terrain est toujours varié et c'est étonnant de découvrir la multitude de sables existants. La course porte vraiment bien son nom.

Grâce à mon coéquipier, j'ai appris dès le premier jour à optimiser les trajectoires et chercher les sols les plus compacts qui permettent d'économiser régulièrement de l'énergie dans nos foulées. La montée des dunes avec le maximum de surface en contact s'ajoute encore à notre efficacité. Enfin, avec l'utilisation des bâtons, j'ai même l'impression d'être dans la gestuelle du skieur de fond dans ces zones-là.

Après une longue traversée d'un sol très sec et craquelé, nous poursuivons avec le sable dans toute sa splendeur. En plein cagnard, il y a

Ratatouille !

même une jolie côte à grimper et j'ai mon coéquipier « Ratatouille » en ligne de mire. Je le rejoins dans la descente qui suit et il m'a l'air cuit. Peut-être encore plus moralement, de me voir le rattraper chaque jour !

Ceci étant, je souffre aussi et, depuis le milieu de l'étape, ressens une fatigue bien présente. J'en

ai même mis la musique en route, signe d'une certaine lassitude. Hasard heureux, ma playlist aléatoire commence par « Petite Marie » et je pense fort à ma chérie, repassant avec plaisir le morceau une deuxième fois !
Aujourd'hui, la chaleur est si forte (45 degrés ?) que je saigne à un moment subitement du nez. Entre sécheresse drastique et température intense, le corps est bien chamboulé.

L'étape va se terminer et je n'ai pas rattrapé Anna, la néo-zélandaise. Je regarde ma montre et perçois même que ça va être chaud pour finir sous les 7 h aujourd'hui. Qu'à cela ne tienne, j'accélère le rythme et à 30 secondes de l'heure fatidique, attaque un sprint de ouf. Je rattrape alors un concurrent qui joue le jeu et nous nous arrachons, tels des « tarés en finale des Jeux Olympiques ».

Je casse le buste sur la ligne et gagne le duel pour 3 centièmes de secondes en 6 h 59 mn 55 s !

LA TENTE D'ENVOI DES MAILS (AVEC MUSIQUE DOUCE)

ET DU TÉLÉPHONE SATELLITE !

Cette fois, je change mes habitudes pour passer plus de temps sous la tente : la file d'attente aux mails est moins longue et il me suffit de trois quarts d'heure. Pour les pieds, je décide de tout gérer moi-même. Je vais juste faire mon petit nettoyage indispensable à la Bétadine (en accès libre) et gère dans la tente. Seul hic, je néglige mystérieusement de traiter une micro ampoule sur la face interne du petit orteil droit.

Le dîner du soir est un nouveau calvaire et je pète même un câble devant mon incapacité à allumer mon feu. Laurent vole à mon secours avec son briquet-tempête qui allume mon Esbit (tablette à combustible) en un instant. Le repas ne sera pas fameux pour autant et fini mal dosé/cuit comme le premier soir...
L'étape longue démarrant tôt demain, c'est dès 20 h 30 que je m'endors (après une dernière relecture des mails). La fin de nuit est encore perturbée par le vent qui agite fortement la tente.

ÉTAPE 4

(92 km, 670 m D+, 21 h 01) Mercredi 8 au jeudi 9 avril.
Aujourd'hui, c'est l'étape de vérité ! Un Ultra dans l'Ultra avec l'assurance de passer bonne ou totalité de la nuit en mode course.

Au réveil, le vent persiste et pratiquement tout le monde se couvre le visage. Les rafales de sable sont pénibles mais, heureusement, ne dureront pas trop. En réalité, le véritable challenge au moment de partir, est d'arriver à enfiler mes chaussures : entre les ampoules et les pieds qui gonflent, ce n'est pas très rassurant pour la vingtaine d'heures qui s'annonce !

Le départ est fixé à 8 heures mais vite décalé d'un quart d'heure faute d'une organisation générale au point. Comme d'habitude aussi, nous commençons par plusieurs kilomètres faciles qui permettent au peloton de s'étirer et à chacun de trouver son rythme. Cette fois-ci, le hasard ne me rapproche pas de Michel... du moins pas d'ici le premier Check-Point.

Faute de batterie solaire au point, je dois me contenter de l'heure de ma super Garmin prêtée par Lepape pour me repérer. Mais une idée germe très vite : évaluer mon avancement

avec le podomètre intégré ! J'estime que l'étape nécessitera 120 000 pas environ. Pour info, les recommandations sont de 6 000 par jour !

Au bout de 3-4 km, nous franchissons une belle dune parsemée de jolies roches et avons un panorama fantastique dans la descente qui suit. Il y a pas mal de kilomètres de sable mou par la suite, quand je rejoins deux princesses du désert !

Leslie et Ela

Je retrouve aussi la Team australienne et nous passons notre temps à discuter et nous doubler à tour de rôle. Ma marche nordique finit par prendre le dessus sur leur alternance course et marche.

Enfin, un long plateau de plus de 5 km se présente à nous : il s'agit d'un ancien lac et le sol est totalement craquelé sous la sécheresse. La blancheur du sol sous le soleil frappe la rétine. Heureusement, le vent souffle toujours et nous rafraîchit. Il nous offre même le spectacle de quelques jolies mini-tornades de sable passant à côté de nous. On se sent vraiment en plein western et pourrions tout à fait être aux Etats-Unis tant cela y ressemble.

Au bout de cette interminable ligne droite, nous traversons une passe, abritée du vent. C'est aussitôt la fournaise. Une grande bâtisse siège à flanc de montagne et m'intrigue dans cette zone désertique. Comment font-ils pour s'approvisionner en eau ?

Au fond de la passe, qu'aperçoit-on ? Un mirage ? Non, une vraie auberge ! Mais pas le temps d'être tenté par une petite halte car deux 4 x 4 de l'organisation veillent au grain devant l'entrée : « Vous êtes en autosuffisance ! ».

La zone devient ensuite rocailleuse et roulante quand j'aperçois une grande pyramide ! Déjà le Caire ? Un nouveau mirage ? Même pas, juste une montagne rocheuse qui finit par dévoiler sa réalité et deux, trois irrégularités.

Plus loin, un arbre totalement isolé a réussi à pousser. La nature est toujours aussi surprenante !

La passe aux parfums "d'ouest sauvage" !

La grande bâtisse mystérieuse

L'arbre solitaire

Laurence Klein.

Après un enchaînement de dunes, les premiers de la course nous doublent à bon train. Partis 3 heures plus tard, leur facilité est déconcertante. Laurence Klein (triple vainqueur) me rattrape et mène à cet instant chez les filles. Malheureusement cette étape se transformera en calvaire pour elle.

Montée du djebel El-Oftal.

Je retrouve Michel quand nous attaquons la montée du grand **Djebel El Otfal** de l'étape 2 : dans l'autre sens cette fois. La roche est toujours d'une beauté extraordinaire. La chaleur aussi ! Pire, mon petit orteil se met subitement à doubler de volume et m'arrache une très vilaine douleur.
Il en devient même difficile de marcher. Ah, le Bert', il fait moins le fier que deux jours plus tôt sur la fameuse vidéo.

Je m'accroche à Michel et finalement c'est lui qui « craque » peu avant la fin de l'ascension. La Suédoise qui domine (et gagnera) l'épreuve me rattrape quand j'aborde la vertigineuse descente 100 % sable qui s'offre à nous. J'assure par des grands pas glissants dans le sable. C'est un peu long et fatigant mais ne prends pas de risques. C'est malheureusement

sur cette portion qu'un Bledrunner, Phil, va achever sa course avec une fracture, suite à une chute fatidique...

Plus loin, Michel me rejoint et nous concluons la 3e portion ensemble, après avoir traversé une rivière laissant croire que la zone est enneigée tant elle est chargée de sel !

Pas de pause particulière au **CP3** et nous repartons sans coup férir, chacun à son rythme. L'objectif va maintenant être d'atteindre le **CP4** du 50e kilomètre juste avant la tombée de la nuit. Nous alternons sable mou et parties roulantes quand le soleil nous offre un très joli coucher derrière le Djebel.

Il est 18 h 40 quand je pointe au **CP4**. Je décide de faire une bonne pause avant d'attaquer la nuit et les quelque 42 km restants. Une demi-heure plus tard, restauré, je repars, la frontale sur la tête et une tige lumineuse jaune de l'organisation fixée sur l'arrière du sac.
Pour la première fois, j'acquiers la conviction que je vais réussir ce MDS !

Le début est facile et rassurant, mais cela ne dure pas. Après 2-3 kilomètres, les choses se corsent : du sable mou non stop et un vent de face forcissant. J'ai même peur de me perdre car la signalisation lumineuse (verte) est espacée de 300 à 400 m et les concurrents très répartis. La progression est pénible. Mon sac WAA, bien que génial, me pèse, et quelques maux de ventre s'ajoutent à la difficulté. La nuit s'annonce longue, très longue.

Quand 3 heures plus tard (vers 22 h 15) arrive enfin le **CP5**, c'est déjà une petite victoire.
Les bénévoles nous annoncent chaises longues et thé ! Je crains le piège mais cela fait plus de 4 jours qu'on est privé de la simple possibilité de s'assoir autrement que par terre.

Petite pause bien agréable au CP5.

Thé à volonté !

Une petite pause de 10 minutes fait donc le plus grand bien.

Malheureusement, rebelote : après 1-2 kilomètres faciles, s'ensuivent 10 kilomètres de sable mou. Le vent est encore plus violent et se transforme en petite tempête de sable. L'horreur ! Les rares moments de détente… consistent dans l'observation de quelques insectes géants et un mulot du désert totalement paniqué par le faisceau de ma frontale. Cela ne fait pas grand-chose à se mettre sous la dent pendant ces heures de progression très pénibles. Moi qui rêvais d'un ciel étoilé et d'une avancée magique à rêvasser… ne pense en boucle qu'à une chose : le moment où je me plongerai dans mon sac de couchage !
Le mental est mis à rude épreuve.

CP6 : Il est 1 h du mat' quand j'y arrive enfin ! Je me couvre avec mon Tyvek, la veste « magique », car il fait vraiment froid. Michel m'a rejoint juste avant et nous poursuivons un peu ensemble, avant que je ne décroche. Le terrain est enfin plus facile et le changement de cap nous met le vent de façon moins contraignante. Je suis bien fatigué et baille régulièrement. Tout ceci manque un tantinet de plaisir et me rappelle ma deuxième nuit sur l'UTMB où la folie de l'ultra m'avait sauté aux yeux.

CP7 : Atteint peu avant 4 h du mat. Le lieu est désert : pas un concurrent ! Malgré la fatigue aussi, pas question de s'arrêter pour autant : il ne reste plus que l'arrivée à franchir et retrouver mon « lit douillet » ! Le surcroît d'énergie ne dure pas trop. Une nouvelle crainte de se perdre arrive encore, en l'absence du moindre chemin marqué au sol et en n'ayant pas en vue de balise verte. De toute façon, c'est inutile de se prendre la tête, car il faut toujours continuer à aller tout droit.

Cela grimpe ensuite dans le sable mou. Avec la fatigue je suis persuadé de deviner un mobile home où 2 coureurs semblent s'être arrêtés. Mirage évidemment car les deux concurrents bougent très doucement vus de loin. Je les rattrape même, ainsi que quelques autres, quand je franchis ce qui doit être le dernier col. Au loin, on perçoit les lumières de l'arrivée : Yaouh !

Il doit quand même rester 3 kilomètres et il faut prendre son mal en patience. Ma frontale menace de s'éteindre ! N'ayant nullement l'intention d'un changement hasardeux des piles à une demi-heure de l'arrivée, je coupe la lumière et m'accroche aux deux anglais devant moi. Nous enchaînons les dunes quand l'arrivée apparaît à seulement 400 m de nous… 5 minutes plus tard, il reste toujours 400 m ! Argh…

Enfin, au bout de 21 h 01 de course, nous y voilà. Il est 5 h 10 et je songe à la Webcam : avec un peu de chance, les lève-tôt (7 h 10 en France) m'apercevront… Le thé chaud offert est toujours aussi bon, et je serre fort contre moi ma dotation de 4,5 litres d'eau, tout en rentrant en boitillant vers la tente. J'ai réussi cette terrible étape et l'émotion est vraiment très forte tellement ce fut dur… Je perçois aussi vite que tout le monde a vécu la même souffrance ! Autre premier bilan : 114 000 pas au compteur…

Sous la tente, je retrouve Wiesek et tente de me déshabiller. Une de mes guêtres refuse obstinément de s'ouvrir pendant 20 mn ! Je garde quand même mon calme et évite de tout arracher car j'ai encore bien besoin de ces fichus trucs… Enfin à 6 h, tandis que le jour se lève, je peux enfin savourer le délice tant rêvé de mon sac de couchage.

3 h 30 plus tard je me réveille et découvre une partie de mes compagnons qui viennent juste d'arriver. La journée de récup' s'annonce cool à mon niveau. Enfin, je dis ça, mais, juste après avoir enlevé mes straps de pieds à la Toutânkhamon, une violente douleur irradie tout mon pied droit : le sang circule d'un coup avec une frénésie folle !

Petit tour par la case mail pour rassurer les proches (rapide car ça ne se bouscule pas pour une fois) puis direction les soins où je retrouve, comme un peu tous les jours, mon pote et grand Kikoureur, Jean-Mi. Les pieds sont dans un sale état, avec, « au sommet », le petit orteil négligé devenu une horreur... Je retrouve au passage le cameraman de la deuxième étape... qui m'annonce le succès de notre vidéo avec plus de 10 000 vues en 24 heures !

Festin en perspective !

Le reste du temps, ce sont siestes et discussions. Il manque juste Bruno à l'appel qui se fait toujours désirer... L'heure limite pour arriver est 20 heures quand il débarque peu après 16 heures. La tente 86 est donc toujours au complet !

Vers 17 heures, surprise, on nous offre un Coca bien frais ! Je cumule et enchaîne alors avec un deuxième plaisir, en me rendant à la zone de téléphone par satellite. Pour 10 € j'ai le bonheur d'appeler la maison... où tout le monde est surpris. Pris par l'émotion et l'intensité du moment, je peine à trouver mes 2-3 premiers mots. L'instant défile avec magie... et j'enchaîne avec un deuxième passage par la case mail pour compléter les news.

Je salue aussi mes amis australiens et la soirée se termine dès 20 h 30 car la fatigue est quand même grande. Mentalement, il faut aussi rester dans la course car, aussi dure que fut l'étape longue, la course n'en est pas finie pour autant.

ÉTAPE 5

(42 km, 150 m D+, 8 h 36) Vendredi 10 avril.

Pour la première fois de la semaine, je peine à me lever. Il est 5 heures du matin et je resterais bien à me reposer, sentant confusément que la journée va être dure...

On se lève aux aurores car le départ est fixé à 7 heures ! Seuls les 200 premiers ont droit à 1 h 30 de plus. Bref, je fais tout à deux à l'heure et redoute la fin : la rentrée des pieds dans les chaussures ! C'est un tel « délice » qu'en rejoignant la ligne de départ, je peine terriblement… à simplement marcher. « Euh, on fait comment quand il y a plus de 42 km à parcourir ? Quand il va y avoir 50 000 pas à cumuler »? Et bien, on serre les dents et prie pour que les endorphines fassent vite effet après le départ.

Je démarre cette fois aux côtés de Laurent et Jean-Charles, les rois des tracés directs au compas ! Sans être hors parcours, on fait un tout droit qui nous écarte vite de plus de 50 m de la piste. Une malheureuse concurrente qui s'était installée au calme pour une pause technique n'a pas dû être ravie de notre sens des trajectoires… Ceci étant, la pudeur a généralement et incroyablement vite disparu depuis le début de la semaine. Au bout d'une demi-heure, j'arrive enfin à trouver mon rythme… sans boiter !

Je retrouve aussi mon compagnon préféré, à savoir Michel. On joue donc le premier CP comme d'habitude ensemble. Et puis le deuxième aussi car nos rythmes coïncident parfaitement. En fait, nous partageons le même objectif : le chrono est secondaire aujourd'hui et il faut surtout profiter au maximum de cette dernière grosse étape, signe de la fin du MDS.
Le parcours n'est pas trop dur avec 24 premiers kilomètres assez roulants pour une fois. Nombreux sont ceux qui en profitent pour foncer. Nous, on assure au mieux, compte tenu de la fatigue et des pieds : 5 km/h environ. Contrairement aux étapes précédentes, ça ne sera pas une journée « Pacman » car nous dépasserons peu de concurrents cette fois.

La deuxième portion nous offre de très belles dunes et elles sont plus effrayantes que difficiles. Mieux, je prends beaucoup de plaisir à les franchir, tentant de savourer chaque moment. Leur beauté est également très prenante, avec tant de courbes harmonieuses.
Avec Michel, nous parions sur les signes avant-coureurs d'ap-

Jean-Charles et Laurent.

Allez, on attaque le sable maintenant !

parition des CP et mes intuitions ne sont pas toujours justes. Mais cela occupe l'esprit et nous fait rire.
Au CP3, nous retrouvons encore Jean-Charles et Laurent. Déjà la quatrième et dernière portion avant d'être finisher. Le sol est très caillouteux mais pas trop difficile. Il fait juste extrêmement chaud et cela fait quand même bientôt 8 heures que nous sommes partis. C'est toujours long un marathon. L'arche d'arrivée est finalement visible au loin : quoi déjà ?! On est presque dépités que la course se termine. Des panneaux amusants égayent la dernière ligne droite et, au bout de 8h36, nous passons enfin la ligne tous les deux, bras dessus, bras dessous, criant notre satisfaction !

Petite déception avec l'absence de Patrick Bauer, pourtant traditionnelle, pour nous remettre la médaille, mais c'est un peu compréhensible vu la dimension de l'épreuve désormais. Je n'en fais pas moins la bise à la bénévole qui me félicite.
Puis ce sera un bon gros coucou à la Webcam, un moment très attendu par nos supporters !

Ensuite, une photo de finisher que l'on prend soin de bien partager. Mine de rien, avec Michel, on aura réalisé près de la moitié de la course ensemble !

La chaleur est extrême !

Arche d'arrivée en vue!

Au retour à la tente, trois de mes coéquipiers sont particulièrement heureux d'avoir fini... pour une fois avant moi ! Trop « agacés » de mes dépassements quotidiens de marcheur nordique ? En tout cas, on est tous heureux d'avoir relevé le challenge (49 h 18 et 698e en ce qui me concerne).

J'enchaîne sans tarder mail et soins, et ça va un peu plus vite que d'habitude, avant de découvrir des messages de félicitations anticipés (!). Je parviens aussi à préparer enfin mon premier vrai plat chaud et appétissant. Il était temps de réussir un minimum le volet aventurier.

Pour conclure, une soirée nous est offerte avec un premier film de la course suivi d'un concert. Mais la fatigue est telle que je ne bouge pas de la tente et m'endors dès 20 h 30 encore.

ÉTAPE 6

(12 km, 40 m D+, 2 h 30) Samedi 11 avril.

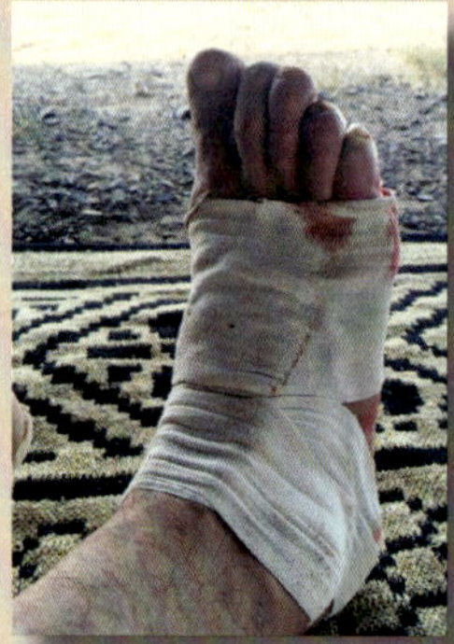

Grasse matinée jusqu'à 6 heures ! J'ai quand même encore du mal à me lever. C'est dur de repartir au « combat » quand on est finisher (l'étape ne compte pas au classement) et que les pieds sont en feu. La nuit a aussi été rendue difficile par une grosse tempête qui nous a fait greloter sur les 2-3 dernières heures, à cause d'un vent très perçant.

Ce matin, je jette mon abominable muesli que je ne supporte plus et prends une compote crumble à la place. Le plus dur reste à venir : enfiler les chaussures. Cette fois, c'est impossible dès le pied gauche, pourtant bien moins meurtri... Et bien, il suffit d'enlever les semelles pour tromper l'ennemi ! Celui-ci se rebiffe et me fait méchamment boiter au moindre pas. De la résistance ?... Et bien, ça sera comme la veille : wait and see... pour les endorphines !

Cette étape, je la fais avec Michel comme prévu depuis le début. On gère finalement toujours le même rythme tandis que l'immense majorité des coureurs se la joue cool d'entrée de jeu. Fini les run de malades !

L'épreuve se termine par les magnifiques **dunes de Merzouga** et nous concluons le dernier kilomètre aux côtés du premier Français, Christophe Le Saux (7e de l'épreuve). Juste avant de franchir la ligne, je ramasse un peu de sable en souvenir... Dernières photos et il est déjà temps de prendre le bus pour filer directement à Ouarzazate !

Le pack-lunch avalé deux heures plus tard est une sorte d'enchantement : des mini-saucissons, du pain, du fromage. Les papilles explosent après une semaine de privation ! Le voyage n'en reste pas moins très long et heureusement je peux enfin échanger quelques SMS avec Marie.

Puis l'heure est à la récupération, la gastronomie, avec quelques bières bien méritées et l'appréciation du retour au confort simple mais tellement agréable. Le simple fait d'avoir l'eau courante et du savon pour se laver les mains est un premier luxe incroyable que j'apprécie vivement !

ÉPILOGUE

Disputer le Marathon des Sables est bien plus qu'un challenge sportif. Il y a un peu un côté Koh Lanta à l'épreuve (sans la lutte entre concurrents !). C'est une aventure qui force à prendre du recul sur beaucoup de choses et qui va me marquer longtemps.

Laurent, Pascal, Bruno, Ela

Jean-Charles, Wiesek et moi, tous finishers !

Déjà, le confort simple du quotidien est un privilège que nous avons oublié. L'eau courante, un bon toit, une chaise, manger à sa faim. C'est tellement banal et pourtant combien de millions de personnes sont privées de ces privilèges ?

Ensuite, c'est une épreuve assez complète, où le physique est important, mais loin d'être totalement prépondérant par rapport au reste. Je donnerais plutôt la formule avec 1/3 de physique, 1/3 de préparation des affaires et 1/3 de mental et expérience. En tout cas, rien d'insurmontable car beaucoup peuvent y prétendre.

Le Marathon des Sables, c'est aussi une course où personne ne « triche » et affronte les difficultés de la même manière, qu'il soit premier ou dernier. Quel que soit le niveau, on sent bien que chacun donne son maximum et a autant de mérite que son voisin. Avec la durée de l'épreuve, l'esprit entre coureurs est, du coup, exceptionnel.

Même s'il est important de bien penser à soi pour réussir, on a le temps de partager, de s'encourager, d'être solidaires.

Bref, une bien belle épreuve...

ANALYSE

SYNTHÈSE

▶ Légende des Ultras, le Marathon des Sables est souvent présenté comme l'une des courses les plus dures au monde.

▶ Le MDS relève probablement plus de l'aventure humaine que du pur sport. Nombre de participants reviennent d'ailleurs marqués par leur périple.

RECOMMANDATIONS

▶ Bien préparer ses affaires en amont.

▶ Ouvrir les yeux face à cet environnement très dépaysant et varié.

▶ Etre ouvert aux autres pour mieux partager cette aventure hors du temps et d'un cadre confortable.

▶ Trouver des bons coéquipiers, ou à défaut rejoindre une tente harmonieuse.

▶ S'accrocher en toutes circonstances.

ÉVALUATIONS

Mythe ★★★★★

▶ La MDS est au sommet des courses de légende. Ce n'est pas forcément la plus dure, mais sans doute l'une de celles qui laissent le plus rêveur, marquant fortement l'imaginaire.

▶ La sincérité incontournable des participants, le mélange de tous les niveaux rend aussi l'épreuve unique en son genre.

Difficulté ★★★★½

▶ La chaleur est le premier obstacle perçu. Mais ce n'est qu'une composante que chacun supporte à sa façon.

▶ Le poids du sac fait partie des « obstacles » à la progression. Il est difficile d'envisager moins de 7 kg hors eau.

▶ L'inconfort à tous les niveaux est l'obstacle auquel il faut le plus s'habituer.

▶ A contrario, la solidarité générale permet à tous de se dépasser et d'atteindre un taux élevé de finishers.

Organisation et soins des coureurs ★★★★☆

▶ Les étapes sont très bien encadrées et organisées.

▶ Les points de contrôles sont intelligemment répartis et les bénévoles vous apportent un soutien sans faille.

▶ Depuis 2015, des balises GPS sécurisent encore plus l'épreuve et permettent aux proches de suivre leur(s) favori(s).

▶ Les soins médicaux des « Docs trotteurs » sont de très bonne qualité, mais il faut souvent attendre très longtemps son tour. Tout comme pour l'envoi de messages par mail.

▶ La logistique avant et après course reste très perfectible.

Paysages ★★★★★

▶ Le désert est beaucoup plus varié qu'on ne l'imagine.

▶ Le sable prend des formes très changeantes et le côté infini du décor favorise la rêverie, voire l'introspection.

▶ Les fortes évolutions de températures procurent aussi des lectures multiples de l'environnement.

Technicité ★★★★★

▶ Côté chemins, le nom de la course n'est pas un hasard, tant le sable prend des formes multiples. Le sable mou freine vite la progression et nécessite de la technique. Assurément quelque chose d'incomparable par rapport aux trails habituels.

▶ La majorité des chemins reste tout de même assez facile.

▶ Le dénivelé est très limité et seuls quelques passages sont exceptionnels, comme le franchissement du Djebel El Otfal.

Ambiance ★★★★★

▶ L'ambiance est un des points forts de la course. Tout favorise le contact entre participants, avec en premier lieu les dossards recto-verso indiquant prénom et nationalité de chacun.

▶ Même si chacun doit largement s'autogérer, les autres ne sont jamais loin pour vous rendre service.

▶ Avant chaque départ, le titre « Highway to Hell » d'AC/DC vous met parfaitement dans une ambiance effervescente !

▶ La musique est aussi très présente avec généralement un concert la veille de la dernière étape.

HORS SÉRIE

Kilian's Quest

Kilian's Classik.

Kilian's Classik.

Avec le partage d'un épisode des aventures de Kilian Jornet, dans un lieu extraordinaire, ce sera la chance de découvrir, pendant un instant, le plus haut niveau... en toute simplicité !

CERTAINES EXPÉRIENCES, sortent parfois un peu du cadre classique, sans que l'on s'en rende pleinement compte. Mais que ce soit dans leur approche ou réalisation, l'univers du Trail apparaît bien présent. Ce sont des moments exceptionnels qui marquent parfois autant, si ce n'est plus, que des courses classiques.

Ces épisodes sont « **hors concours** » car hors courses : il n'y a pas d'autre adversaire que soi-même. Des défis à relever qui m'ont captivé comme nourri et où chaque expérience aura apporté une pierre précieuse à l'ensemble de l'édifice.
On ne le perçoit pas toujours tout de suite, mais certaines étapes, même quelque peu éloignée des objectifs directs, peuvent apporter beaucoup plus durablement qu'on ne le croit.

Déjà, grimper sur le toit de l'Europe de façon très sportive va longtemps me faire figure de tout premier Ultra-Trail... où tous les ingrédients finiront par ressortir plus tard. Ce sont des difficultés mais aussi des émotions très particulières, propres aux épreuves de grande endurance. Et au moment de ma première grande course autour du Mont-Blanc, cette expérience me servira à plus d'un titre...

Plus tard, ce sera le partage d'un épisode des aventures de Kilian Jornet, dans un environnement extraordinaire. Une chance unique de découvrir, pendant un instant, le plus haut niveau... en toute simplicité ! Comme seul l'univers du Trail est capable de proposer. Et là encore, les leçons seront aussi multiples qu'inattendues.

• **Courir avec Kilian Jornet**, « l'Ultra-Terrestre » : assurément un rêve pour tout coureur !... dans ce qui est devenu, depuis, une épreuve emblématique du calendrier, la Kilian's Classic.

KILIAN'S QUEST
KILIAN'S
QUEST
PYRÉNÉES

T'INQUIÈTE PAS C'EST ROULANT

Si Kilian le dit...

PRÉSENTATION

RÉSUMÉ

▶ Traversée des Pyrénées par Kilian Jornet.

▶ De l'Atlantique à la Méditerranée, avec un parcours mélangeant HRP, GR 10 et GR 7.

▶ 850 km.

▶ 43000 m D+.

▶ 9 jours/113 heures.

▶ Une équipe d'assistance.

▶ Plusieurs coureurs accompagnants, notamment le sixième jour, sur la portion menant d'Andorre à Font-Romeu (42 km).

QUAND ?

▶ Du 31 mai au 8 juin 2010.

PARTICIPANTS

▶ Avec l'aide de son sponsor principal, Kilian Jornet a souhaité inviter des « amis » coureurs pour partager son aventure et leur faire découvrir son « chez lui ».

▶ 10 Français et 10 Espagnols ont ainsi été sélectionnés pour l'accompagner sur la deuxième partie de sa sixème étape.

UN PEU D'HISTOIRE

En parallèle de ses multiples grandes victoires en ski-alpinisme et trail, Kilian Jornet a eu l'idée de se lancer dans diverses aventures et records à travers le monde.

De 2009 à 2011, il a ainsi relevé plusieurs défis sous l'appellation « Kilian's Quest ». Il a notamment établi de nouvelles références sur le lac Tahoe, le GR20, la Traversée des Pyrénées, le Kilimandjaro ou encore le Mont Olympe.

En Juin 2010, s'inspirant d'une première réalisée par Stéphane Couleaud et Lionel Planes, il s'est donc lancé dans une traversée des Pyrénées d'Ouest en Est.

Suite au grand succès de l'aventure pyrénéenne, une épreuve est née dès l'année suivante : la Kilian's Classic. Ainsi, chaque premier week-end de juillet, un ensemble de courses s'organise du côté de Font-Romeu, sur une partie du parcours.

ALTERNATIVES (autres versions)

❖ Kilian's Classic : diverses épreuves de 10 à 45 km sont au programme.

POINTS CLÉS À APPRÉHENDER

▶ Les Pyrénées sont des montagnes aussi magnifiques que sauvages, et les sentiers ne sont pas toujours très marqués, voire inexistants parfois.

▶ Initialement, Kilian Jornet pensait réaliser sa traversée en 7 jours, mais il a dû improviser divers ajustements. En effet, il lui a fallu affronter simultanément une longueur et une difficulté de parcours supérieures (face à un enneigement imprévu et quelques pertes de repères du tracé), ainsi que quelques petits pépins physiques sur la fin.

▶ Concernant l'étape avec les amis trailers qui l'ont accompagné, celle-ci s'est déroulée quasi intégralement à plus de 2000 m d'altitude.

▶ **Le blog de Kilian Jornet : www.kilianjornet.cat**

Kilian's Quest

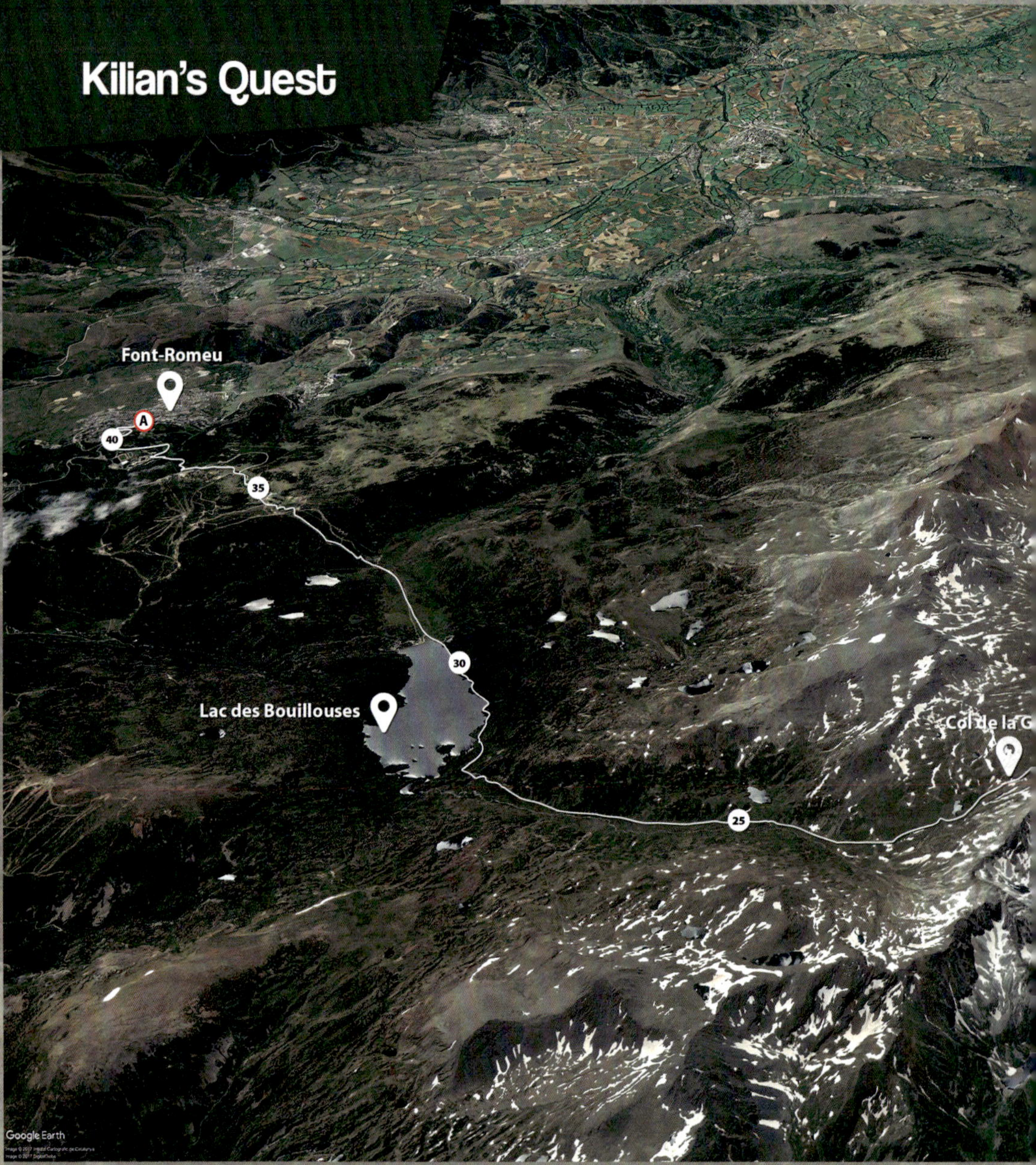

Les chiffres clés

Distance totale : **42 Km** Dénivelé positif : **1 400 m** Dénivelé négatif : **1 700 m**

Altitude minimale : **1670 m** Altitude maximale : **2 470 m**

Profil altimétrique

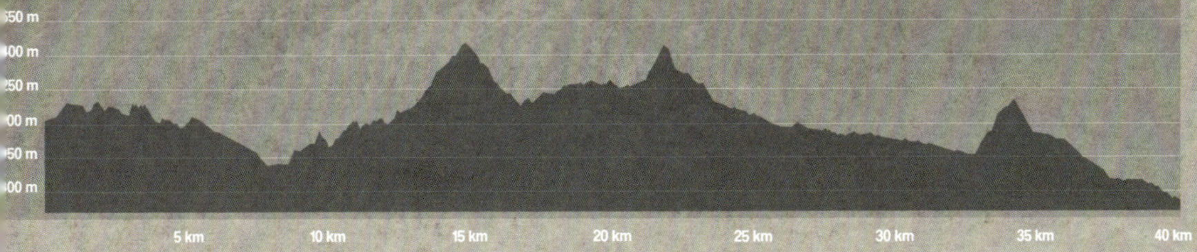

ANDORRE / FONT-ROMEU (42KM, 1400M D+)

MERCREDI 19 MAI

16 h 20.

JE TRAVAILLE chez un client quand mon portable sonne. Numéro inconnu !

« Allo, c'est Kilian Jornet à l'appareil».

Je manque de tomber de ma chaise ! Reconnaissant tout de suite sa voix, je ne tarde pas à réaliser en une fraction de seconde…
Kilian : « Est-ce que tu es prêt à m'aider et venir participer à ma tentative de record dans les Pyrénées ? »
Moi : « Bien sûr que je suis partant ! À 300 % même ! »

La discussion devient alors presque surréaliste. Cherchant à le rassurer face à mon modeste niveau, je poursuis :
Moi : « … Je suis en pleine préparation pour un gros Ultra et m'entraîne très sérieusement en ce moment ! »
Kilian : « Super, mais attention, j'arriverai bien fatigué après plus de 500 km et il ne faudra pas aller trop vite… »

Et me voilà en train de « rassurer » notre champion, alors que j'ai déjà la pression, me demandant si je vais être à la hauteur… C'est d'autant plus surréaliste que je n'ai encore jamais fait la moindre course de montagne de ma vie (!). Tout juste un niveau honorable en course à pied et une énorme motivation…

En tout cas, plus qu'une star, Kilian, c'est un grand bonhomme !

Je suis évidemment hyper content de la nouvelle et, aussi fou que cela puisse paraître, je m'étais plus ou moins consciemment persuadé que cette incroyable chance allait se concrétiser.

ACTE 1

Vendredi 9 avril.

Comme tout amateur de Trail, j'avais bien entendu parler du phénomène Kilian Jornet, vainqueur à 20 ans de la « plus grande course » de Trail au Monde, l'UTMB, lu aussi une interview… mais guère plus.
Et puis, par hasard, en visitant Marathon Expo début avril à Paris, je récupère incidemment un DVD de ses exploits et notamment de ses « Quests », ses tentatives de records à travers le monde.

À la maison, sur grand écran, je découvre ses prouesses dans des films envoutants. Même Marie, pas plus portée que ça sur le sujet, est sous le charme. Inutile de préciser combien j'envie fortement ceux qui partagent ces aventures.

ACTE 2

Vendredi 14 mai.

Je passe sur le site de Kikouroù (probablement la première communauté mondiale des sports d'endurance) et découvre un concours incroyable : tenter d'être retenu pour accompagner Kilian Jornet dans sa prochaine Quest, la traversée des Pyrénées !

L'invitation, lancée avec l'aide de son sponsor principal, Salomon, sous la conduite de Jean-Michel Faure-Vincent et Grégory Vollet, est d'autant plus incroyable que tout est fait pour rassurer et remercier les participants. Kilian, lui-même, poste des messages sur Kikouroù avec sa philosophie : plus qu'un record, il souhaite partager sa passion et faire découvrir sa région natale avec quelques amis traileurs !

L'envie d'y être est évidemment plus qu'énorme. Tout le monde se presse et, nous le saurons plus tard, plus de 800 personnes ont postulé au projet ! Pas le temps de gamberger car les résultats seront connus sous 5 jours. C'est une occasion unique de rencontrer Kilian, et plus incroyable encore, de participer, même très modestement, à un de ses projets.

C'est un peu comme si Roger Federer vous proposait d'être sparring-partner pendant Wimbledon, ou, comme l'indiquera un des participants, comme si Zinedine Zidane vous invitait à partager son camp d'entraînement en vue de préparer un grand match international. Ici, c'est même plus fort que cela puisqu'il va s'agir de « l'accompagner » un peu dans son exploit…

KILIAN'S QUEST

Préparatifs et premiers jours.

Une fois l'heureuse sélection connue, vient vite le temps des préparatifs. Nous avons une quinzaine de jours devant nous pour nous affûter… Mieux, Kilian démarre son périple le **lundi 31 mai** et, grâce à sa balise GPS et aux informations sur les réseaux sociaux, nous avons déjà tout le loisir de suivre ses premiers jours en direct.

L'excitation est à son comble avec un suivi quotidien sur internet, au milieu d'un engouement général, chaque jour croissant. Derrière l'écran, nous percevons la difficulté de son défi, avec notamment la soirée du **mercredi 2 juin**, où sa traversée « périlleuse », à la nuit tombante, d'un

col enneigé à plus de 3000 m d'altitude, nous stresse : nous sommes nombreux à être aussi admiratifs qu'inquiets face aux risques d'accidents possibles !
Vu les difficultés qu'il rencontre, Salomon nous prévient aussi d'un léger ajustement de l'agenda et du programme : nous ferons notre demi-étape le samedi après-midi au lieu du matin, et ce sera sur la portion qui arrive à Font-Romeu et non celle de son départ.

Outre 10 Espagnols, il y a 10 Français invités, venant de divers coins de l'Hexagone. Nous sommes deux de la région parisienne : Franck est l'autre chanceux, que je connais un petit peu depuis une sortie Kikouroù en début d'année.
Nous nous organisons très vite ensemble et la valise est pleine à craquer pour être sûr de ne manquer de rien. Sur l'initiative d'un autre participant, Josef, chacun amène aussi ses spécialités locales, en vue de cadeaux surprises pour Kilian.

jeudi 3 juin, 17 h 15 : Franck et moi décollons d'Orly pour une première escale à Toulouse. On va y retrouver Aurélie et Laetitia, deux amies de longue date et (ex) internationales de Judo. Cette dernière nous héberge et va, en plus, nous prêter sa voiture pour le long week-end à venir.

KILIAN'S QUEST 5e JOUR

Vendredi 4 juin.

Avant de rejoindre Font-Romeu, Franck a préparé un plan : aller à la rencontre de Kilian dès aujourd'hui sur le parcours ! Il a tout calculé, du point idéal de rencontre aux moyens d'accès, temps de passage...

Mais tout n'est pas aussi simple, et les impondérables sont multiples, entre les horaires et pauses exactes de Kilian, comme notre capacité à rejoindre un lieu un peu compliqué d'accès, côté espagnol.

Finalement, nous nous postons en tenues prêts à bondir dès son passage. Il fait très beau et le temps s'égrène sans fin. Point de Kilian ! Comment est-ce possible ? En l'absence de connexion, il est impossible de savoir où il se trouve exactement. Finalement, l'évidence s'impose : il a pris un autre chemin que celui prévu… passant juste un petit kilomètre plus au sud.

Nous nous consolons avec une bière et un rapide déjeuner avant de partir vers Font-Romeu, avec encore trois heures de route en perspective !

Après plus de 7 heures de voiture au total, c'est donc un peu fatigués que nous débarquons. Il est pile 17 h et tout le monde est déjà là, réuni pour le briefing général. Cela commence par la remise de cadeaux par Salomon : c'est Noël et l'extase car le package est incroyablement complet, bien au-delà des espérances : il y a tout, absolument tout, avec probablement 700 à 800 € de matériel !

Greg et Juan, nos deux G.O., nous expliquent vite tout le programme du lendemain. Tout a été prévu ! La mise en conditions se poursuit avec un petit film. Enfin, Sylvain explique le parcours après nous avoir fourni des cartes très détaillées (2 pages A3). Ça semble plus facile que le programme initial, avec moins de dénivelé et, sur le papier… tout semble simple. Une balade, quoi ? Je suis quand même très attentif et essaye de retenir un maximum de choses, ce qui ne sera pas inutile…

À peine le temps de poser nos affaires dans nos chambres, c'est vite le moment de passer à table pour un buffet. Je suis entouré d'Espagnols et savoure une bière. Juan, ami fidèle du Catalan, m'explique que Kilian est un peu fatigué, mais ravi de cette nouvelle aventure.

Il est déjà à peine 22 h, mais pas question de traîner car la journée de demain s'annonce longue : il faut prévoir de se lever à 7 h, avec un départ fixé à 8 h, dans deux minibus.

Avec Franck, tout en découvrant la tonne de cadeaux, nous essayons et préparons nos affaires du lendemain. Une bonne douche et il est grand temps de se coucher.

KILIAN'S QUEST 6e JOUR

Samedi 5 juin.

La nuit se passe sans souci avec un réveil à 6h30. Petit déjeuner à 7h puis retour à la chambre pour finir nos derniers choix, notamment de chaussures. Celles offertes ont l'air super, mais partir pour un tel défi avec une paire neuve ne semble pas judicieux. Salomon ne nous a mis aucune pression et nous laisse libre choix intégral pour le lendemain. Les belles tenues offertes s'imposent cependant auprès de tous, sans la moindre hésitation !

Nous quittons **Font-Romeu** à 8h comme annoncé. L'idée est de rejoindre un premier col, au nord d'Andorre la Vieille (capitale), où Kilian a

Nos cadeaux pour Kilian.

Franck et moi, attendant le champion.

prévu de passer en fin de matinée. Nous allons commencer par lui faire un premier accueil-surprise. Arrivés au **col d'Ordino** vers 10h, nous échangeons et faisons plus ample connaissance les uns avec les autres.

C'est aussi pour moi l'occasion de partager avec le staff Salomon, dont un chef de produit junior, ou encore Olivier, journaliste chez Zatopek.

Finalement, juste avant 11 h, une petite clameur monte : Kilian est en vue ! Sous les applaudissements, il arrive à notre hauteur et marque une petite halte. L'effet de surprise est réussi, y compris tous nos cadeaux posés au sol.

La pause passe très vite et l'Espagnol n'a pas l'intention de traîner en si bon chemin. Avec une belle descente pour suivre, l'envie de l'accompagner est très forte mais guère raisonnable, sachant l'après-midi qui nous

attend. Il vaut mieux garder des forces sous le coude, même si, sur le moment, j'ai quelques semi-regrets tandis que 6-7 participants font la descente à ses côtés.

Une grosse demi-heure plus tard, nous récupérons l'ensemble du groupe en bas. Nous reprenons la route, direction Soldeu. Dans le minibus, je suis à côté de Santiago, un crack, tout juste champion d'Espagne (V1) de trail...
Les blagues fusent et je sens que cela masque bien les interrogations de chacun sur ses capacités à assurer tout à l'heure...

À côté d'une cabane, je tombe sur une paire de chaussures de ski... Salomon (!). Ni une ni deux, je commence à faire le clown pour tenter de me détendre.

Anna Frost est venue faire une jolie surprise à Kilian !

Puis Kilian arrive enfin ! Anna Frost est aussi venue l'accueillir pour lui faire une jolie surprise. C'est vraiment jour de fête pour le Catalan dont les yeux s'éclairent à nouveau. Josef, venu de Nancy, a des contraintes de timing et accompagne en avance le champion. Après 1h30, il nous avoue que c'est dur, mais tient le choc.

À **Soldeu**, nous nous posons pour un pique-nique au pied d'un télésiège. Le contenu m'interpelle légèrement : est-ce que cela sera adapté à l'effort à venir ? La quantité n'est-elle pas trop importante ? Toujours l'inquiétude d'être à la hauteur...

Chacun repart de nouveau et nous nous dirigeons maintenant vers « **Le Pas de la Case** », situé juste avant la frontière française et où notre départ aura lieu d'ici peu. Arrivés à la station, nous nous arrêtons pour une première photo

de groupe. Il n'y a que des « stars » côté français : depuis Stéphane et Lionel, les pionniers de la première traversée des Pyrénées, en passant par Bertrand (2 fois Top 30 à l'UTMB), Franck (double finisher UTMB), Daniel (2e CCC espoir), Théo, Serge et bien d'autres...

À côté je suis un « débutant » avec même pas encore une course de montagne à mon actif !

Puis nous remontons quelque peu vers l'endroit d'où nous devrions partir. Le cadre est juste majestueux... et le temps long ! Je tente de multiplier les blagues avec Serge...
Après divers essais, nous trouvons finalement le meilleur espace pour nous poser, voire nous allonger. Mon ventre me titille légèrement mais je mets ça sur le compte du stress...

On cause encore chiffons entre nous (cardio, sacs, fringues...) et je tente une sieste, après quelques échanges avec des responsables produits de Salomon.
Il est 15 h quand Kilian arrive enfin ! Notre ami Josef est largement félicité : il est fatigué mais manifestement heureux d'avoir tenu la distance. Le temps de faire une photo « officielle » du groupe et il est 15 h 08 quand l'aventure commence...

ANDORRE (pas de la casa)

Samedi 15 h 08.

D'entrée de jeu, ça part sur les chapeaux de roues ! Et... il n'y a pas vraiment de chemin !
Il nous faut crapahuter au mieux, à travers herbes, cailloux et bosses... à 12 km/h !
Waouh, c'est quoi ce truc ? Le rythme est endiablé et une pointe d'inquiétude me traverse tout de suite l'esprit, tant la débauche d'énergie à fournir est, d'entrée, effrayante !
Kilian passe à ma hauteur et me demande « comment ça va ? »
En retour, je lui réponds « vivre un rêve » et le remercie encore.
Après quelques centaines de mètres, une montée raide se présente. Je m'accroche même si c'est bien dur. Mais cette dépense sans compter me fait déjà cogiter : ça va vite être totalement impossible de suivre toute la distance à ce rythme !

Au bout d'un quart d'heure, je commence déjà à décrocher légèrement. Même si je ne suis pas le seul, c'est un gros stress : mais qu'est-ce que je fais là ? Je n'ai pas le niveau !
Mon cardio (145/150) me confirme que je suis déjà proche du seuil, ce qui va être intenable sur 5-6 heures ! Je perçois aussi l'effet non appréhendé de l'altitude : en passant brutalement à

2000 m, la respiration est bien trop rapide... J'arrive à me calmer un peu mais reste inquiet...
Enfin voilà une descente pour me ressaisir. J'ai quand même déjà 200 m de retard sur les premiers ! Pendant quelques instants, avec le relief mélangeant creux et cascades, je ne vois plus les coureurs de tête ! Je ne veux pas être « éliminé » dès le premier ravitaillement !

En effet, la veille, l'organisation nous a annoncé que celui-ci, situé au bout d'une petite dizaine de kilomètres, permettra, à ceux qui n'arrivent pas à suivre ou le souhaitent, d'arrêter là leur aventure... Autant dire que ce scénario est ma hantise.

Il va falloir maintenant traverser le large passage d'une cascade. C'est l'occasion rêvée de rattraper le groupe. Tout le monde prend un maximum de précautions pour ne pas glisser. De mon côté, je suis en confiance et me contente juste d'enlever mes chaussures. C'est l'un des rares moments où je suis « au-dessus du lot » : avec mes plus de 35 ans de judo, ce n'est pas maintenant que je vais tomber !
La traversée m'est facile et je décide de repartir tout de suite devant Kilian pour prendre un peu d'avance... Je pourrai dire l'avoir doublé une fois dans ma vie !

Dans la foulée de Kilian.

Bon, à peine 100 m plus loin, je me retourne et l'aperçois seulement 25-30 m derrière. Le temps de sortir mon appareil, préparer un petit film et le voilà qui arrive et double en trombe !

http://goo.gl/No5oEt

La suite du parcours est alors un peu plus facile. C'est déjà globalement plat et le chemin est assez bien marqué. Ça n'en reste pas moins difficile de suivre la tête ! Nous passons une grosse et vieille bâtisse en ruine (ancienne mine de Pimorent) dans un décor très bucolique. Avec Serge (54 ans), les vétérans s'encouragent pour ne pas lâcher...

Puis, au détour d'un virage, Kilian s'arrête pour une mini pause. Tant mieux, car c'est l'occasion pour moi de le rattraper à nouveau. Je ne sais pas combien de temps ça va durer, mais j'essaie d'en profiter.

D'ailleurs, tout le groupe, en rigolant, décide de repartir au plus vite pour essayer de semer notre « champion » ! C'est évidem-

ment peine perdue car il revient vite sur nous en quelques secondes.
Enfin, au détour d'une jolie étendue d'eau, nous restons groupés car un petit film est réalisé pour l'occasion. La descente qui suit est légère et facile. Avec Franck nous en profitons pour faire un maximum de photos de nous aux côtés de la star. La bonne humeur est générale et tout le monde est bien décontracté dans ce passage sensiblement plus facile. Pourvu que cela dure.

Enfin, voici le ravitaillement du 9e kilomètre. Cela fait seulement une heure que nous sommes partis et le moral est bien remonté. Optimiste, j'espère maintenant que Kilian a bien l'intention de s'arrêter régulièrement, ce qui rendrait son suivi jouable.
La pause dure une dizaine de minutes et, je l'apprendrai plus tard, deux coureurs jettent déjà l'éponge.

COL DE PUYMORENS

(9 km, 180m D+, 54 mn) Samedi 16 h 02 (pause 12 mn).
Nous repartons et je cherche à rester au contact en me plaçant dans les 5 premiers. Le temps de franchir une clôture de barbelés et nous voilà déjà à grimper de nouveau. Je m'accroche mais, au bout de quelques minutes, j'ai le souffle court. Ça devient très dur et je recommence petit à petit à décrocher.
Bientôt 1h20-1h30 depuis le début et le trou est fait. Ça monte tout le temps et il commence à faire un peu chaud ! Rapidement, je réalise que, cette fois-ci, ça va être très compliqué, voire impossible, de rattraper « el campió ».

Je profite d'une cascade pour mouiller ma casquette et me rafraîchir la tête. Nous retrouvons un peu de plat et profitons d'un très joli paysage, rempli de verdure. Le terrain est assez humide avec la fonte des neiges.

Ravitaillement du 9e kilomètre.

À ce moment-là, les participants commencent à être de plus en plus répartis et je dois être dans les 5 derniers coureurs…

Nous remontons ensuite des névés et traversons régulièrement des petits cours d'eau : je joue en permanence au saut en longueur, à la Carl Lewis ! C'est parfois amusant, mais j'y laisse encore beaucoup d'énergie, dont j'aurais pourtant bien besoin.
Le dénivelé me tue ! On ne devient pas grimpeur du jour au lendemain, surtout avec les faibles « montagnes parisiennes » et une préparation insuffisante de ce côté-là… Je me fais rattraper et doubler petit à petit. Au loin, je vois que Serge semble retrouver toute son énergie en remontant progressivement.

Encore quelques virages, puis, petit à petit, nous nous dirigeons vers le lac. La nature est absolument magnifique et sauvage. Le passage est plus plat et nous virevoltons autour de rochers. Juste à ce moment-là, passe l'hélico destiné aux prises de photos et vidéos : ouf, c'est mieux en étant plus à son avantage qu'à l'agonie !
Nous enchaînons avec le passage de rochers relativement difficiles, traversons névés, avec toujours l'absence de chemin. Heureusement

Grande solitude...

quelques balises et les coureurs devant permettent de « naviguer au cap » ! Bref, c'est superbe, mais tout sauf de la tarte...
On commence ensuite à longer le **Lac de Lanoux**. Courir en dévers montant sur des chemins quasi inexistants n'est pas une sinécure. Je trouve le parcours sensiblement plus dur que le GR20 (Corse), ce qui n'est pas peu dire ! En fait, c'est simplement mortel...

Arrive alors un Espagnol que j'attends un instant : j'essaye de lier conversation mais... il me double et me lâche sans un mot ! Sympa... On doit être à mi-parcours et je dois désormais être le dernier... La montagne est belle, magnifique même, mais difficile...

Que la montagne est belle !

Le moral baisse inexorablement : « Mais qu'est-ce que je fous là ? Je suis nul ! » C'est bien beau d'avoir été retenu à ce « sommet du trail » qui me comble, mais cette sélection ne serait-elle pas un cadeau empoisonné ? Encore faut-il être à la hauteur... Je suis déçu. Je pensais assurer mieux que ça et me demande si je ne me suis pas trompé sur mon niveau ? Bref le négatif prend le pas ! Solitude et cogitation ne font pas bon ménage.
Par certains côtés, cela me rappelle l'histoire d'un journaliste qui avait eu la chance d'échanger des balles avec Bjorn Borg à sa grande époque : il expliquait comment ce rêve avait été particulièrement éprouvant, tant son partenaire pouvait difficilement abaisser son niveau et lui suivre les échanges...

Je ne le découvrirai que plus tard, mais je ne suis pas si loin que cela des autres et les abandons seront même nombreux. J'apprendrai aussi que Kilian n'était pas dans le rythme prévu... Un peu « habité » par l'idée de retrouver son chez lui de Font-Romeu, il a augmenté la cadence !

Le **Col de la Grave** est en vue tandis que l'hélicoptère s'y pose : que se passe t'il ? J'espère qu'il n'y a pas d'accident ? En fait, il dépose

Stephan pour quelques images de la descente dans la neige qui suit. J'estime mon retard à un bon quart d'heure. Peu après, le coureur devant moi disparaît et, là, je perds contact avec tout le monde : ça y est, je suis définitivement seul...

Bon, ben, on va faire avec... Je me console avec le panorama fantastique qui nous est offert.
En prenant photos et vidéos, je vais au moins essayer de réussir mon reportage !

PORTELLA DE LA GRAVE

(23 km, 1150 m D+, 3 h 07) Samedi 18h 15.
Au sommet du passage, la descente dans la neige s'annonce cool et rigolote. Je lâche un peu les chevaux et ça me remonte le moral : voilà quand même des choses bien sympa dans un cadre extraordinaire.

Malheureusement, en bas, les douleurs au ventre commencent à être de plus en plus présentes. Dès que je cours, je subis des ballotements douloureux.
Le parcours semble interminable avec la terrible impression de ne pas avancer ! Névés et rivières sont incessants. C'est joli mais totalement usant...

Pour corser le tout, je perds le balisage, avec aucun chemin nulle part ! Oups, rien ne va plus. De plus en plus abattu, je dois beaucoup marcher, avec un cardio qui ne diminue guère pourtant. Un nouveau petit col avec une descente raide, digne d'une piste noire... mais c'est encore plus fun. Malgré la vitesse prise, je ne tombe pas ! Seulement, arrivé en bas, les maux de ventre deviennent insupportables, me contraignant à un petit arrêt.

Je découvre que « c'est la totale » car mon dos est trempé... par la poche à eau qui fuit ! J'en manque très sérieusement, au point de devoir désormais viser la neige fraîche pour m'hydrater...
Allez, je mets un peu de musique pour me relancer.

Je ne vois toujours pas les serre-file annoncés, et trouve ça bizarre, voire dangereux. Déjà que je ne suis pas sûr de ne pas m'égarer... Bref, sans rentrer en mode inquiétude, je commence à avoir une première pensée pour les dangers de la montagne... Surtout que vers le 25e km, une grosse crampe à la cuisse me tiraille subitement. Le manque d'eau...
La surprise passée, j'essaye de m'étirer mais ça ne change pas vraiment grand-chose. Là,

ça m'inquiète sérieusement car il reste encore au moins 6 km avant le ravitaillement. Je suis trempé, n'ai pas de vêtements de rechange ni de coupe-vent. Avec le temps frais et couvert, le téléphone qui ne capte pas, il ne manque pas grand-chose pour que la plaisanterie tourne de travers...

Ce n'est pas le mode panique, mais il ne faudrait pas qu'il m'arrive quoi que ce soit maintenant car un problème est vite la succession d'incidents ! Je fais l'inventaire et apprécie d'avoir pris deux barres au cas où... tout en me sentant bien stupide d'avoir enlevé ma couverture de survie pour gagner du poids !

J'essaye de me « détendre » au mieux et surtout me concentre sur mes muscles pour arriver à avancer coûte que coûte. Ça s'améliore. J'avance quelques minutes puis décide d'arrêter la musique : il faut économiser la batterie, on ne sait jamais...
Enfin, je finis par retrouver un peu de signal téléphonique et appelle Marie : « pas d'inquiétude ! » sauf... qu'avec mon feedback, c'est vite l'impression inverse qu'elle retient ! Je suis pourtant sûr d'arriver à me débrouiller. Devant me laisser, elle compte absolument me rappeler dans quelques minutes...

De mon côté, les choses s'arrangent un peu. Le terrain devient déjà beaucoup plus facile. Mes cuisses se calment aussi et j'avance, voire trottine même légèrement ! Marie me rappelle mais je la laisse presque aussitôt car j'entends des voix derrière moi : Myriam (Mimi) et Jacky, les deux serre-file, arrivent !
Je cours doucement et ils se veulent tout de suite très rassurants : « on est avec toi, on s'adapte à ton rythme. Ne t'inquiète pas ! » Je profite aussi du camelback de Mimi qui est la bienvenue ! À deux, ils enlèvent les rue-balises et me rattrapent comme ils veulent : il faut dire que ces deux champions de raid-multisports sont de très haut niveau (ils seront champions du monde de la discipline l'année suivante).

Le chemin comporte désormais pas mal de cailloux et racines le long de la rivière. Ça n'en reste pas moins parfait à mon goût. En effet, le chemin est bien marqué car il s'agit d'un sentier assez emprunté. Le fait de discuter avec mes deux compagnons permet aussi de ne plus voir le temps passer.
Je sais que le ravitaillement n'est bientôt plus très loin et l'envie d'abandonner à cet endroit commence clairement à disparaître. À la base, je déteste renoncer. Et puis, avec mes accompagnateurs, c'est quand même plus facile ! Enfin, je sais, qu'à l'exception d'une grosse côte, le parcours va être désormais plat ou en descente.

LAC DE BOUILLOUSES

(32 km, 1150 m D+, 4 h 42) Samedi 19 h 50.
Nous voici donc enfin au barrage au bout du lac des Bouillouses. Sylvain et tous les accompagnateurs sont là. Je suis aussi surpris de voir de nombreux coureurs (six, il me semble) qui attendent dans le minibus pour rentrer : que d'abandons ! Certes, Kilian est hors de portée depuis longtemps, mais finir le parcours me motive bien désormais.

Je crains juste qu'on ne me mette « hors course », comme si j'étais « hors délais ». Mais tout le monde me rassure : tu peux continuer ! Plein d'eau, de coca et c'est reparti.

Ça avance gaiment et, avec Jacky et Myriam, on a plein de choses à se raconter. Ils sont géniaux et, à défaut de courir à côté de Kilian, j'apprécie beaucoup la compagnie de ces deux autres magnifiques champions !

Au Roc de la Calme.

Après un peu de plat mené à bon rythme, arrive la dernière côte : elle est plus que sévère ! Mais bon, nous prenons le temps nécessaire et y arrivons ! En haut, au **Roc de la Calme** (2200 m d'altitude), il ne reste plus qu'à redescendre vers Font-Romeu. Avec le vent et mon maillot trempé, il commence à faire froid. Jacky me dépanne alors d'une veste salutaire.

Je savoure la descente. On n'arrête pas de discuter de leurs aventures, de « Man vs Wild » et tant d'autres choses. J'ai aussi droit à une visite guidée de Font-Romeu, avec un passage le long du centre olympique d'entraînement, juste à côté du domicile de Paula Radcliffe. Tout se poursuit très vite. On croise aussi des nageuses, grands espoirs français. Alors que nous ne sommes plus très loin, Franck m'appelle : il vient juste d'arriver et, tout en prenant de mes nouvelles, me signale qu'on a des problèmes de chambre et dû changer d'hôtel. Je suis surtout rassuré par le fait de n'être qu'à un quart d'heure de lui.

Myriam et Jacky m'assurent aussi que Kilian n'a certainement pas fait tant de détours pour rejoindre le centre de Font-Romeu. Mais qu'importe !

FONT-ROMEU

(42 km, 1400 m D+, 6 h 02) Samedi 22 h 10.

Il est tout juste 21 h 10 quand j'arrive enfin à l'Office du Tourisme, lieu de l'arrivée. J'ai mis tout juste 6 heures au total !

Serge m'accueille chaleureusement et on échange nos impressions. Il a quasiment réussi à remonter jusqu'à hauteur de Kilian, à peine à 2 minutes de lui ! Quelle force ! J'apprends aussi que notre champion est arrivé à 20 h 16, soit moins d'une heure avant moi.

Et moi qui pensais avoir eu au moins le double de retard ! Enfin, je suis très content d'être arrivé au bout sans craquer, tandis que huit coureurs n'ont pas fait tout le parcours. Je ne suis peut-être pas si nul!

Retour à l'hôtel où je croise Stephan, alias « Gripmaster », maître photo et vidéo. Adorable, très prévenant et toujours aux petits soins, il s'excuse et m'explique notre problème de chambre avec le transfert de nos affaires dans un autre établissement. Cet incident n'est pas très cool mais bien mineur. Et il est tellement agréable que je me demande comment il m'imagine pouvoir lui en vouloir !
Je salue le groupe qui est déjà à table, échange des mots sympas avec quelques-uns, avant de ressortir vite, pressé de rejoindre Franck, me doucher et poser enfin un peu.

De retour au resto de l'hôtel, on refait le match tout en savourant une bière, longuement attendue mais tellement savoureuse. Kilian nous quitte et j'ai la chance d'un dernier petit échange avec lui. Ses petits yeux trahissent quand même une grosse fatigue et il lui reste encore du chemin pour finir cette Quest folle !

Bien encadré... par Myriam et Jacky.

Enfin, Franck et moi dînons à notre tour, avec Greg, Stephan, Myriam et Jacky. C'est un privilège bien apprécié !

De retour à notre chambre, il ne va pas falloir chômer pour préparer nos affaires et vite se coucher : avec un réveil à 4 h 30, un départ fixé à 5 h, direction Toulouse, nous avons un avion à attraper très tôt ! Mais avec les douleurs aux jambes, il est juste impossible de dormir avant 2 h du matin !

Ce départ précipité est mon seul regret car nous n'allons pas pouvoir profiter un peu plus de tout le monde... Mais, à défaut d'être frais et reposé, nous rentrons finalement comme prévu, avec un nombre incroyable de souvenirs en tête.

ÉPILOGUE

Jusqu'au mardi suivant, dernier jour de l'épopée, nous continuons de suivre l'aventure de Kilian, tout en échangeant plein de photos et messages sur les réseaux sociaux. C'est un peu dur de redescendre de notre nuage. 48 heures après, je réalise aussi vraiment ma chance : un souvenir impérissable ! Le nombre d'internautes suivant cette aventure aura été énorme. Et j'ai eu la formidable chance d'y être !
Après cet épisode, le Catalan poursuivra ses multiples exploits, mais rappellera quelques années plus tard dans une interview :
« Un des plus beaux moments de ma carrière de trailer est sans aucun doute la traversée des Pyrénées. »

L'expérience fut aussi tellement positive que, dès l'année suivante, avec l'aide de Salomon, est née une course empruntant plusieurs bouts de ce parcours mythique : la Kilian's Classik ! Chaque année, fin juin ou début juillet, un grand week-end de trail s'organise ainsi à Font Romeu.

Enfin, à titre personnel, mon nouveau maillot « fétiche » m'accompagnera et portera chance dans quasiment toutes mes grandes courses...

ANALYSE

SYNTHÈSE

▶ Un défi hors norme, même pour Kilian Jornet, de par sa longueur et difficulté.

▶ Pour la première fois, il portait une balise GPS, ce qui a permis à des milliers de passionnés de suivre en direct toutes ses péripéties pendant plus d'une semaine.

RECOMMANDATIONS

▶ Traverser les Pyrénées est un défi hors norme, accessible à des athlètes qui se doivent d'être aussi endurants qu'organisés, notamment en termes d'assistance.

ÉVALUATIONS

Mythe (hors-concours)

▶ Kilian Jornet, tendant lui-même à être une légende vivante de son sport, a marqué beaucoup de monde avec sa folle aventure pyrénéenne.

▶ Son nombre de fans a explosé pendant ce défi, avant d'être encore multiplié par plus de cent dans les cinq années suivantes.

Difficulté ★★★★★

▶ Les 42 km avec Kilian ont été rendus difficiles par la vitesse du champion d'abord !

▶ L'absence fréquente de sentier marqué et l'altitude au-dessus de 2000 m ont également été des challenges.

Organisation et soins des coureurs ★★★★★

▶ Malgré l'enjeu d'aider prioritairement Kilian Jornet, l'organisation était très pointue, même pour les trailers accompagnants.

▶ En effet, les invités ont été fortement soignés, avec de généreux cadeaux, mais aussi une logistique de course très sérieuse comportant cartes, briefing, balisage et ravitaillements.

Paysages ★★★★★

▶ Le parcours est somptueux avec des lieux très sauvages, rendus encore plus superbes par l'enneigement, encore très présent pendant la Quest.

▶ Pendant longtemps, Kilian Jornet a résidé à Font-Romeu, et la portion y menant faisait figure de parcours d'entraînement.

Technicité ★★★★½

▶ Le parcours est très technique à de multiples endroits, principalement en l'absence totale ou très réduite de chemins, mais aussi face à la neige et autres rochers.

Ambiance ★★★★½

▶ Entre coureurs passionnés, l'ambiance était simplement excellente.

LES ANNEXES

HISTORIQUE ET MISE EN PERSPECTIVE

PANORAMA DES COURSES

BIO EXPRESS

ACTEURS ET REMERCIEMENTS

Le Trail semble aujourd'hui promis à un bel avenir tant les terrains de jeu sont naturels et multiples à travers le monde...

1. HISTORIQUE ET MISE EN PERSPECTIVE

LE TRAIL est une forme de course à pied se déroulant majoritairement en milieu naturel, sur des sentiers ou chemins, avec des distances dépassant habituellement une quinzaine de kilomètres.

Il serait tentant de dater son développement des années 80-90, dans la continuité de la course à pied, et son explosion au cours des deux décennies précédentes. Et pourtant, les premières épreuves de trail sont bien plus anciennes qu'on ne le croit...

Si on trouve des traces de course longue distance dans l'Egypte ancienne, l'Ecosse apparaît comme le berceau à plus d'un titre. En **1064** déjà, le Roi Malcolm III créa une épreuve de « trail » (3,5 km, 250 m D+), consistant à courir et gravir le Craig Choinnich, une montagne dominant le Braemar dans les Highlands. À cette époque, l'objectif était de trouver des messagers capables de relayer rapidement des informations depuis des sommets visibles. Même si l'épreuve n'a pas fonctionné en continu, elle existe toujours, près de 1000 ans plus tard !

Dans ce même esprit d'origine militaire, la « Carnwath Red Hose » est disputée au sud d'Edimbourg depuis... 1508 ! Créée sous le coup d'un décret royal, la course n'a même jamais cessé d'être disputée, sauf en de très rares circonstances.

C'est ainsi que, depuis 5 siècles, le vainqueur remporte... une paire de chaussettes rouges, afin de pouvoir facilement être identifié !

Plus près de nous, en **1897**, naissait un « trail » tout aussi étonnant, démarrant de la place de l'église de Chamonix... exactement comme l'UTMB plus d'un siècle plus tard ! À l'époque, les Guides de Chamonix devaient rejoindre le Brévent, après quelque 1500 m de dénivelé, avant d'arriver à la station de Plan-Praz. Un parcours, un peu à l'image du Trail des Aiguilles Rouges (TAR) aujourd'hui...

Au lendemain de la deuxième guerre mondiale, dans un élan général de liberté, naissait la SaintéLyon, devenue légendaire à partir des années 1970... Au même moment, aux **États-Unis**, la Western States va aussi marquer les esprits, devenant le premier 100 miles de trail.

En pratique, les courses nature, longtemps confidentielles, se sont fortement développées dans le sillage des grandes épreuves sur route et de l'essor du sport en général.

Il est d'ailleurs amusant de constater comment les États-Unis seront souvent source d'inspiration en France, avec une tendance à voir « l'élève dépasser le maître ».

Le **Marathon** de New York sera une locomotive extraordinaire pour celui de Paris. Et, aujourd'hui, la capitale française s'en est tellement bien inspirée, qu'elle a fini par dépasser le seuil des 50 000 inscrits !

De la même façon, quelques trails américains, relativement « confidentiels », ont inspiré des épreuves comme les Templiers, pionnier à son tour en France. Plus tard, l'Ultra-Trail du Mont-Blanc va même apporter un nouveau leadership, pour se retrouver désormais placé comme le « sommet mondial du Trail ».

Finalement, les courses hexagonales auront amplement développé et élargi le concept, se présentant aujourd'hui avec des épreuves parmi les plus belles et variées du monde.

Il faut aussi noter que la naissance en 1947 des sentiers français de **Grandes Randonnées (GR)** - sous l'impulsion de Jean Loiseau - a jeté les bases du Trail actuel. Nous sommes simplement passés de promenades balisées à des épreuves sportives. Le terme « rando-course » a d'ailleurs précédé l'appellation « trail » actuelle.

À titre d'exemple, le GR du Tour du Mont-Blanc existe depuis 1951 et nécessite 7 à 10 jours, en mode randonnée. L'UTMB, identique à peu de chose près, est lui limité à un peu moins de 48 heures...
Au départ, l'esprit des courses de trail n'en reste pas moins spécifique. À l'image de la charte exposée dans le règlement du Restonica Trail, les valeurs d'authenticité, humilité, entraide, fair-play, équité, respect et solidarité caractérisent fortement ce type d'épreuve. Les coureurs veulent vivre différemment leur défi, comme dans une forme de quête personnelle...

Enfin, sans une poignée d'aventuriers aussi passionnés, voire « illuminés », nous n'aurions probablement pas de telles courses à disposition. Ce sont d'ailleurs, très souvent, les mêmes personnes qui gèrent depuis l'origine - parfois plusieurs décennies ! - leur « bébé ».

Quelle sera la prochaine étape ? Avec l'explosion du business autour du trail, des dérives et érosions peuvent être craintes. Cependant, des comportements de « consommateurs » sont aussi contraints par la réalité du terrain, qui apporte sa part de leçons...

Les capacités physiques comme les lieux finissent par apporter quelques frontières. Il est donc peu évident de se prononcer quand on a déjà du mal à cerner ses propres limites.

Le Trail semble cependant promis à un bel avenir tant les terrains de jeu sont naturels et multiples à travers le monde...

2. PANORAMA DES COURSES

LES ÉPREUVES DE TRAIL se comptent désormais par milliers. Tout comme les courses sur route se sont multipliées, chaque région ou presque s'est mise à imaginer sa course à travers des chemins de randonnée existants. La demande est telle que même les villes se sont mises à concevoir des « trails urbains » !

La France est un très gros pourvoyeur d'épreuves, mais le reste de la planète n'est pas en reste. Certains trails existent aussi depuis plusieurs décennies, aux États-Unis en particulier.

Petit à petit, les envies des coureurs évoluent tout comme les capacités qu'ils s'imaginaient. La surenchère est parfois de mise et vous trouverez toujours plus long, plus difficile. Les défis n'ont plus de limites et la frontière entre « défis ultimes » et aventure est parfois ténue.

Quelques exemples de réflexions entendues :

- *« Le marathon ? un simple sprint ! »*
- *« Un 80 kilomètres ? juste une course à la journée, voire demi-journée ! »*

La notion d'Ultra démarrait autrefois au-delà du marathon. La frontière est ensuite passée aux environs de 80 kilomètres. Maintenant, si vous ne passez pas une nuit en course, cela ne serait qu'une épreuve intermédiaire ? De toute façon, le kilométrage n'est qu'un indicateur et le dénivelé ainsi que le type de terrain sont des critères tout aussi importants.
Demain, certains vous diront que même un 100 miles (165 km) comme l'Ultra Trail du Mont-Blanc n'est qu'une « longue balade ». Pourtant rien n'est anodin, et courir une épreuve de 50 km à fond n'en reste pas moins déjà éprouvant...

Cependant, si vous n'êtes pas rassasié à l'issue de ce guide, voici quelques petites idées complémentaires de courses établies et d'intérêt, même si elles peuvent rester parfois confidentielles.

Tout d'abord, plusieurs **courses de référence** qui marquent déjà, ou sont en passe de le faire, leur empreinte sur le monde du Trail :

- Le Canigou - Pyrénées (1905).
- La 6000 D - La Plagne (1990).
- La Transalpine - Allemagne (2005).

- La Maxi Race - Annecy (2006/2011).
- Le Grand Raid des Pyrénées (2008).
- La Ronda del Cims - Andorre (2009).
- Le Verbier Saint-Bernard - Suisse (2009).
- L'Échappée Belle - Belledonne (2013).
- L'Ut4M - Grenoble (2013).
- Le Treg - Tchad (2014).

Ensuite, les épreuves de l'**Ultra-Trail World Tour** (UTWT) : créé en 2014, l'UTWT regroupe 12 à 15 courses qui font office de championnat du monde de l'Ultra-Trail.
Il s'agit d'un mélange d'épreuves à travers le globe, certaines étant particulièrement exceptionnelles, uniques et historiques.

À ce titre, les **Marathon des Sables, Grand Raid de la Réunion, Ultra-Trail du Mont-Blanc** et **Western State** pourraient être considérés comme les **4 épreuves du Grand Chelem de l'Ultra-Trail**. Elles sont, de surcroît, typées chacune différemment.
Au-delà de ces épreuves mythiques, les Ultras vont des États-Unis à la Nouvelle Zélande, en passant par le Japon, Hong-Kong, la Suisse, l'Italie, les Canaries ou encore Madère.

Dans un autre style, il existe aussi un circuit international de courses de « **Sky Running** ». Il est constitué d'épreuves relativement courtes mais très techniques et situées au-delà de 2000 mètres d'altitude.

Enfin, voici **5 défis** « **Hors Catégorie** », particulièrement difficiles, qui rentrent déjà dans la légende du Trail :

- La **Leadville** - USA, Colorado (1983)
  ➪ 100 miles (165 km), 4800 m D+, 30 heures maximum.
  ➪ À 3000 m d'altitude en moyenne (dont 2 passages à +3800 m).
  ➪ Environ 350 finishers par an (50 %).

- La **Barkley** - USA, Tennessee (1986)
  ➪ 100 miles (200 km en pratique), 16 à 20 000 m D+, 60 heures maximum.
  ➪ Mythique car... quasiment infaisable (!)
  ➪ 0 à 2 finishers par an (0 à 3 %).

- La **HardRock** – USA, Colorado (1992)
  ➪ 100 miles (165 km), 10 000 m D+, 48 heures maximum.
  ➪ À la limite de l'alpinisme, à 3000 m d'altitude en moyenne (cols à +4000 m).
  ➪ Une centaine de finishers par an (80 %).

- La **Petite Trotte à Léon (PTL)** - France (2008)
  ➪ 290 km, 26 500 m D+, 150 heures maximum.
  ➪ Aventure par équipe, mêlant autonomie complète et orientation.
  ➪ Sans classement, mais avec de rares élus.
  ➪ Une centaine de finishers par an (50 %).

- Le **Tor des Géants** - Italie (2010)
  ➪ 330 km, 24 000 m D+, 150 heures maximum.
  ➪ 25 cols à plus de 2000 m dans la Vallée d'Aoste
  ➪ « Plus long Trail non-stop ».
  ➪ 350 à 450 finishers par an (60 %).

Pour y participer, il faudra souvent passer par des tirages au sort et critères de sélection très importants, voire « ésotériques ».

De nouvelles courses hors normes tendent aussi à se développer, mais vont devoir faire leur preuve dans le temps. En tout état de cause, ces défis sont à réserver aux plus aguerris

3. BIO EXPRESS

SI JE DEVAIS RÉSUMER, je soulignerais juste deux choses :

- Rien n'est impossible ! Au départ - quand courir 10 kilomètres me paraissait déjà une performance - je n'aurais jamais imaginé pouvoir réaliser le dixième de tout cela.
- Nous avons tous des capacités et motivations différentes. Ce à quoi, j'insiste pour dire : à chacun de les développer et réaliser ses propres exploits ! Sortir de sa zone de confort est déjà une belle prouesse.

Pour en revenir à mes résultats, il n'y a rien d'extraordinaire. Beaucoup de coureurs sont bien meilleurs et cela peut se résumer à la lecture du parcours d'un coureur honnête... Une appellation qui doit correspondre à mes valeurs...

Pour simplement vous aider à mieux me situer, voici donc un petit aperçu plus détaillé de mes progressions et résultats (en bleu, les récits de l'ouvrage) :

Progression / Années d'expérience	**1**	**2**	**3**	**4**	**5**	**6**	**7**	**8**
	Découverte et transition progressive route → trail Maturité progressive sur l'ultra-endurance				*Maturité ultra-trail*			
TRAILS Classiques 15-50 km (-5 h)	Transbaie	SaintéLyon	UTCO	Eco-Trail & UTCO	Eco-Trail	Eco-Trail	Raid 28	UTCO
TRAILS Classiques 75-80 km (-12 h)	Eco-Trail	Eco-Trail						Eco-Trail Templiers
TRAILS De montagne (+ 12 h)			Montagn' Hard	Restonica		Montagn' Hard	TGV	
ULTRAS Avec nuit complète (+ 18 h)		Grand Raid Morbihan	TDS		Raid 28	TDS		Raid 28, CCC GR Morbihan
ULTRAS Les plus mythiques (+ 30 h)				Diagonale des fous	UTMB		Marathon des sables	
HORS-SÉRIES Kilian's Quest		Pyrénées						

Course à Pied :

❖ Plusieurs 10 km, 20 km, semi-marathon pour débuter avec, en particulier, 1 h 08 (536e) au Paris-Versailles.

❖ 8 **marathons** sur route allant de Paris à Athènes en passant par New York et Amsterdam, avec 3 h 19 pour meilleur chrono.

Trail :

❖ **Transbaie** : 16 km en 1 h 15.

❖ **Eco-Trail de Paris** : quatre fois le 80 km dont 8 h 53 (127e), une fois le 50 km en 5 h 00 (125e) et deux fois le 30 km en Marche Nordique (une victoire).

❖ **SaintExpress** : 45 km en 5 h 03 (136^{e}).

❖ **Trail de Côte d'Or** : deux fois le 45 km dont 4 h 44 (34^{e}) et une fois le 30 km.

❖ **Templiers** (Grand Trail) : 78 km en 15 h 24.

❖ **Montagn'Hard** : une fois le 60 km en 15 h 57 et 1 fois le 40 km en 9 H 58.

❖ **Restonica Trail** : 72 km en 18 h 08.

❖ **Tour des Glaciers de la Vanoise** (TGV) : 74 km en 17 h 18.

Ultra-Trail :

❖ **Grand Raid du Morbihan** : deux fois, avec abandon au 76e km puis 180 km en 37 h 56.

❖ **Raid 28** : deux fois, avec abandon au 65e km puis 94 km en 18 h 08 (5e).

❖ **Traces des Ducs de Savoie** (TDS) : deux fois avec 119 km en 31 h 36 puis 120 km en 31 h 10.

❖ **Courmayeur-Champex-Chamonix** (CCC) : 101 km en 24 h 21.

❖ **Grand Raid de la Réunion** : 120 km en 42 h (arrêt).

❖ **Ultra Trail du Mont Blanc** (UTMB) : en stage sur 4 jours puis 170 km en 45 h 36.

❖ **Marathon des Sables** : 250 km en 49 h 30.

Hors-Séries :

❖ **GR20** (Sud).

❖ **Ascension du Mont-Blanc**.

❖ **Kilian Quest** : 42 km en 6 h 02.

Marche Nordique :

❖ Vainqueur de l'**Eco-Trail de Paris**, du **Cross du Figaro**, du **Trail des 4 Piliers** et de l'**Impérial Trail de Fontainebleau**.

❖ Champion National FFA du **Marche Nordique Tour** (par équipe).

4. ACTEURS ET REMERCIEMENTS

PERSONNELLEMENT, vivre toutes ces petites aventures n'a de sens que si elles sont a minima partagées. Et puis, sans être positivement entouré, tout serait encore bien plus difficile, voire impossible à réaliser. C'est ce qui donne aussi un peu de profondeur à ces aventures.

« Les autres » sont des facteurs d'aide, d'inspiration, de soutien, d'échanges. Bien sûr, il faut arriver à bien doser et ne pas abuser de leur générosité. Ce n'est pas toujours simple quand la passion peut devenir envahissante. A contrario, savoir également donner en retour est un échange essentiel. À chacun de trouver le bon dosage et son équilibre.

En tout cas, même si nous sommes tout seuls à franchir les obstacles et sommets, à enchaîner toujours un pas de plus malgré la fatigue, même si nous sommes les premiers à nous nourrir de ces magnifiques parcours, les proches sont plus que souvent essentiels pour avancer.

Ce n'est pas une règle absolue car il existe toujours des solitaires qui n'en ont pas besoin et se nourrissent différemment. Mais il s'agit plus d'exceptions que de la majorité.

En tout cas, afin de vous permettre de mieux suivre les récits, quelques repères sur les acteurs que je remercie grandement et sans qui ces comptes-rendus n'existeraient pas...
La toute proche famille d'abord : **Marie** et les enfants, **Léo** et **Titouan**. Sans eux l'aventure serait autrement plus difficile : cela commence déjà par les nombreux suivis, soins et conseils médicaux comme alimentaires de ma chère Ostéopathe. Le partage est aussi multiple, car ils endossent un peu tous les rôles, d'accompagnants à supporters en passant par suiveurs et soutiens logistiques multiples (playlists, photos...). Sans même parler de nos fréquentes petites randonnées de reconnaissance de parcours !

La proche famille : mes parents, ma belle-famille et frère et sœur, tout ce monde de fidèles supporters suit à sa façon... souvent frénétiquement, grâce aux suivis live, désormais possibles sur internet. Une mention spéciale pour **Guillaume** qui m'aura initié aux premiers défis de course à pied, tandis que **Sophie**, la petite sœur, sera passée de fidèle supportrice à coureur et trailer !

Les amis coureurs : ils sont tellement nombreux et contributeurs qu'il est difficile de tout détailler : tout a démarré principalement avec **Kikouroù**, la communauté de coureurs aux valeurs et apports exemplaires.
À l'image de Wikipédia où tout le monde est contributeur, et avec plus de 30 000 membres, tout y est possible : les amis se multiplient, les supports viennent de toutes parts même de l'étranger, et le partage de sorties ou connaissances est aussi agréable que sans limites. Je n'aurais jamais pu réaliser tous ces défis, et avec autant de plaisir, sans ce « groupe » qui vous porte.

Au sommet des amis, il existe une petite équipe très soudée, composée de **Sabine (Sab)**, **Fabrice (Fafa)**, **Christian (Chris)** et **Yann (Raya)**. D'un niveau homogène, elle illustre bien ces coureurs très solidaires, passionnés, avec de fortes valeurs communes, et dont les délires ne figurent pas en queue de peloton des objectifs ! Ensemble, la confiance est totale.

De nombreux acteurs jouent aussi un rôle clé, que ce soit en continu ou épisodiquement. Avoir vécu des expériences fortes, courtes comme longues, le temps de toute une course, marque longtemps. Leur attitude et exemple à divers degrés sont des sources d'inspiration incroyables.

En dehors de leur citation dans les récits, et des encouragements innombrables que je ne pourrais tous lister, j'ai une pensée toute particulière pour certains qui m'ont fortement poussé, inspiré et accompagné, parfois de façon décisive :

- **Caroline & Vincent**, deux très grands athlètes, modèles et sources d'inspiration.
- **Clément (Ponpon)**, toujours positif et partant, avec qui j'ai partagé nombre de ces défis et qui m'a (re)boosté plus d'une fois.
- **Corinne**, coureuse d'Ultras à la volonté exemplaire qui m'a donné les clés de son expertise, pour une alimentation adaptée au quotidien comme en course.
- **Daniel**, un esprit sain dans un corps sain, compagnon de longue date de plusieurs défis.
- **David**, qui a su admirablement repousser ses limites, se surpassant au cours de nos deux TDS.
- **Franck** (MiniFranck), un « frère », aussi rapide que ravageur avec son humour décapant !
- **Greg**, qui soutient mes épopées depuis le tout premier jour.
- **Jean**, chirurgien et coureur d'Ultras, qui a su ne pas m'opérer et me conseiller pour profiter durablement de tout.
- **Marie-Laure** (Arcelle), actrice et multi-contributrice de cet ouvrage.
- **Michel** (Le P'tit), maître de l'organisation et coureur exemplaire, sans qui le Marathon des Sables et le Raid 28 n'auraient jamais connu cette saveur.
- **Philippe**, champion à la modestie légendaire, avec toujours un petit mot adorable avant chaque défi.
- **Théo**, compagnon historique, jamais loin de tous ces défis.
- **Tristan** (Runlikecrazy), le grand ami australien qui montre que générosité et mission impossible sont possibles, et avec qui j'ai couru Marathon d'Athènes et UTMB.

De grosses pensées également à tous ceux qui m'ont accompagné historiquement, un peu ou beaucoup dans toutes ces aventures : Adnane, Alex, Anne, Bart, Bikoon, L'Bagnard, Bruno, Caro, Chérif, Clément, Cynthia, Cyril, Chrystel et Loic, David, Delphine et Gilles, Dom, Elzbieta, Fabien, Foued, Françoise et Xavier, Greg, Guy, Hakim, Harry, Ilze, Isabelle, Jacques, Jay, Jean-Charles, Jean-François, Jean-Luc, Jean-Mi, Jean-Phi, Jerry, Josef, Land, Laurent, Leslie, Lionel, Mag, Michèle et Benoit, Mimi et Jacky, Naïm, Nathalie, Nathanaël, Olaf, Olivier, Pascal, Patricia, Pat, Pierre, Seb, Stéphane, Stéphanie et Jean-Louis, Tine et Christian, Thomas, Trish, Tristan, Viktor, Wieszek... Et, par avance, désolé des omissions accidentelles.

Un grand merci aussi à la formidable équipe d'Amphora, sous la houlette de Renaud, qui a su mettre en lumière et partager cette passion du sport. Bravo Patrick et Thibault pour toute la création graphique !

Ma gratitude aussi à tous les organisateurs de courses et photographes pour leur soutien.

Enfin, un immense merci à tous pour vos contributions, encouragements et partages !